삼양그룹

온라인 인적성검사

시대에듀

2025 최신판 시대에듀 삼양그룹 온라인 인적성검사
최신기출유형 + 모의고사 3회

Always **with you**

사람의 인연은 길에서 우연하게 만나거나 함께 살아가는 것만을 의미하지는 않습니다.
책을 펴내는 출판사와 그 책을 읽는 독자의 만남도 소중한 인연입니다.
시대에듀는 항상 독자의 마음을 헤아리기 위해 노력하고 있습니다. 늘 독자와 함께하겠습니다.

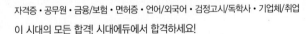

삼양그룹은 제조사업 부문과 투자사업 부문을 분리, 기업지배구조의 투명성과 기업가치를 높이기 위해 2011년 11월 지주회사 체제로 출범했다. 지주회사인 삼양홀딩스는 삼양사 등 사업회사를 자회사로 두고 있으며, 사업군별 특성에 따라 신속하고 전문적인 의사결정이 가능한 지배구조 체제를 확립하고 경쟁력을 높여 전문화된 사업영역에 기업의 역량을 집중하고 있다.

삼양그룹의 채용절차는 크게 서류전형, 필기전형, 면접전형으로 구분된다. 필기전형에서 시행하는 인적성검사는 지원자가 성공적인 업무수행을 위한 역량과 기초직무능력을 갖추었는지 평가하는 검사이다. 삼양그룹은 그동안 연 2회 정기 공채를 실시했지만 2022년 7월부터 현재까지 연중 수시 채용을 진행하며, 필요에 따라 신입사원을 채용하고 있다.

이에 시대에듀에서는 삼양그룹에 입사하고자 하는 수험생들에게 좋은 길잡이가 되어주고자 다음과 같은 특징을 가진 본서를 출간하게 되었다.

도서의 특징

① 2024년 주요기업 기출복원문제를 수록하여 다른 기업의 기출유형을 접해 보고 최근 출제경향을 파악해 적성검사에 대비할 수 있도록 하였다.
② 영역별 대표기출유형과 기출응용문제를 수록하여 체계적인 학습이 가능하도록 하였다.
③ 최종점검 모의고사와 도서 동형 온라인 실전연습 서비스를 제공하여 실전처럼 연습할 수 있도록 하였다.
④ 인성검사 모의연습과 삼양그룹 실제 면접 기출 질문을 수록하여 한 권으로 삼양그룹 채용 전반에 대비할 수 있도록 하였다.

끝으로 본서를 통해 삼양그룹 입사를 준비하는 여러분 모두에게 합격의 기쁨이 있기를 진심으로 기원한다.

SDC(Sidae Data Center) 씀

◇ **목표**

생활의 잠재력을 깨운다.
인류의 미래를 바꾼다.

사람들에게 필요한 것을 부족함 없이 제공하는 것,
그것이 100년 전 삼양의 시작이었다.

새로운 100년은 사람들의 필요를 채우는 것을 넘어,
필요하게 될 것을 앞서 준비하고 먼저 제안할 것이다.

열린 생각으로 우리가 현재 할 수 있는 것을 넘어,
무한한 생활의 가능성을 실현해 갈 것이다.

생활의 잠재력을 현실로 만들수록 인류의 삶은 더 가치로워진다.

풍요롭고 편리한 미래가 계속될 수 있도록,
다음 100년도 삼양은 사람들의 생활 속에 항상 함께할 것이다.

◇ **비전**

스페셜티 소재와 솔루션을 통해
인류의 미래를 바꾸는 글로벌 파트너

Health & Wellness, Advanced materials & Solutions를 중심으로
다음 세대의 더 건강하고 편리한 삶을 위한 혁신 솔루션을 제공한다.

◇ 인재상

새로운 길을 만드는 삼양인의 핵심 자질

각자의 자리에서 저마다 다른 일을 하고 있지만,
삼양인들은 이 여섯 가지 자질을 하나의 공통된 비전으로 삼아 나아가고 있다.

객관성과 전문성을 바탕으로 한 판단력

관행을 당연시하지 않는 새로운 시각과 탐구심

실패를 두려워하지 않는 용기와 도전정신

끝까지 완수하는 책임의식

윤리와 원칙을 바탕으로 한 신뢰

공동의 Purpose를 향한 소통과 협력

◇ CI

SAMYANG

삼양그룹 CI는 100년의 역사와 신뢰, 전문성을 바탕으로 한 자신감을 우리의 이름인
SAMYANG을 중심으로 정교하게 디자인한 로고이다. 브랜드와 타이포그라피 디자인 분야의
세계적 디자이너 네빌 브로디가 대표인 브로디 어쏘시에이츠와 협업하여 완성했다.

총평

2024년 시행된 삼양그룹 온라인 적성검사는 인문계와 이공계를 구분하여 시행되었다. 인문계의 경우 언어비평, 수리비평, 도식적 추론 영역이, 이공계의 경우 언어비평, 수리비평, 연역적 판단 영역이 출제되었다. 예년과 다르게 한국사와 한자는 출제영역에서 제외되었다.
언어비평의 경우 일반적인 선택지의 구성이 아닌 '참/거짓/알 수 없음'의 3지 형식으로 제시되므로, 당황하지 않고 문제에 접근해야 한다. 수리비평의 경우 난이도가 정형화되어 있지 않아 눈으로도 쉽게 해결할 수 있는 수준이 출제되거나 계산기를 써야 할 만큼 난해한 문제가 출제될 가능성이 있다. 도식적 추론과 연역적 판단의 경우 하나의 규칙을 적용해 40문항을 해결해야 하므로, 짧은 시간 내 주어진 규칙에 대해 정확한 이해를 하는 것이 관건이다.

◇ 핵심전략

삼양그룹의 인적성검사는 온라인으로 시행되는 만큼 웹캠이 연결된 노트북 또는 데스크톱, 외부의 방해가 없는 조용한 환경 등 사전 준비가 필수이다. 서류전형에 합격한 지원자에 한해 발송되는 인적성검사 안내 메일에 개인별로 부여되는 ID와 Password를 확인한 후 반드시 사전 테스트를 진행해야 한다. 또한 수리비평 영역의 경우 연습용지, 필기구, 계산기를 활용할 수 있으므로 시험 전 준비해 두어야 한다.

수험생들이 가장 어려워하는 영역은 도식적 추론 또는 연역적 판단일 것이다. 문제의 비중이 높을 뿐만 아니라 제한된 시간 내에 규칙을 파악할 수 없을 만큼 복잡하기 때문이다. 따라서 시험에 응시하기 전 다양한 유형을 최대한 많이 접해보는 것이 중요하다.

◇ 시험진행

구분	영역	문항 수		응시시간	
적성검사	언어비평	30문항	90문항	20분	75분
	수리비평	20문항		25분	
	도식적 추론(인문계)/ 연역적 판단(이공계)	40문항		30분	

◇ 영역별 출제비중

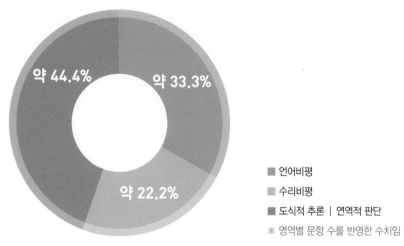

약 44.4% 약 33.3% 약 22.2%

■ 언어비평
■ 수리비평
■ 도식적 추론 | 연역적 판단
※ 영역별 문항 수를 반영한 수치임

◇ 영역별 출제특징

구분	영역		출제특징
적성검사	언어비평	명제	• 삼단논법을 이용하여 주어진 명제의 참·거짓·알 수 없음을 판단하는 문제
		언어논리	• 제시된 지문을 읽고 참·거짓·알 수 없음 중 옳은 것을 고르는 문제
	수리비평	자료해석	• 제시된 자료를 토대로 옳은 또는 옳지 않은 내용을 구분하는 문제
		자료계산	• 제시된 자료의 빈칸에 들어갈 수치를 추론하여 계산하는 문제
	도식적 추론		• 문자 또는 기호가 변화하는 과정에 대한 규칙을 주어진 40문항에 적용하여 해결하는 문제
	연역적 판단		• 도식 또는 도형에 적용되는 규칙을 제시하고, 이를 활용하여 주어진 40문항을 해결하는 문제

신입사원 채용 안내 INFORMATION

◇ **채용일정**

연중 수시 채용

◇ **지원방법**

채용홈페이지(recruit-samyang.com)를 통한 온라인 지원 접수

◇ **자격요건**

❶ 전형일자 종료 후 즉시 입사 가능한 자

❷ 해외여행에 결격 사유가 없는 자

❸ 남성의 경우 군필자 또는 면제자

❹ 공인 영어말하기 성적보유자(OPIc 및 TOEIC SPEAKING에 한함)

- TOEIC SPEAKING 110점 또는 OPIc IL 이상
- 서류접수 마감일 기준 2년 이내 유효 성적에 한함

※ 해외대(영어권)의 경우는 영어말하기 성적 없이 지원 가능

❖ 상기 자격요건은 대졸신입 전형 기준이며, 모집분야별 자격요건이 상이할 수 있으므로 반드시 채용공고를 확인하기 바랍니다.

◇ **채용절차**

| 서류전형 | 온라인 인적성검사 | 직무적성면접 | 인성면접 / 채용검진 | 입사 |

온라인 시험 Tip TEST TIP

◇ **필수 준비물**

❶ **신분증** : 주민등록증, 주민등록증 발급신청 확인서, 운전면허증, 여권, 외국인거소증 중 1

❷ **그 외** : 휴대폰, 휴대폰 거치대, 노트북, 데스크톱, 웹캠, 충전기, 계산기 등

◇ **유의사항**

❶ 같은 계열사라도 직군에 따라 문제 유형이나 시험 방식에 차이가 있을 수 있다.

❷ 노트북 웹캠, 스마트폰 등으로 실시간 시험 감독이 진행되므로 행동에 유의한다.

❸ 실제 시험 시간 이외에도 별도의 점검 시간이 소요되므로 시간 관리에 유의한다.

❹ 수리비평 영역에서는 계산기 사용이 가능하므로 계산기를 반드시 준비한다.

❺ 온라인으로 진행되는 시험이므로 중간에 인터넷이 끊기는 일이 없도록 사전에 점검한다.

◇ **알아두면 좋은 Tip**

❶ 원활한 시험 진행을 위해 책상 정리가 필요하다.

❷ 인터넷 연결이 원활하며 최대한 조용히 시험을 치를 수 있는 장소를 확보한다.

❸ PC 전원공급 상태를 확인하고, 배터리 충전기는 미리 꽂아두어야 한다.

❹ 시험에 응시하기 전 반드시 안내사항과 매뉴얼을 숙지한다.

주요 대기업 적중 문제 TEST CHECK

삼성

수리 ▶ 자료계산

03 다음은 S기업 영업 A~D팀의 분기별 매출액과 분기별 매출액에서 각 영업팀의 구성비를 나타낸 자료이다. A~D팀의 연간 매출액이 많은 순서와 1위 팀이 기록한 연간 매출액을 바르게 나열한 것은?

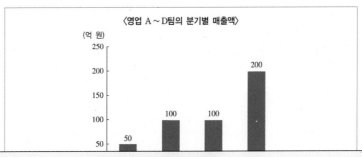

〈영업 A~D팀의 분기별 매출액〉
(억 원)

추리 ▶ 도식추리

※ 다음 도식에서 기호들은 일정한 규칙에 따라 문자를 변화시킨다. 물음표에 들어갈 적절한 문자를 고르시오(단, 규칙은 가로와 세로 중 한 방향으로만 적용되며, 모음은 단모음 10개를 기준으로 한다). [1~4]

추리 ▶ 참 또는 거짓

※ 다음 글의 내용이 참일 때 항상 거짓인 것을 고르시오. [24~26]

24 권리와 의무의 주체가 될 수 있는 자격을 권리 능력이라 한다. 사람은 태어나면서 저절로 권리 능력을 갖게 되고 생존하는 내내 보유한다. 그리하여 사람은 재산에 대한 소유권의 주체가 되며, 다른 사람에 대하여 채권을 누리기도 하고 채무를 지기도 한다. 사람들의 결합체인 단체도 일정한 요건을 갖추면 법으로써 부여되는 권리 능력인 법인격을 취득할 수 있다. 단체 중에는 사람들이 일정한 목적을 갖고 결합한 조직체로서 구성원과 구별되어 독자적 실체로서 존재하며, 운영 기구를 두어 구성원의 가입과 탈퇴에 관계없이 존속하는 단체가 있다. 이를 사단(社團)이라 하며, 사단이 갖춘 이러한 성질을 사단성이라 한다. 사단의 구성원은 사원이라 한다. 사단은 법인(法人)으로 등기되어야 법인격이 생기는데, 법인격을 가진 사단을 사단 법인이라 부른다. 반면에 사단성을 갖추고도 법인으로 등기하지 않은 사단은 '법인이 아닌 사단'이라 한다. 사람과 법인만이 권리 능력을 가지며, 사람

SK

언어이해 ▶ 사실적 독해

03 다음 글의 내용으로 적절하지 않은 것은?

생물 농약이란 농작물에 피해를 주는 병이나 해충, 잡초를 제거하기 위해 자연에 있는 생물로 만든 천연 농약을 뜻한다. 생물 농약을 개발한 것은 흙 속에 사는 병원균으로부터 식물을 보호할 목적에서였다. 뿌리를 공격하는 병원균은 땅속에 살고 있으므로 병원균을 제거하기에 어려움이 있었다. 게다가 화학 농약의 경우 그 성분이 토양에 달라붙어 제 기능을 발휘하지 못했기 때문에 식물 성장을 돕고 항균 작용을 할 수 있는 미생물에 주목하기 시작한 것이다.

식물 성장을 돕고 항균 작용을 하는 미생물 집단을 '근권미생물'이라 하는데, 여러 종류의 근권미생물 중 농약으로 쓰기에 가장 좋은 것은 뿌리에 잘 달라붙는 것들이다. 근권미생물의 입장에서 뿌리 주변은 사막의 오아시스와 비슷한 조건이다. 뿌리 주변은 뿌리에서 공급되는 양분과 안락한 서식 환경을 제공받지만, 뿌리 주변에서 멀리 떨어진 곳은 황량한 지역이어서 먹을 것을 찾기가 어렵기 때문이다. 따라서 뿌리 주변에서는 좋은 입지를 선점하기 위해 미생물 간에 치열한 싸움이 벌어진

자료해석 ▶ 자료추론

`Hard`

15 다음은 우리나라 지역별 가구 수와 1인 가구 수에 대한 자료이다. 이에 대한 설명으로 옳은 것은?

〈지역별 가구 수 및 1인 가구 수〉

(단위 : 천 가구)

구분	전체 가구	1인 가구
서울특별시	3,675	1,012
부산광역시	1,316	367
대구광역시	924	241
인천광역시	1,036	254
광주광역시	567	161
대전광역시	596	178
울산광역시	407	97
경기도	4,396	1,045
강원도	616	202
충청북도	632	201
충청남도	866	279

언어추리 ▶ 진실게임

01 S사 직원들끼리 이번 달 성과급에 대해 이야기를 나누고 있다. 성과급은 반드시 늘거나 줄어들었고, 직원 중 1명만 거짓말을 하고 있을 때, 항상 참인 것은?

- 직원 A : 나는 이번에 성과급이 늘어났어. 그래도 B만큼은 오르지 않았네.
- 직원 B : 맞아 난 성과급이 좀 늘어났지. D보다 조금 더 늘었어.
- 직원 C : 좋겠다. 오~ E도 성과급이 늘어났네.
- 직원 D : 무슨 소리야! E는 C와 같이 성과급이 줄어들었는데.
- 직원 E : 그런 것보다 D가 A보다 성과급이 조금 올랐는데?

① 직원 A의 성과급이 오른 사람 중 가장 적다.

② 직원 B의 성과급이 가장 많이 올랐다.

주요 대기업 적중 문제 TEST CHECK

포스코

언어이해 ▶ 주제 / 맥락 이해

02 다음 글의 주제로 적절한 것은?

'새'는 하나의 범주이다. [+동물], [+날 것]과 같이 성분분석을 한다면 우리 머릿속에 떠오른 '새'의 의미를 충분히 설명했다고 보기 어렵다. 성분분석 이론의 의미자질 분석은 단순할 뿐이다. 이것이 실망스러운 이유는 성분분석 이론의 '새'에 대한 의미 기술이 고작해야 다른 범주, 즉 조류가 아닌 다른 동물 범주와 구별해 주는 정도밖에 되지 못했기 때문이다. 아리스토텔레스 이래로 하나의 범주는 경계가 뚜렷한 실재물이며 범주의 구성원은 서로 동등한 자격을 가지고 있다고 믿어왔다. 그리고 범주를 구성하는 단위는 자질들의 집합으로 설명될 수 있다고 생각해 왔다. 앞에서 보여준 성분분석 이론 역시 그런 고전적인 범주 인식에 바탕을 두고 있다. 어휘의 의미는 의미성분, 곧 의미자질들의 총화로 기술될 수 있다고 믿는 것, 그것은 하나의 범주가 필요충분조건으로 이루어져있다는 가정에 서만이 가능한 것이었다. 그러나 '새'의 범주를 떠올려 보면 범주의 구성원들끼리 결코 동등한 자격을 가지고 있지 않다. 가장 원형적인 구성원이 있는가 하면, 덜 원형적인 것, 주변적인 것도 있는

문제해결 ▶ 대안탐색 및 선택

Easy
04 다음 그림과 같이 O지점부터 D지점 사이에 운송망이 주어졌을 때, 최단 경로에 대한 설명으로 옳지 않은 것은?(단, 구간별 숫자는 거리를 나타낸다)

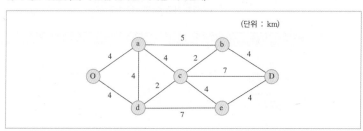

(단위 : km)

① O에서 c까지 최단거리는 6km이다.
② O에서 D까지 a를 경유하는 최단거리는 13km이다.

추리 ▶ 명제

Easy
15 P사의 A ~ F팀은 월요일부터 토요일까지 하루에 2팀씩 함께 회의를 진행한다. 다음 〈조건〉을 참고할 때, 반드시 참인 것은?(단, 월요일부터 토요일까지 각 팀의 회의 진행 횟수는 서로 같다)

조건
• 오늘은 목요일이고 A팀과 F팀이 함께 회의를 진행했다.
• B팀은 A팀과 연이은 요일에 회의를 진행하지 않는다.
• B팀은 오늘을 포함하여 이번 주에는 더 이상 회의를 진행하지 않는다.
• C팀은 월요일에 회의를 진행했다.
• D팀과 C팀은 이번 주에 B팀과 한 번씩 회의를 진행한다.
• A팀과 F팀은 이번 주에 이틀을 연이어 함께 회의를 진행한다.

① E팀은 수요일과 토요일 하루 중에만 회의를 진행한다.
② 화요일에 회의를 진행한 팀은 B팀과 F팀이다.

LG

※ 다음 문단을 논리적 순서대로 바르게 나열한 것을 고르시오. [3~4]

03

(가) 교정 중에는 치아뿐 아니라 교정장치를 부착하고 있기 때문에 교정장치까지 닦아주어야 하는 데요. 교정용 칫솔은 가운데 홈이 있어 장치와 치아를 닦을 수 있는 칫솔을 선택하게 되고, 가운데 파여진 곳을 교정장치에 위치시킨 후 옆으로 왔다 갔다 전체적으로 닦아줍니다. 그다음 칫솔을 비스듬히 하여 장치의 위아래를 꼼꼼하게 닦아줍니다.

(나) 치아를 가지런하게 하기 위해 교정하시는 분들 중에 간혹 교정 중에 칫솔질이 잘 되지 않아 충치가 생기고 잇몸이 내려가 버리는 경우를 종종 보곤 합니다. 그러므로 교정 중에는 더 신경써서 칫솔질을 해야 하죠.

(다) 마지막으로 칫솔질을 할 때 잊지 말아야 할 것은 우리 입안에 치아만 있는 것이 아니므로 혀와 잇몸에 있는 플라그들도 제거해 주셔야 입 냄새도 예방할 수 있다는 것입니다. 올바른 칫솔질 방법으로 건강한 치아를 잘 유지하시길 바랍니다.

(라) 또 장치 때문에 닿이지 않는 부위는 치간 칫솔을 이용해 위아래 오른쪽 왼쪽 넣어 잘 닦아줍니

Hard

11 다음은 2021 ~ 2023년 국가별 이산화탄소 배출량에 대한 자료이다. 이에 대한 설명으로 옳지 않은 것을 〈보기〉에서 모두 고르면?(단, 소수점 둘째 자리에서 반올림한다)

〈국가별 이산화탄소 배출 현황〉

구분		2021년		2022년		2023년	
		총량 (백만 톤)	1인당 (톤)	총량 (백만 톤)	1인당 (톤)	총량 (백만 톤)	1인당 (톤)
아시아	한국	582	11.4	589.2	11.5	600	11.7
	중국	9,145.3	6.6	9,109.2	6.6	9,302	6.7
	일본	1,155.7	9.1	1,146.9	9	1,132.4	8.9
북아메리카	캐나다	557.7	15.6	548.1	15.2	547.8	15
	미국	4,928.6	15.3	4,838.5	14.9	4,761.3	14.6
남아메리카	브라질	453.6	2.2	418.5	2	427.6	2
	페루	49.7	1.6	52.2	1.6	49.7	1.5
	베네수엘라	140.5	4.5	127.4	4	113.7	3.6
	체코	99.4	9.4	101.2	9.6	101.7	9.6
	프랑스	299.6	4.5	301.7	4.5	306.1	4.6
	독일	799.7	8.9	734.4	8.9	718.8	8.7

15 원가의 20%를 추가한 금액을 정가로 하는 제품을 15% 할인해서 50개를 판매한 금액이 127,500원 일 때, 이 제품의 원가는?

① 1,500원
② 2,000원
③ 2,500원
④ 3,000원
⑤ 3,500원

도서 200% 활용하기 STRUCTURES

1 2024년 주요기업 기출복원문제로 출제경향 파악

▶ 2024년 주요기업 기출복원문제를 영역별로 수록하여 최근 출제경향에 대비할 수 있도록 하였다.

2 이론점검, 대표기출유형, 기출응용문제로 영역별 단계적 학습

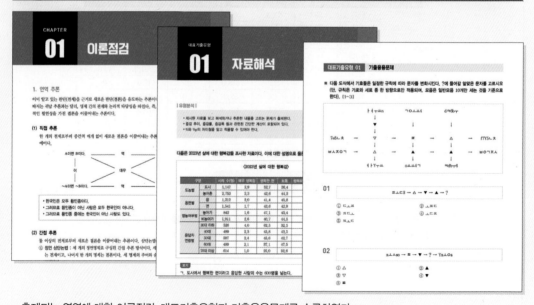

▶ 출제되는 영역에 대한 이론점검, 대표기출유형과 기출응용문제를 수록하였다.

▶ 최근 출제되는 유형을 체계적으로 학습하고 점검할 수 있도록 하였다.

3 최종점검 모의고사 + 도서 동형 온라인 실전연습 서비스로 반복 학습

• 온라인 실전연습 서비스는 도서의 표지 뒷장과 최종점검 모의고사 맨 앞장에 위치한 쿠폰번호를 합격시대(www.sdedu.co.kr/pass_sidae_new)에 등록한 후 [내강의실]에서 이용할 수 있습니다.

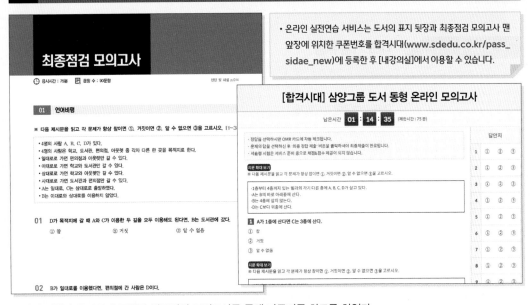

▶ 실제 시험과 유사하게 구성된 최종점검 모의고사를 통해 마무리를 하도록 하였다.
▶ 이와 동일하게 구성된 온라인 실전연습 서비스로 실제 시험처럼 연습하도록 하였다.

4 인성검사부터 면접까지 한 권으로 최종 마무리

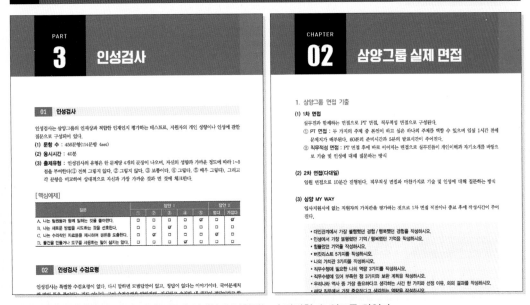

▶ 인성검사 모의연습을 통해 삼양그룹의 인재상에 부합하는지 판별할 수 있도록 하였다.
▶ 면접 기출 질문을 통해 실제 면접에서 나오는 질문에 미리 대비할 수 있도록 하였다.

이 책의 차례 CONTENTS

Add+

2024년 주요기업
기출복원문제

※ 정답 및 해설은 기출복원문제 바로 뒤 p.014에 있습니다.

01 언어비평

※ 다음 제시문을 읽고 각 문제가 항상 참이면 ①, 거짓이면 ②, 알 수 없으면 ③을 고르시오. [1~3]

- 같은 동에 사는 A, B, C는 각각 여러 대의 차를 소유하고 있다.
- A, B, C가 소유하고 있는 차 중 흰색 차는 모두 주차장에 있으며, 주차장에 있는 차들은 모두 흰색이다.
- A는 흰색 차도 소유하고 있고, B는 빨간색 차도 소유하고 있으며, C는 흰색 차만 소유하고 있다.

┃ 2024년 GS그룹

01 C가 소유한 차는 모두 주차장에 있다.

　① 참　　　　　　　　② 거짓　　　　　　　　③ 알 수 없음

┃ 2024년 GS그룹

02 B의 차 가운데 적어도 한 대 이상은 주차장에 있다.

　① 참　　　　　　　　② 거짓　　　　　　　　③ 알 수 없음

┃ 2024년 GS그룹

03 A의 차 가운데 절반은 주차장에 주차되어 있지 않다.

　① 참　　　　　　　　② 거짓　　　　　　　　③ 알 수 없음

※ 제시된 내용을 바탕으로 내린 A, B의 결론에 대한 판단으로 항상 옳은 것을 고르시오. [4~5]

┃ 2024년 KT그룹

04

- 원숭이를 좋아하면 코끼리를 좋아한다.
- 낙타를 좋아하면 코끼리를 좋아하지 않는다.
- 토끼를 좋아하면 원숭이를 좋아하지 않는다.

A : 코끼리를 좋아하면 토끼를 좋아한다.
B : 낙타를 좋아하면 원숭이를 좋아하지 않는다.

① A만 옳다.
② B만 옳다.
③ A, B 모두 옳다.
④ A, B 모두 틀리다.
⑤ A, B 모두 옳은지 틀린지 판단할 수 없다.

┃ 2024년 CJ그룹

05

각각 다른 심폐기능 등급을 받은 가, 나, 다, 라, 마 5명 중 등급이 가장 낮은 2명의 환자에게 건강 관리 안내문을 발송한다.
- 마보다 심폐기능이 좋은 환자는 2명 이상이다.
- 마는 다보다 한 등급 높다.
- 나는 라보다 한 등급 높다.
- 가보다 심폐기능이 나쁜 환자는 2명이다.

A : 다에게 건강 관리 안내문을 발송한다.
B : 라에게 건강 관리 안내문을 발송한다.

① A만 옳다.
② B만 옳다.
③ A, B 모두 옳다.
④ A, B 모두 틀리다.
⑤ A, B 모두 옳은지 틀린지 판단할 수 없다.

01 다음은 A ~ D사의 2020년부터 2023년까지 DRAM 판매 수익에 대한 자료이다. 이에 대한 설명으로 옳지 않은 것은?

〈2020 ~ 2023년 DRAM 판매 수익〉

(단위 : 조 원)

구분	2020년	2021년	2022년	2023년
A사	20	18	9	22
B사	10	6	-2	8
C사	10	7	-6	-2
D사	-2	-5	-8	-4

※ 그해의 판매 수익이 음수라면 적자를 기록한 것임

① A ~ D사의 2022년 전체 판매 수익은 적자를 기록하였다.
② 2021 ~ 2023년 A ~ D사의 전년 대비 수익 증감 추이는 모두 같다.
③ 2022년 A ~ D사의 전년 대비 판매 수익 감소율은 모두 50% 이하다.
④ 2020년 대비 2023년의 판매 수익이 가장 크게 증가한 곳은 A사이다.
⑤ B사와 D사의 2020년 대비 2023년의 판매 수익이 감소한 금액은 같다.

02 다음은 성별 국민연금 가입자 현황에 대한 자료이다. 이에 대한 설명으로 옳은 것은?

〈성별 국민연금 가입자 수〉

(단위 : 명)

구분	사업장 가입자	지역 가입자	임의 가입자	임의계속 가입자	합계
남성	8,059,994	3,861,478	50,353	166,499	12,138,324
여성	5,775,011	3,448,700	284,127	296,644	9,804,482
합계	13,835,005	7,310,178	334,480	463,143	21,942,806

① 여성 가입자 수는 전체 가입자 수의 40% 이상이다.
② 남성 사업장 가입자 수는 남성 지역 가입자 수의 2배 미만이다.
③ 전체 지역 가입자 수는 전체 사업장 가입자 수의 50% 미만이다.
④ 여성 사업장 가입자 수는 나머지 여성 가입자 수를 모두 합친 것보다 적다.
⑤ 가입자 수가 많은 순서대로 나열하면 '사업장 가입자 – 지역 가입자 – 임의 가입자 – 임의계속 가입자' 순서이다.

03 퇴직 후 네일아트를 전문적으로 하는 뷰티숍을 개점하려는 L씨는 평소 눈여겨 본 지역의 고객분포를 알기 위해 직접 설문조사를 하였다. 설문조사 결과가 다음과 같을 때, L씨가 이해한 내용으로 옳은 것은?(단, 복수응답과 무응답은 없다)

〈응답자의 연령대별 방문 횟수〉

(단위 : 명)

연령대 방문 횟수	20 ~ 25세	26 ~ 30세	31 ~ 35세	합계
1회	19	12	3	34
2 ~ 3회	27	32	4	63
4 ~ 5회	6	5	2	13
6회 이상	1	2	0	3
합계	53	51	9	113

〈직업별 응답자의 수〉

(단위 : 명)

구분	응답자
학생	49
회사원	43
공무원	2
전문직	7
자영업	9
가정주부	3
합계	113

① 31 ~ 35세 응답자의 1인당 평균 방문 횟수는 2회 미만이다.
② 전체 응답자 중 20 ~ 25세인 전문직 응답자 비율은 5% 미만이다.
③ 전체 응답자 중 20 ~ 25세 응답자가 차지하는 비율은 50% 이상이다.
④ 26 ~ 30세 응답자 중 4회 이상 방문한 응답자 비율은 10% 이상이다.
⑤ 전체 응답자 중 직업이 학생 또는 공무원인 응답자 비율은 50% 이상이다.

04 다음은 2023년에 P병원을 찾은 당뇨병환자 수를 나타낸 자료이다. 이에 대한 설명으로 옳지 않은 것은?

〈당뇨병환자 수〉

(단위 : 명)

구분	경증		중증	
	여성	남성	여성	남성
50세 미만	8	14	9	9
50세 이상	10	18	9	23

① 남성 환자가 여성 환자보다 28명 더 많다.
② 여성 환자 중 중증 환자의 비율은 50%이다.
③ 50세 이상 환자 수는 50세 미만 환자 수의 1.5배이다.
④ 경증 환자 중 남성 환자의 비율은 중증 환자 중 남성 환자의 비율보다 높다.

05 화물 출발지와 도착지 간 거리가 A기업은 100km, B기업은 200km이며, 운송량은 A기업 5톤, B기업 1톤이다. 국내 운송 시 수단별 비용체계가 다음과 같을 때, A기업과 B기업의 운송비용에 대한 설명으로 옳은 것은?(단, 다른 조건은 같다)

〈운송비용 정보〉

구분		화물자동차	철도	연안해송
운임	기본운임	200,000원	150,000원	100,000원
	추가운임	1,000원	900원	800원
부대비용		100원	300원	500원

※ 추가운임 및 부대비용은 거리(km)와 무게(톤)를 곱하여 산정함

① A, B기업 모두 철도 운송이 저렴하다.
② A, B기업 모두 화물자동차 운송이 저렴하다.
③ A기업은 연안해송, B기업은 철도 운송이 저렴하다.
④ A기업은 모든 수단이 같고, B기업은 연안해송이 저렴하다.
⑤ A기업은 화물자동차가 저렴하고, B기업은 모든 수단이 같다.

06 다음은 제54회 전국기능경기대회 지역별 결과이다. 이에 대한 내용으로 옳은 것은?

<제54회 전국기능경기대회 지역별 결과표>

(단위 : 개)

지역 \ 상	금메달	은메달	동메달	최우수상	우수상	장려상
합계(점)	3,200	2,170	900	1,640	780	1,120
서울	2	5		10		
부산	9		11	3	4	
대구	2					16
인천			1	2	15	
울산	3				7	18
대전	7		3	8		
제주		10				
경기도	13	1				22
경상도	4	8		12		
충청도		7		6		

※ 합계는 전체 참가지역의 각 메달 및 상의 점수합계임

① 메달 및 상을 가장 많이 획득한 지역은 경상도이다.
② 울산 지역에서 획득한 메달 및 상의 총점은 800점이다.
③ 메달 1개당 점수는 금메달 80점, 은메달 70점, 동메달 60점이다.
④ 전국기능경기대회 결과표에서 메달 및 상 중 동메달의 개수가 가장 많다.
⑤ 장려상을 획득한 지역 중 금·은·동메달의 총개수가 가장 적은 지역은 대전이다.

※ 다음 도식에서 기호들은 일정한 규칙에 따라 문자를 변화시킨다. ?에 들어갈 알맞은 문자를 고르시오(단, 규칙은 가로와 세로 중 한 방향으로만 적용되며, 모음은 일반모음 10개를 기준으로 한다). **[1~4]**

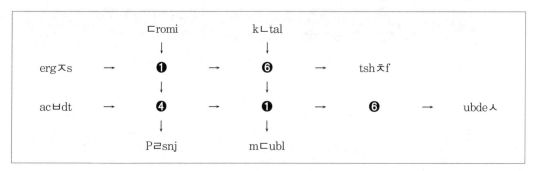

▌ 2024년 삼성그룹

01

$$ㅏ ㅓ ㅋ ㅛ ㄷ → ❹ → ❶ → ?$$

① ㅌㅑㅕㅜㄹ
② ㅌㅣㅛㅕㄱ
③ ㅍㅡㅛㅓㄴ
④ ㅍㅣㅛㄴㅕ
⑤ ㅌㅣㅛㄱㅓ

▌ 2024년 삼성그룹

02

$$4ㅑㄴdㅛ → ❻ → ❹ → ?$$

① ㄴㅛㅑd3
② ㄱㅕㅠd3
③ ㄱㅑㅛd4
④ ㄴㅜㅓd4
⑤ ㄴㅛㅑd4

| 2024년 삼성그룹

03

ㅍㅇapㅓ → ❹ → ? → ❶ → cㄱㅊrㅗ

① ❶
② ❹
③ ❻
④ ❶ → ❹
⑤ ❹ → ❻

| 2024년 삼성그룹

04

Uㅜㅎㅊㅍ → ❻ → ❹ → ? → Uㅍㅜㅊㅎ

① ❶
② ❹
③ ❻
④ ❶ → ❹
⑤ ❹ → ❻

※ 다음 도식의 기호들은 일정한 규칙에 따라 도형을 변화시킨다. 〈보기〉의 규칙을 찾고 ?에 들어갈 알맞은 도형을 고르시오(단, 규칙은 A, B, C 각각의 4개의 칸에 동일하게 적용된 것을 말하며, A, B, C 규칙은 서로 다르다). [1~2]

| 2024년 KT그룹

01

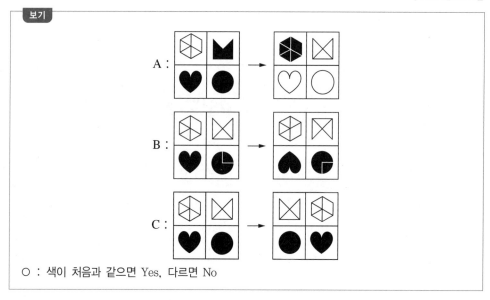

○ : 색이 처음과 같으면 Yes, 다르면 No

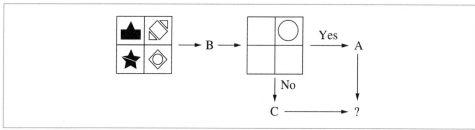

①

②

③

④

⑤

02

보기

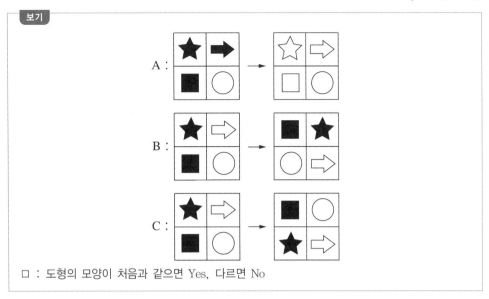

□ : 도형의 모양이 처음과 같으면 Yes, 다르면 No

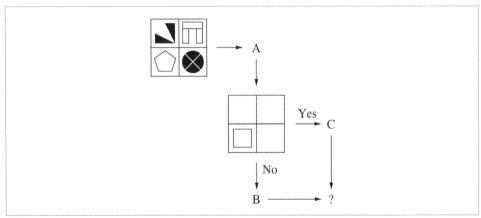

①   ②

③   ④

⑤

※ 다음 기호들은 일정한 규칙에 따라 도형을 변화시킨다. 〈보기〉의 도식에 따라 주어진 도형을 변화시켰을 때의 결과로 옳은 것을 고르시오(단, 주어진 조건이 두 가지 이상일 때, 모두 일치해야 Yes로 이동한다). [3~4]

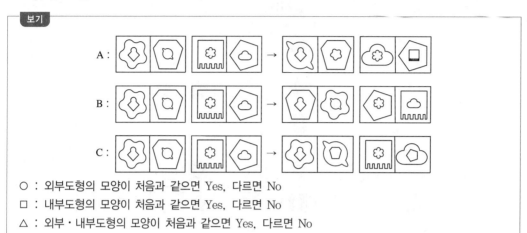

○ : 외부도형의 모양이 처음과 같으면 Yes, 다르면 No
□ : 내부도형의 모양이 처음과 같으면 Yes, 다르면 No
△ : 외부·내부도형의 모양이 처음과 같으면 Yes, 다르면 No

03

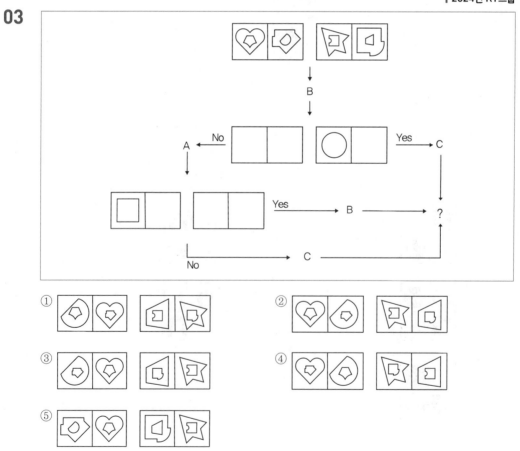

04

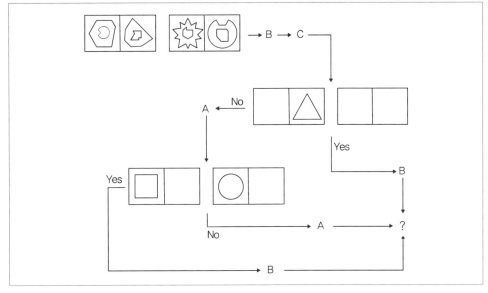

①

②

③

④

⑤

Add+

2024년 주요기업

기출복원문제 정답 및 해설

01 　언어비평

01	02	03	04	05					
①	③	③	②	①					

01
정답 ①

C의 차는 모두 흰색이고, 주차장에 있는 차들은 모두 흰색이라고 하였으므로 참이다.

02
정답 ③

제시된 조건만으로는 B가 흰색 차를 소유하고 있는지 알 수 없다.

03
정답 ③

A는 흰색 차도 소유하고 있다고 하였으므로 흰색 차 이외에 다른 차가 있다는 것을 짐작할 수 있다. 그러나 주어진 조건만으로 A가 가진 차의 수와 그 색깔들을 알 수는 없다.

04
정답 ②

제시된 내용을 정리하면 다음과 같다.
P : 원숭이를 좋아한다.
Q : 코끼리를 좋아한다.
R : 낙타를 좋아한다.
S : 토끼를 좋아한다.
• 원숭이를 좋아하면 코끼리를 좋아한다. : $P \rightarrow Q$
• 낙타를 좋아하면 코끼리를 좋아하지 않는다. : $R \rightarrow \sim Q$
• 토끼를 좋아하면 원숭이를 좋아하지 않는다. : $S \rightarrow \sim P$
A : 코끼리를 좋아하면 토끼를 좋아하는지 제시된 조건만으로는 추론할 수 없다.
B : $R \rightarrow \sim Q \rightarrow \sim P$를 통해 '낙타를 좋아하면 원숭이를 좋아하지 않는다.'는 것을 알 수 있다.
따라서 B만 옳다.

05
정답 ①

가장 높은 등급을 1등급, 가장 낮은 등급을 5등급이라고 하면, 네 번째 조건에 따라 가는 3등급을 받는다.
또한 첫 번째 조건에 따라 마는 4등급 또는 5등급이다. 이때 두 번째 조건에 의해 마가 4등급, 다가 5등급을 받음을 알 수 있다.
따라서 다, 마에게 건강 관리 안내문을 발송하므로, A만 옳다.

01	02	03	04	05	06				
③	①	④	④	④	③				

01

정답 ③

2022년 전년 대비 A ~ D사의 판매 수익 감소율을 구하면 다음과 같다.

• A사 : $\dfrac{18-9}{18} \times 100 = 50\%$

• B사 : $\dfrac{6-(-2)}{6} \times 100 ≒ 133\%$

• C사 : $\dfrac{7-(-6)}{7} \times 100 ≒ 186\%$

• D사 : $\dfrac{-5-(-8)}{-5} \times 100 = -60\%$이지만, 전년 대비 감소하였으므로 감소율은 60%이다.

따라서 2022년의 판매 수익은 A ~ D사 모두 전년 대비 50% 이상 감소하였으므로 ③은 옳지 않은 설명이다.

[오답분석]

① 2022년 판매 수익 총합은 9+(-2)+(-6)+(-8)=-7조 원으로 적자를 기록하였다.

② 2021 ~ 2023년의 전년 대비 판매 수익 증감 추이는 A ~ D사 모두 '감소 - 감소 - 증가'이다.

④ 2020년 대비 2023년의 판매 수익은 A사만 증가하였고, 나머지는 모두 감소하였다.

⑤ B사와 D사의 2020년 대비 2023년의 판매 수익은 각각 10-8=2조 원, -2-(-4)=2조 원으로 두 곳 모두 2조 원 감소하였다.

02

정답 ①

전체 가입자 중 여성 가입자 수의 비율은 $\dfrac{9,804,482}{21,942,806} \times 100 ≒ 44.7\%$이므로 ①은 옳은 설명이다.

[오답분석]

② 남성 사업장 가입자 수는 8,059,994명으로 남성 지역 가입자 수의 2배인 3,861,478×2=7,722,956명보다 많다.

③ 전체 지역 가입자 수는 전체 사업장 가입자 수의 $\dfrac{7,310,178}{13,835,005} \times 100 ≒ 52.8\%$이다.

④ 여성 가입자 전체 수인 9,804,482명에서 여성 사업장 가입자 수인 5,775,011명을 빼면 4,029,471명이므로 여성 사업장 가입자 수가 나머지 여성 가입자 수를 모두 합친 것보다 많다.

⑤ 가입자 수가 많은 집단 순서는 '사업장 가입자 - 지역 가입자 - 임의계속 가입자 - 임의 가입자' 순서이다.

03

26 ~ 30세 응답자는 총 51명이다. 그중 4회 이상 방문한 응답자는 5+2=7명이고, 비율은 $\frac{7}{51} \times 100 \fallingdotseq 13.72\%$이므로 10% 이상이다. 따라서 L씨가 이해한 내용으로 ④가 옳다.

오답분석

① 주어진 자료만으로는 31 ~ 35세 응답자의 1인당 평균 방문 횟수를 정확히 구할 수 없다. 그 이유는 방문 횟수를 '1회', '2 ~ 3회', '4 ~ 5회', '6회 이상' 등 구간으로 구분했기 때문이다. 다만 구간별 최솟값으로 평균을 냈을 때, 평균 방문 횟수가 2회 이상이라는 점을 통해 2회 미만이라는 것은 옳지 않다는 것을 알 수 있다.

  1, 1, 1, 2, 2, 2, 2, 4, 4 → 평균$=\frac{19}{9} \fallingdotseq 2.11$회

② 주어진 자료만으로 판단할 때, 전문직 응답자 7명 모두 20 ~ 25세일 수 있으므로 비율이 5% 이상이 될 수 있다.

③ 전체 응답자 수는 113명이다. 그중 20 ~ 25세 응답자는 53명이므로, 비율은 $\frac{53}{113} \times 100 \fallingdotseq 46.90\%$가 된다.

⑤ 응답자의 직업에서 학생과 공무원 응답자의 수는 51명이다. 즉, 전체 113명의 절반에 미치지 못하므로 비율은 50% 미만이다.

04

경증 환자와 중증 환자 중 남성 환자의 비율은 다음과 같다.
- 경증 환자 수 : 8+14+10+18=50명
- 경증 환자 중 남성 환자 비율 : $\frac{14+18}{50} \times 100 = \frac{32}{50} \times 100 = 64\%$
- 중증 환자 수 : 9+9+9+23=50명
- 중증 환자 중 남성 환자 비율 : $\frac{9+23}{50} \times 100 = \frac{32}{50} \times 100 = 64\%$

따라서 경증 환자와 중증 환자 중 남성 비율은 같으므로 ④는 옳지 않은 설명이다.

오답분석

① 남성 환자 수는 14+18+9+23=64명, 여성 환자 수는 8+10+9+9=36명으로 남성 환자가 64-36=28명 더 많다.

② 여성 환자 중 중증 환자의 비율은 $\frac{9+9}{8+10+9+9} \times 100 = \frac{18}{36} \times 100 = 50\%$이다.

③ 50세 이상 환자 수는 10+18+9+23=60명으로 50세 미만 환자 수인 8+14+9+9=40명의 $\frac{60}{40}=1.5$배이다.

05

- A기업의 경우
  - 화물자동차 : 200,000+(1,000×5×100)+(100×5×100)=750,000원
  - 철도 : 150,000+(900×5×100)+(300×5×100)=750,000원
  - 연안해송 : 100,000+(800×5×100)+(500×5×100)=750,000원
- B기업의 경우
  - 화물자동차 : 200,000+(1,000×1×200)+(100×1×200)=420,000원
  - 철도 : 150,000+(900×1×200)+(300×1×200)=390,000원
  - 연안해송 : 100,000+(800×1×200)+(500×1×200)=360,000원

따라서 A기업은 모든 수단에서 동일하고, B기업은 연안해송이 가장 저렴하다.

06

메달 및 상별 점수는 다음 표와 같다.

(단위 : 개, 점)

구분	금메달	은메달	동메달	최우수상	우수상	장려상
총개수	40	31	15	41	26	56
개당 점수	$3,200 \div 40 = 80$	$2,170 \div 31 = 70$	$900 \div 15 = 60$	$1,640 \div 41 = 40$	$780 \div 26 = 30$	$1,120 \div 56 = 20$

따라서 금메달은 80점, 은메달은 70점, 동메달은 60점이므로 ③은 옳은 설명이다.

오답분석

① 경상도가 획득한 메달 및 상의 총개수는 $4+8+12=24$개이며, 경기도가 획득한 메달 및 상의 총개수는 $13+1+22=36$개로 가장 많다.
② 울산에서 획득한 메달 및 상의 총점은 $(3 \times 80)+(7 \times 30)+(18 \times 20)=810$점이다.
④ 동메달이 아닌 장려상이 $16+18+22=56$개로 가장 많은 것을 알 수 있다.
⑤ 장려상을 획득한 대구, 울산, 경기도 중 금·은·동메달의 총개수가 가장 적은 지역은 금메달만 2개인 대구이다.

03　도식적 추론(인문계)

01	02	03	04						
①	⑤	①	③						

[1~4]

❶ : 각 자릿수 +1
❹ : 12345 → 31245
❻ : 12345 → 52341

01

ㅏㅓㅋㅛㄷ → ㅋㅏㅓㅛㄷ → ㅌㅑㅕㅠㄹ
　　　　❹　　　　　　❶

02

4ㅑㄴdㅛ → ㅛㅑㄴd4 → ㄴㅛㅑd4
　　　　❻　　　　　❹

03

ㅍㅇapㅓ → aㅍㅇpㅓ → bㅎㅈqㅕ → cㄱㅊrㄴ
　　　　❹　　　　　❶　　　　　❶

04

ㅛㅜㅎㅊㅍ → ㅍㅜㅎㅊㅛ → ㅎㅍㅜㅊㅛ → ㅛㅍㅜㅊㅎ
　　　❻　　　　　 ❹　　　　　 ❻

04　연역적 판단(이공계)

01	02	03	04						
①	④	②	④						

01

• A : 색 반전
• B : 상하 반전(도형의 위치 고정)
• C : 도형의 좌우 위치 변경(도형의 색상 고정)

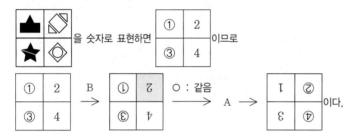

02

• A : 색 반전
• B : 시계 방향으로 도형 한 칸 이동
• C : 도형의 상하 위치 변경(도형의 색상 고정)

03

- A : 왼쪽 외부도형과 오른쪽 내부도형 위치 변경

외부도형	①	②	③	④
내부도형	1	2	3	4

→

2	②	4	④
1	①	3	③

- B: 왼쪽 외부도형과 오른쪽 외부도형 위치 변경

외부도형	①	②	③	④
내부도형	1	2	3	4

→

②	①	④	③
1	2	3	4

- C: 오른쪽 외부도형과 오른쪽 내부도형 위치 변경

외부도형	①	②	③	④
내부도형	1	2	3	4

→

①	2	③	4
1	②	3	④

외부도형	①	②	③	④
내부도형	1	2	3	4

→ B

②	①	④	③
1	2	3	4

No → A

2	①	4	③
1	②	3	④

Yes → B

①	2	③	4
1	②	3	④

04

- A : 왼쪽 외부도형과 오른쪽 내부도형 위치 변경

외부도형	①	②	③	④
내부도형	1	2	3	4

→

2	②	4	④
1	①	3	③

- B: 왼쪽 외부도형과 오른쪽 외부도형 위치 변경

외부도형	①	②	③	④
내부도형	1	2	3	4

→

②	①	④	③
1	2	3	4

- C: 오른쪽 외부도형과 오른쪽 내부도형 위치 변경

외부도형	①	②	③	④
내부도형	1	2	3	4

→

①	2	③	4
1	②	3	④

외부도형	①	②	③	④
내부도형	1	2	3	4

→ B

②	①	④	③
1	2	3	4

→ C

②	2	④	4
1	①	3	③

No → A

①	2	③	4
1	②	3	④

Yes → B

2	①	4	③
1	②	3	④

배우기만 하고 생각하지 않으면 얻는 것이 없고,
생각만 하고 배우지 않으면 위태롭다.

- 공자 -

PART 1

대표기출유형

CHAPTER 01
언어비평

| 영역 소개 |

직무 수행에 필요한 문장 독해력, 이해 능력, 사실 정보에 근거한 논리적 판단 및 추론 능력을 평가한다. 기본적으로 3 ~ 6문장의 조건이나 명제가 제시되고, 이를 통해 문제에 제시된 추론의 참·거짓·알 수 없음의 여부를 판단하는 문제가 출제된다. 초반에 제시되는 문제들은 3 ~ 4개의 간단한 문장으로 쉽게 풀 수 있지만, 뒤로 갈수록 조건이 많아지고 여러 가지 문장을 논리적으로 생각해야 하는 문제들이 출제된다. 삼양그룹의 언어비평은 20분 이내에 총 30문항을 풀어야 한다.

1 명제

명제 사이의 관계 중에서도 대우 명제가 가장 중요하고, 경우에 따라 참·거짓이 달라지는 역·이 명제가 출제될 수 있기 때문에 각 명제의 관계를 반드시 숙지해야 한다.

> ─| 학습 포인트 |
> • 세 개 이상의 비교대상이 등장하며, '~보다', '가장' 등의 표현에 유의해 풀어야 한다.
> • '어떤'과 '모든'이 나오는 명제는 벤다이어그램을 활용한다.

2 언어논리

언어논리 유형을 풀 때 가장 필요한 능력은 문장 이해력이다. 특히 조건에 사용된 조사의 의미와 제한사항 등을 제대로 이해해야 정답을 찾을 수 있으므로 문제와 제시된 문장을 꼼꼼히 읽는 습관을 길러야 한다.

> ─| 학습 포인트 |
> • 주어진 규칙과 조건을 파악한 후 이를 도식화(표, 기호 등으로 정리)하여 문제에 접근해야 한다.

1. 연역 추론

이미 알고 있는 판단(전제)을 근거로 새로운 판단(결론)을 유도하는 추론이다. 연역 추론은 진리일 가능성을 따지는 귀납 추론과는 달리, 명제 간의 관계와 논리적 타당성을 따진다. 즉, 연역 추론은 전제들로부터 절대적인 필연성을 가진 결론을 이끌어내는 추론이다.

(1) 직접 추론

한 개의 전제로부터 중간적 매개 없이 새로운 결론을 이끌어내는 추론이며, 대우 명제가 그 대표적인 예이다.

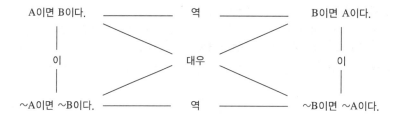

- 한국인은 모두 황인종이다. (전제)
- 그러므로 황인종이 아닌 사람은 모두 한국인이 아니다. (결론 1)
- 그러므로 황인종 중에는 한국인이 아닌 사람도 있다. (결론 2)

(2) 간접 추론

둘 이상의 전제로부터 새로운 결론을 이끌어내는 추론이다. 삼단논법이 가장 대표적인 예이다.

① 정언 삼단논법 : 세 개의 정언명제로 구성된 간접 추론 방식이다. 세 개의 명제 가운데 두 개의 명제는 전제이고, 나머지 한 개의 명제는 결론이다. 세 명제의 주어와 술어는 세 개의 서로 다른 개념을 표현한다.

② 가언 삼단논법 : 가언명제로 이루어진 삼단논법을 말한다. 가언명제란 두 개의 정언명제가 '만일 ~이라면'이라는 접속사에 의해 결합된 복합명제이다. 여기서 '만일'에 의해 이끌리는 명제를 전건이라고 하고, 그 뒤의 명제를 후건이라고 한다. 가언 삼단논법의 종류로는 혼합가언 삼단논법과 순수가언 삼단논법이 있다.

○ 혼합가언 삼단논법 : 대전제만 가언명제로 구성된 삼단논법이다. 긍정식과 부정식 두 가지가 있으며, 긍정식은 'A면 B이다. A이다. 그러므로 B이다.'이고, 부정식은 'A면 B이다. B가 아니다. 그러므로 A가 아니다.'이다.

> • 만약 A라면 B이다.
> • B가 아니다.
> • 그러므로 A가 아니다.

○ 순수가언 삼단논법 : 대전제와 소전제 및 결론까지 모두 가언명제들로 구성된 삼단논법이다.

> • 만약 A라면 B이다.
> • 만약 B라면 C이다.
> • 그러므로 만약 A라면 C이다.

③ 선언 삼단논법 : '~이거나 ~이다.'의 형식으로 표현되며 전제 속에 선언 명제를 포함하고 있는 삼단논법이다.

> • 내일은 비가 오거나 눈이 온다(A 또는 B이다).
> • 내일은 비가 오지 않는다(A가 아니다).
> • 그러므로 내일은 눈이 온다(그러므로 B이다).

④ 딜레마 논법 : 대전제는 두 개의 가언명제로, 소전제는 하나의 선언명제로 이루어진 삼단논법으로, 양도추론이라고도 한다.

> • 만일 네가 거짓말을 하면, 신이 미워할 것이다.   (대전제)
> • 만일 네가 거짓말을 하지 않으면, 사람들이 미워할 것이다.   (대전제)
> • 너는 거짓말을 하거나, 거짓말을 하지 않을 것이다.   (소전제)
> • 그러므로 너는 미움을 받게 될 것이다.   (결론)

2. 귀납 추론

특수한 또는 개별적인 사실로부터 일반적인 결론을 이끌어내는 추론을 말한다. 귀납 추론은 구체적 사실들을 기반으로 하여 결론을 이끌어내기 때문에 필연성을 따지기보다는 개연성과 유관성, 표본성 등을 중시하게 된다. 여기서 개연성이란, 관찰된 어떤 사실이 같은 조건 하에서 앞으로도 관찰될 수 있는가 하는 가능성을 말하고, 유관성은 추론에 사용된 자료가 관찰하려는 사실과 관련되어야 하는 것을 일컬으며, 표본성은 추론을 위한 자료의 표본 추출이 공정하게 이루어져야 하는 것을 가리킨다. 이러한 귀납 추론은 일상생활 속에서 많이 사용하고, 우리가 알고 있는 과학적 사실도 이와 같은 방법으로 밝혀졌다.
그러나 전제들이 참이어도 결론이 항상 참인 것은 아니다. 단 하나의 예외로 인하여 결론이 거짓이 될 수 있다.

- 성냥불은 뜨겁다.
- 연탄불도 뜨겁다.
- 그러므로 모든 불은 뜨겁다.

위 예문에서 '성냥불이나 연탄불이 뜨거우므로 모든 불은 뜨겁다.'라는 결론이 나왔는데, 반딧불은 뜨겁지 않으므로 '모든 불이 뜨겁다.'라는 결론은 거짓이 된다.

(1) 완전 귀납 추론

관찰하고자 하는 집합의 전체를 다 검증함으로써 대상의 공통 특질을 밝혀내는 방법이다. 이는 예외 없는 진실을 발견할 수 있다는 장점은 있으나, 집합의 규모가 크고 속성의 변화가 다양할 경우에는 적용하기 어려운 단점이 있다.

例 1부터 10까지의 수를 다 더하여 그 합이 55임을 밝혀내는 방법

(2) 통계적 귀납 추론

통계적 귀납 추론은 관찰하고자 하는 집합의 일부에서 발견한 몇 가지 사실을 열거함으로써 그 공통점을 결론으로 이끌어내려는 방식을 가리킨다. 관찰하려는 집합의 규모가 클 때 그 일부를 표본으로 추출하여 조사하는 방식이 이에 해당하며, 표본 추출의 기준이 얼마나 적합하고 공정한가에 따라 그 결과에 대한 신뢰도가 달라진다는 단점이 있다.

例 여론조사에서 일부의 국민에 대한 설문 내용을 바탕으로, 이를 전체 국민의 여론으로 제시하는 것

(3) 인과적 귀납 추론

관찰하고자 하는 집합의 일부 원소들이 지닌 인과 관계를 인식하여 그 원인이나 결과를 이끌어내려는 방식을 말한다.

① 일치법 : 공통적인 현상을 지닌 몇 가지 사실 중에서 각기 지닌 요소 중 어느 한 가지만 일치한다면 이 요소가 공통 현상의 원인이라고 판단

例 마을 잔칫집에서 돼지고기를 먹은 사람들이 집단 식중독을 일으켰다. 따라서 식중독의 원인은 상한 돼지고기가 아닌가 생각한다.

② 차이법 : 어떤 현상이 나타나는 경우와 나타나지 않은 경우를 놓고 보았을 때, 각 경우의 여러 조건 중 단 하나만이 차이를 보인다면 그 차이를 보이는 조건이 원인이 된다고 판단

例 현수와 승재는 둘 다 지능이나 학습 시간, 학습 환경 등이 비슷한데 공부하는 태도에는 약간의 차이가 있다. 따라서 두 사람이 성적 차이를 보이는 것은 학습 태도의 차이 때문으로 생각된다.

③ 일치·차이 병용법 : 몇 개의 공통 현상이 나타나는 경우와 몇 개의 그렇지 않은 경우를 놓고 일치법과 차이법을 병용하여 적용함으로써 그 원인을 판단

例 학업 능력 정도가 비슷한 두 아동 집단에 대해 처음에는 같은 분량의 과제를 부여하고 나중에는 각기 다른 분량의 과제를 부여한 결과, 많이 부여한 집단의 성적이 훨씬 높게 나타났다. 이로 보아, 과제를 많이 부여하는 것이 적게 부여하는 것보다 학생의 학업 성적 향상에 도움이 된다고 판단할 수 있다.

④ **공변법** : 관찰하는 어떤 사실의 변화에 따라 현상의 변화가 일어날 때 그 변화의 원인이 무엇인지 판단

　　예 담배를 피우는 양이 각기 다른 사람들의 집단을 조사한 결과, 담배를 많이 피울수록 폐암에 걸릴 확률이 높다는 사실이 발견되었다.

⑤ **잉여법** : 앞의 몇 가지 현상이 뒤의 몇 가지 현상의 원인이며, 선행 현상의 일부분이 후행 현상의 일부분이라면, 선행 현상의 나머지 부분이 후행 현상의 나머지 부분의 원인임을 판단

　　예 어젯밤 일어난 사건의 혐의자는 정은이와 규민이 두 사람인데, 정은이는 알리바이가 성립되어 혐의 사실이 없는 것으로 밝혀졌다. 따라서 그 사건의 범인은 규민이일 가능성이 높다.

3. 유비 추론

두 개의 대상 사이에 일련의 속성이 동일하다는 사실에 근거하여 그것들의 나머지 속성도 동일하리라는 결론을 이끌어내는 추론, 즉 이미 알고 있는 것에서 다른 유사한 점을 찾아내는 추론을 말한다. 그렇기 때문에 유비 추론은 잣대(기준)가 되는 사물이나 현상이 있어야 한다. 유비 추론은 가설을 세우는 데 유용하다. 이미 알고 있는 사례로부터 아직 알지 못하는 것을 생각해 봄으로써 쉽게 가설을 세울 수 있다. 이때 유의할 점은 이미 알고 있는 사례와 이제 알고자 하는 사례가 매우 유사하다는 확신과 증거가 있어야 한다. 그렇지 않은 상태에서 유비 추론에 의해 결론을 이끌어내면, 그것은 개연성이 거의 없고 잘못된 결론이 될 수도 있다.

- 지구에는 공기, 물, 흙, 햇빛이 있다(A는 a, b, c, d의 속성을 가지고 있다).
- 화성에는 공기, 물, 흙, 햇빛이 있다(B는 a, b, c, d의 속성을 가지고 있다).
- 지구에 생물이 살고 있다(A는 e의 속성을 가지고 있다).
- 그러므로 화성에도 생물이 살고 있을 것이다(그러므로 B도 e의 속성을 가지고 있을 것이다).

01 명제

| 유형분석 |

- 명제는 크게 삼단논법 유형과 대소·장단 등을 비교하는 유형으로 나뉜다.
- 명제의 역·이·대우 및 '~보다', '가장' 등의 표현에 유의해 문제를 풀어야 한다.

※ 다음 제시문을 읽고 각 문제가 항상 참이면 ①, 거짓이면 ②, 알 수 없으면 ③을 고르시오. **[1~3]**

- 현우는 국어, 수학, 사회, 과학 성적표를 받았다.
- 과목당 만점은 100점이다.
- 국어와 사회의 점수 차이는 7점이다.
- 과학은 수학보다 5점 높다.
- 사회는 과학보다 15점 낮다.

01 국어가 80점이면 과학은 85점이다.

① 참   ② 거짓   ③ 알 수 없음

02 국어가 70점이면 사회는 77점이다.

① 참   ② 거짓   ③ 알 수 없음

03 사회가 73점이면 수학은 83점이다.

① 참   ② 거짓   ③ 알 수 없음

01

정답 ②

제시된 조건을 정리하면 다음과 같다.

구분	국어	수학	사회	과학
경우 1	x	$x+17$	$x+7$	$x+22$
경우 2	x	$x+3$	$x-7$	$x+8$

국어가 80점일 때 경우 1에 따르면 과학은 102점으로 100점 만점이라는 조건에 어긋나고, 경우 2에 따르면 과학은 88점이 된다.
따라서 거짓이다.

02

정답 ③

경우 1에 따르면 국어가 70점일 때 사회는 77점이지만, 경우 2에서는 국어가 70점일 때 사회가 63점이다.
따라서 국어가 70점일 때 사회가 77점인지의 여부는 주어진 조건만으로 알 수 없다.

03

정답 ①

경우 1, 경우 2 모두 수학은 사회보다 10점 높으므로 참이다.

30초 컷 풀이 Tip

명제 문제를 풀 때는 각 명제를 간단하게 기호화한 다음, 관계에 맞게 순서대로 도식화하면 깔끔한 풀이를 할 수 있어 시간 단축이 가능하다. 참인 명제의 대우 명제도 반드시 참이라는 점을 가장 먼저 활용한다.

※ 다음 제시문을 읽고 각 문제가 항상 참이면 ①, 거짓이면 ②, 알 수 없으면 ③을 고르시오. [1~3]

- 학교 앞 카페에서는 커피, 주스, 샌드위치, 와플을 판매한다.
- 가장 많이 팔리는 것은 커피이다.
- 총매출액이 가장 높은 것은 샌드위치인데, 팔리는 개수는 제일 적다.
- 커피와 주스의 가격은 같다.
- 와플은 가격이 가장 낮고, 팔리는 개수는 두 번째로 적다.

01 주스는 네 가지 품목 중 매출액이 세 번째로 많을 것이다.

① 참　　　　　　　　② 거짓　　　　　　　　③ 알 수 없음

`Easy`
02 커피와 와플은 매출액이 같다.

① 참　　　　　　　　② 거짓　　　　　　　　③ 알 수 없음

03 커피 가격이 두 배로 오르면 커피의 카페 총매출액이 가장 높아질 수 있다.

① 참　　　　　　　　② 거짓　　　　　　　　③ 알 수 없음

※ 다음 제시문을 읽고 각 문제가 항상 참이면 ①, 거짓이면 ②, 알 수 없으면 ③을 고르시오. [4~6]

- 한 층에 한 회사만이 입주할 수 있는 6층 건물에 회사 A ~ F가 입주해 있다.
- A와 D는 5층 차이가 난다.
- D와 E는 인접할 수 없다.
- B는 C보다 아래층에 있다.
- A는 B보다 아래층에 있다.

Easy

04 A는 1층이다.

① 참   ② 거짓   ③ 알 수 없음

05 C가 4층이면 F는 5층이다.

① 참   ② 거짓   ③ 알 수 없음

06 F가 5층이면 C는 3층이다.

① 참   ② 거짓   ③ 알 수 없음

※ 다음 제시문을 읽고 각 문제가 항상 참이면 ①, 거짓이면 ②, 알 수 없으면 ③을 고르시오. [7~9]

- 갑은 달리기 경주에서 가장 먼저 들어왔다.
- 을은 달리기 경주에서 2등을 했다고 말했다.
- 병은 정보다 빠르게 들어왔다.
- 무는 병보다 늦게 들어왔지만 제일 늦게 들어오지 않았다.
- 을은 거짓말을 했다.

07 을은 병보다 늦게 들어왔다.

① 참   ② 거짓   ③ 알 수 없음

08 정은 가장 마지막으로 들어왔다.

① 참   ② 거짓   ③ 알 수 없음

09 3등을 했을 확률이 가장 높은 사람은 을이다.

① 참   ② 거짓   ③ 알 수 없음

※ 다음 제시문을 읽고 각 문제가 항상 참이면 ①, 거짓이면 ②, 알 수 없으면 ③을 고르시오. [10~12]

- 옥수수, 감자, 고구마가 두 개씩 있고 사람은 네 명이 있다.
- 네 명에게 여섯 작물이 모두 주어지고, 한 사람당 최대 두 개의 작물을 받을 수 있다.
- 같은 사람이 같은 작물 두 개를 받을 수는 없다.
- 갑은 옥수수를 받았다.
- 병은 감자를 받지 않았다.
- 을은 고구마를 받았다.
- 을과 정 중 한 명은 옥수수를 받았다.
- 아무것도 받지 못한 사람은 없다.

10 을이 옥수수를 받았다면 정은 감자를 받았을 것이다.

① 참   ② 거짓   ③ 알 수 없음

11 병은 고구마를 받는다.

① 참   ② 거짓   ③ 알 수 없음

Hard

12 을이 옥수수를 받았다면 갑은 감자를 받을 수 없다.

① 참   ② 거짓   ③ 알 수 없음

※ 다음 제시문을 읽고 각 문제가 항상 참이면 ①, 거짓이면 ②, 알 수 없으면 ③을 고르시오. [13~15]

- A카페에 가면 타르트를 수문한다.
- 빙수를 주문하면 타르트를 주문하지 않는다.
- 타르트를 주문하면 아메리카노를 주문한다.

13 아메리카노를 주문하지 않으면 A카페에 가지 않았다는 것이다.

① 참   ② 거짓   ③ 알 수 없음

14 아메리카노를 주문하면 A카페에 간다.

① 참   ② 거짓   ③ 알 수 없음

15 빙수를 주문하지 않으면 타르트를 주문한다.

① 참   ② 거짓   ③ 알 수 없음

※ 다음 제시문을 읽고 각 문제가 항상 참이면 ①, 거짓이면 ②, 알 수 없으면 ③을 고르시오. [16~18]

- 서영이는 사회보다 국어를 좋아한다.
- 서영이는 수학보다 사회를 좋아한다.
- 서영이는 영어보다 사회를 좋아한다.
- 서영이는 과학보다 국어를 좋아한다.
- 서영이는 수학보다 과학을 좋아한다.
- 서영이는 과학보다 사회를 좋아한다.

16 서영이는 영어보다 수학을 좋아한다.

① 참   ② 거짓   ③ 알 수 없음

17 서영이는 국어를 가장 좋아한다.

① 참   ② 거짓   ③ 알 수 없음

Hard
18 서영이는 영어를 가장 싫어한다.

① 참   ② 거짓   ③ 알 수 없음

| 유형분석 |

- 제시문과 같거나 알 수 없는 부분 혹은 명시적으로 드러나지 않은 부분을 추론하여 답을 도출해야 하는 유형이다.
- 자신의 주관적인 판단보다는 글의 세부적 내용에 대한 이해를 기반으로 문제를 풀어야 한다.

※ 다음 글을 읽고 각 문제가 항상 참이면 ①, 거짓이면 ②, 알 수 없으면 ③을 고르시오. [1~3]

현대인은 대인 관계에 있어서 가면을 쓰고 살아간다. 물론 그것이 현대 사회를 살아가기 위한 인간의 기본적인 조건인지도 모른다. 사회학자들은 사람이 다른 사람과 교제를 할 때, 상대방에 대한 자신의 인상을 관리하려는 속성이 있다는 점에 동의한다. 즉, 사람들은 대체로 남 앞에 나설 때에는 가면을 쓰고 연기를 하는 배우와 같이 행동한다는 것이다.

왜 그런 상황이 발생하는 것일까? 그것은 주로 대중문화의 속성에 기인한다. 사실 20세기의 대중문화는 과거와 다른 새로운 인간형을 탄생시키는 배경이 되었다고 말할 수 있다. 특히 광고는 '내가 다른 사람의 눈에 어떻게 보일 것인가?'하는 점을 끊임없이 반복하고 강조함으로써 그 광고를 보는 사람들에게 조바심이나 공포감을 불러일으키기까지 한다.

그중에서도 외모와 관련된 제품의 광고는 개인의 삶의 의미가 '자신이 남에게 어떤 존재로 보이느냐?'라는 것을 지속적으로 주입시킨다. 역사학자들도 '연기하는 자아'의 개념이 대중문화의 부상과 함께 더욱 의미 있는 것이 되었다고 말한다. 그들은 적어도 20세기 초부터 '성공'은 무엇을 잘하고 열심히 하는 것이 아니라 '인상 관리'를 어떻게 하느냐에 달려 있다고 한다. 이렇게 자신의 일관성을 잃고 상황에 따라 적응하게 되는 현대인들은 대중매체가 퍼뜨리는 유행에 민감하게 반응하는 과정에서 자신의 취향을 형성해 가고 있다.

01 사람들의 인상은 타인에 의해서 관리된다.

① 참   ② 거짓   ③ 알 수 없음

02 20세기 대중문화는 새로운 인간형을 탄생시키는 배경이 되었다.

① 참   ② 거짓   ③ 알 수 없음

03 사람들은 대중문화의 부상과 함께 성공하고 있다.

① 참   ② 거짓   ③ 알 수 없음

01

사람이 다른 사람과 교제를 할 때, 상대방에 대한 자신의 인상을 관리하려는 속성이 있다는 것이지 타인에 의해 자신의 인상이 관리된다는 내용은 제시문에 나와 있지 않으므로 알 수 없다.

02

20세기 대중문화 중 특히 광고는 '내가 다른 사람의 눈에 어떻게 보일 것인가?'하는 점에서 새로운 인간형을 탄생시켰다.

03

해당 내용은 제시문에 나와 있지 않으므로 알 수 없다.

30초 컷 풀이 Tip

- 글을 먼저 읽는 것보다는 제시된 문제와 관련된 키워드가 포함된 문단을 찾아 읽어야 시간을 줄일 수 있다.
- 글의 구조를 파악하고 핵심적인 키워드를 표시하면 제시문을 다시 봐야 할 때도 빠르게 찾을 수 있다.

※ 다음 글을 읽고 각 문제가 항상 참이면 ①, 거짓이면 ②, 알 수 없으면 ③을 고르시오. [1~3]

> 맨해튼 프로젝트는 제2차 세계대전 기간 중 미국이 주도한 원자폭탄 개발계획으로, 최초의 거대과학 프로그램이었다. 우주공학과 우주과학을 포함하는 우주개발은 거대과학의 전형을 보여준다. 소련의 스푸트니크 위성 발사는 냉전 시대 최고의 선전도구였다. 이 사건은 이듬해 미 항공우주국(NASA)을 탄생시키는 계기가 되었다. 미국은 1961년부터 우주에서의 우위를 점하기 위해 거대과학 우주 프로그램인 아폴로 계획을 출범시켰다. 1969년에는 아폴로 11호가 인간을 달에 착륙시키고 무사히 지구로 귀환했다. 우주개발 분야에서의 대표적인 거대과학은 국제우주정거장 건설이다. 미국, 유럽, 러시아, 일본 등 16개국이 참여해 지구 저궤도 400km에 건설하였다. 2003년 컬럼비아 우주왕복선의 사고와 소요 재원 문제로 일부 계획이 축소되었으나, 우주환경 이용 및 유인 우주활동을 위한 기반 정비를 목표로 지속 추진되었다. 국제우주정거장 건설에 소요된 비용은 200조 원에 달하였다. 최근에는 기술적 노후화와 유지 보수 비용 증가로 인해 퇴역이 예정되어 있다.

Easy

01 최초의 거대과학 프로그램으로 일본인이 다치는 결과가 발생하였다.

① 참   ② 거짓   ③ 알 수 없음

02 국제우주정거장 건설 사업에는 약 200억 달러의 비용이 소요되었다.

① 참   ② 거짓   ③ 알 수 없음

03 국제우주정거장 건설 사업에는 한국도 참여하였다.

① 참   ② 거짓   ③ 알 수 없음

※ 다음 글을 읽고 각 문제가 항상 참이면 ①, 거짓이면 ②, 알 수 없으면 ③을 고르시오. [4~6]

뉴턴은 빛이 눈에 보이지 않는 작은 입자라고 주장하였고, 이것은 그의 권위에 의지하여 오랫동안 정설로 여겨졌다. 그러나 19세기 초에 토머스 영의 겹실틈 실험은 빛의 파동성을 증명하였다. 이 실험의 방법은 먼저 한 개의 실틈을 거쳐 생긴 빛이 다음에 설치된 두 개의 겹실틈을 지나가게 하여 스크린에 나타나는 무늬를 관찰하는 것이다. 이때 빛이 파동이냐 입자이냐에 따라 결괏값이 달라진다. 즉, 빛이 입자라면 일자 형태의 띠가 두 개 나타나야 하는데, 실험 결과 스크린에는 예상과 다른 무늬가 나타났다. 마치 두 개의 파도 가 만나면 골과 마루가 상쇄와 간섭을 일으키듯이, 보강 간섭이 일어난 곳은 밝아지고 상쇄 간섭이 일어난 곳은 어두워지는 간섭무늬가 연속적으로 나타난 것이다. 그러나 19세기 말부터 빛의 파동성으로는 설명할 수 없는 몇 가지 실험적 사실이 나타났다. 1905년에 아인슈타인은 빛은 광량자라고 하는 작은 입자로 이루 어졌다는 광량자설을 주장하였다. 빛의 파동성은 명백한 사실이었으므로 이것은 빛이 파동이면서 동시에 입 자인 이중적인 본질을 가지고 있다는 것을 의미하는 것이다.

Hard

04 아인슈타인의 광량자설은 뉴턴과 토머스 영의 가설을 모두 포함한다.

① 참   ② 거짓   ③ 알 수 없음

05 뉴턴의 가설은 그의 권위에 의해 현재까지도 정설로 여겨진다.

① 참   ② 거짓   ③ 알 수 없음

06 겹실틈 실험 결과 일자 형태의 띠가 두 개 나타났으므로 빛은 입자이다.

① 참   ② 거짓   ③ 알 수 없음

베블런에 의하면 사치품 사용 금기는 전근대적 계급에 기원을 두고 있다. 즉, 사치품 소비는 상류층의 지위를 드러내는 과시소비이기 때문에 피지배계층이 사치품을 소비하는 것은 상류층의 안락감이나 쾌감을 손상한다는 것이다. 따라서 상류층은 사치품을 사회적 지위 및 위계질서를 나타내는 기호(記號)로 간주하여 피지배계층의 사치품 소비를 금지했다. 또한 베블런은 사치품의 가격 상승에도 그 수요가 줄지 않고 오히려 증가하는 이유가 사치품의 소비를 통하여 사회적 지위를 과시하려는 상류층의 소비행태 때문이라고 보았다. 그러나 소득 수준이 높아지고 대량 생산에 의해 물자가 넘쳐흐르는 풍요로운 현대 사회에서, 서민들은 과거 왕족들이 쓰던 물건들을 일상생활 속에서 쓰고 있고 유명 배우가 쓰는 사치품도 쓸 수 있다. 모든 사람들이 명품을 살 수 있는 돈을 갖고 있을 때, 명품의 사용은 더 이상 상류층을 표시하는 상징이 될 수 없다. 따라서 새로운 사회의 도래는 베블런의 과시소비이론으로 설명하기 어려운 소비행태를 가져왔다. 이때 상류층이 서민들과 구별될 수 있는 방법은 오히려 아래로 내려가는 것이다. 현대의 상류층에게는 차이가 중요한 것이지 사물 그 자체가 중요한 것이 아니기 때문이다. 월급쟁이 직원이 고급 외제차를 타면 사장은 소형 국산차를 타는 것이 그 예이다.

07 베블런의 이론은 최근 현대 사회에서 더욱 빛을 발한다.

① 참   ② 거짓   ③ 알 수 없음

Easy
08 현대 사회에서는 서민들의 사치품 소비가 가능해지면서 오히려 상류층이 사치품 소비를 지양한다.

① 참   ② 거짓   ③ 알 수 없음

09 현대 사회에서 서민의 사치스러운 생활은 물질만능주의를 가속화할 것이다.

① 참   ② 거짓   ③ 알 수 없음

※ 다음 글을 읽고 각 문제가 항상 참이면 ①, 거짓이면 ②, 알 수 없으면 ③을 고르시오. [10~12]

청과물의 거래 방식으로 밭떼기, 수의계약, 경매가 있고, 이 중 한 가지를 농가가 선택한다고 하자. 밭떼기는 재배 초기에 수집 상인이 산지에 와서 계약하고 대금을 지급한 다음, 수확기에 가져가 도매시장의 상인에게 파는 방식이다. 수의계약은 수확기에 농가가 도매시장 내 도매상과의 거래를 성사시킨 후 직접 수확하여 보내는 방식인데, 이때 운송 책임은 농가가 진다. 경매는 농가가 수확한 청과물을 도매시장에 보내서 경매를 위임하는 방식인데, 도매시장에 도착해서 경매가 끝날 때까지 최소 하루가 걸린다.

같은 해 동일 품목의 경우, 수의계약의 평균거래가격과 경매의 평균거래가격은 밭떼기의 거래가격과 같다고 가정한다. 단, 생산량과 소비량의 변동으로 가격변동이 발생하는데, 도매시장에서의 가격변동 폭은 경매가 수의계약보다 크다.

농가 A~D는 여름철 청과물을 생산하는데, 안정된 가격에 팔기 원하는지와 거래가 완료될 때까지 신선도가 유지되는지만을 고려하여 재배 초기에 거래 방식을 결정한다. 이들 농장에서 도매시장까지의 거리는 D가 가장 가깝고, A와 B가 동일하게 가장 먼데, 가장 먼 곳이라도 6시간이면 시장까지 도착한다.

A와 B는 하루 안에 거래를 마쳐야 할 정도로 빨리 시드는 청과물을 생산한다. A는 안정된 가격에 팔기 원하지만, B는 가격의 변동을 이용하여 평균가격보다 높게 팔려고 한다.

C와 D가 생산하는 청과물은 빨리 시들지 않아 거래에 일주일 이상의 여유가 있다. C와 D는 B와 마찬가지로 가격의 변동을 이용하여 평균가격보다 높게 팔려고 하는데, 그 정도는 C와 D가 동일하다.

10 A와 B는 가장 선호하는 거래 방식이 다르지만, 가장 기피하는 거래 방식은 같다.

① 참   ② 거짓   ③ 알 수 없음

`Hard`

11 C와 D는 가장 선호하는 거래 방식이 같지만, 가장 기피하는 거래 방식은 다르다.

① 참   ② 거짓   ③ 알 수 없음

12 A~D가 각자 가장 선호하는 방식으로 거래할 때, 도매시장으로 오는 동안 발생하는 청과물의 품질 하락으로 인한 손실 가능성이 가장 적은 농가는 D뿐이다.

① 참   ② 거짓   ③ 알 수 없음

※ 다음 글을 읽고 각 문제가 항상 참이면 ①, 거짓이면 ②, 알 수 없으면 ③을 고르시오. [13~15]

세계보건기구(WHO)는 급성증세가 발생한 후 즉각적으로 혹은 6시간 이내에 사망한 경우를 돌연사라고 정의한다. 현재 대다수 학자들은 돌연사의 시간을 발병 후 1시간 내로 제한한다. 특징으로는 사망이 급작스러우며, 예기치 못한 자연사이거나, 외부의 타격이 없다는 점을 들 수 있다. 돌연사의 원인이 비록 분명하지는 않지만, 가장 많이 보이는 것은 심장혈관계 질병과 뇌혈관계의 질병으로 심근경색과 뇌출혈 등이다. 현대사회의 과중한 스트레스와 빠른 생활리듬 속에서, 일부 현대인들은 스트레스를 해소하는 방법이 비교적 단조로워 폭음 혹은 흡연을 통해 감정적인 평정과 즐거움을 추구하곤 한다. 그러나 담배와 알코올의 남용은 심혈관계 질병과 뇌혈관계 질병을 유발할 수 있다. 게다가 과도한 피로는 간접적으로 돌연사의 가능성을 증가시킨다. 돌연사는 마치 예방이 불가능한 것처럼 보인다. 하지만 규칙적이고 건강한 생활 습관을 기르고 올바른 스트레스 해소법을 찾는 등 건강을 유지하면 돌연사의 발생 비율을 낮출 수 있을 것이다.

13 돌연사는 과거와 다른 현대의 사회구조에 의해 나타나게 된 현대적 질병이다.

① 참   ② 거짓   ③ 알 수 없음

14 만취해 귀가하던 도중 넘어지면서 머리를 잘못 부딪쳐, 넘어진 지 한 시간 안에 사망하였다면 돌연사라 볼 수 있다.

① 참   ② 거짓   ③ 알 수 없음

15 돌연사는 완벽한 예방이 가능하다.

① 참   ② 거짓   ③ 알 수 없음

※ 다음 글을 읽고 각 문제가 항상 참이면 ①, 거짓이면 ②, 알 수 없으면 ③을 고르시오. [16~18]

> 금리 상승으로 상대적인 매력도가 약화되기는 했지만 여전히 채권 대비 매력도를 유지하고 있다는 점, 투자자들의 위험자산에 대한 선호 현상이 지속되고 있다는 점, 부동산 시장 위축이 상당기간 지속될 것이라는 점 등을 고려해 볼 때, 적립식을 중심으로 꾸준히 진행되는 주식시장으로의 자금 유입은 오랜 기간 유행으로 자리할 것으로 본다.
>
> 적립식을 중심으로 중장기 수요 기반이 확충되면서 나타난 현상은 기관 투자자의 주식 보유 비중 확대와 매매회전율 하락이다. 간접투자 자금 유입으로 기관 투자자는 시장의 매수 주체로 부상하기 시작했다. 이로 인해 외국인 투자자의 공격적인 매도 물량을 받아내며 매수 주체 공백을 메워주고 있는 것이다. 기관 투자자 매수가 지속되며 나타난 현상은 일평균 거래량이 현저하게 줄어들기 시작했다는 점인데 이는 기관 투자자 주식 보유 비중 확대와 중장기 투자문화 정착에 따른 매매 회전율 저하가 그 원인이라고 판단한다. 외국인 투자자의 순매도 규모 확대에 대한 우려가 최근 수급의 핵심이 됐지만 주목해야 할 부분은 기관 투자자 주식 보유 비중 확대, 중장기화에 따른 주식 유통 물량 감소, 즉 퇴장현상이다.

16 적립식에 자금이 유입되면서 매매회전율이 상승하고 있다.

① 참   ② 거짓   ③ 알 수 없음

17 최근 외국인 투자자의 매도 물량을 기관 투자자와 개인 투자자가 받아내고 있는 실정이다.

① 참   ② 거짓   ③ 알 수 없음

18 기관 투자자 매수가 지속되면서 일평균 거래량이 점차 늘고 있다.

① 참   ② 거짓   ③ 알 수 없음

CHAPTER 02
수리비평

| 영역 소개 |

다양한 형태의 표와 그래프로 제시되는 통계 자료에 대한 이해 및 해석, 계산, 수리적 사고를 통한 효율적 문제 해결 능력을 평가한다. 삼양그룹의 수리비평은 20문항을 25분 안에 풀어야 한다.

| 유형 소개 |

표나 그래프 등 주어진 자료를 보고 필요한 정보를 빠르게 찾아 해석할 수 있는지를 평가하는 유형이다. 직무 수행 시 많이 접할 수 있는 다양한 매출, 수익, 추세, 비율 등으로 문제가 구성된다. 문제 의도와 자료 특성을 잘 이해하면 복잡한 계산 없이 쉽게 문제 해결이 가능하다.

┌─┤ 학습 포인트 ├───

- 표, 꺾은선그래프, 막대그래프, 원그래프 등 다양한 형태의 자료를 눈에 익힌다. 실제 시험에서 자료가 제시되었을 때 중점을 두고 파악해야 할 부분을 쉽게 판단할 수 있다.
- 자료해석 유형의 문제는 제시되는 정보의 양이 매우 많으므로 시간을 절약하기 위해서는 문제를 읽은 후 바로 자료 분석에 들어가는 것보다, 선택지를 먼저 읽고 필요한 정보만 추출하여 답을 찾는 것이 좋다.

CHAPTER 02 이론점검

01 기초통계

(1) 통계
집단현상에 대한 구체적인 양적 기술을 반영하는 숫자로 특히, 사회집단 또는 자연집단의 상황을 숫자로 나타낸 것이다.

예 서울 인구의 생계비, 한국 쌀 생산량의 추이, 추출 검사한 제품 중 불량품의 개수 등

(2) 통계치
① 빈도 : 어떤 사건이 일어나거나 증상이 나타나는 정도
② 빈도 분포 : 빈도를 표나 그래프로 종합적이면서도 일목요연하게 표시하는 것
③ 평균 : 모든 자료 값의 합을 자료의 개수로 나눈 값
④ 백분율 : 전체의 수량을 100으로 볼 때의 비율

(3) 통계의 계산
① 범위 : (최댓값) − (최솟값)

② 평균 : $\dfrac{(자료\ 값의\ 총합)}{(자료의\ 개수)}$

③ 편차 : (관찰값) − (평균)

④ 분산 : $\dfrac{[\{(관찰값) - (평균)\}^2의\ 총합]}{(자료의\ 개수)}$

⑤ 표준편차 : $\sqrt{분산}$(평균으로부터 얼마나 떨어져 있는가를 나타냄)

(1) 꺾은선(절선)그래프

① 시간적 추이(시계열 변화)를 표시하는 데 적합하다.

예 연도별 매출액 추이 변화 등

② 경과·비교·분포를 비롯하여 상관관계 등을 나타날 때 사용한다.

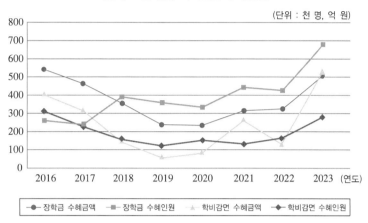

〈중학교 장학금, 학비감면 수혜현황〉

(2) 막대그래프

① 비교하고자 하는 수량을 막대 길이로 표시하고, 그 길이를 비교하여 각 수량 간의 대소 관계를 나타내는 데 적합하다.

예 영업소별 매출액, 성적별 인원분포 등

② 가장 간단한 형태로 내역·비교·경과·도수 등을 표시하는 용도로 사용한다.

〈연도별 암 발생 추이〉

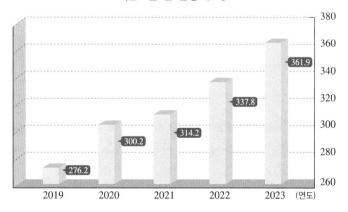

(3) 원그래프

① 내역이나 내용의 구성비를 분할하여 나타내는 데 적합하다.

  예 제품별 매출액 구성비 등

② 원그래프를 정교하게 작성할 때는 수치를 각도로 환산해야 한다.

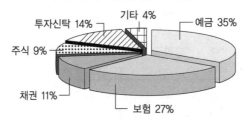

〈C국의 가계 금융자산 구성비〉

투자신탁 14%   기타 4%   예금 35%
주식 9%
채권 11%
보험 27%

(4) 점그래프

① 지역분포를 비롯하여 도시, 지방, 기업, 상품 등의 평가나 위치, 성격을 표시하는 데 적합하다.

  예 광고비율과 이익률의 관계 등

② 종축과 횡축에 두 요소를 두고, 보고자 하는 것이 어떤 위치에 있는가를 알고자 할 때 사용한다.

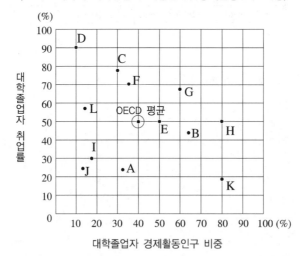

〈OECD 국가의 대학졸업자 취업률 및 경제활동인구 비중〉

대학졸업자 취업률 (%) / 대학졸업자 경제활동인구 비중 (%)

(5) 층별그래프

① 합계와 각 부분의 크기를 백분율로 나타내고 시간적 변화를 보는 데 적합하다.

② 합계와 각 부분의 크기를 실수로 나타내고 시간적 변화를 보는 데 적합하다.

  예 상품별 매출액 추이 등

③ 선의 움직임보다는 선과 선 사이의 크기로써 데이터 변화를 나타내는 그래프이다.

〈우리나라 세계유산 현황〉

(6) 레이더 차트(거미줄그래프)

① 다양한 요소를 비교할 때, 경과를 나타내는 데 적합하다.

    예 매출액의 계절변동 등

② 비교하는 수량을 직경 또는 반경으로 나누어 원의 중심에서의 거리에 따라 각 수량의 관계를 나타내는 그래프이다.

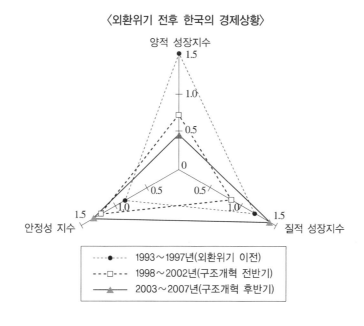

〈외환위기 전후 한국의 경제상황〉

| 유형분석 |

- 제시된 자료를 보고 해석하거나 추론한 내용을 고르는 문제가 출제된다.
- 증감 추이, 증감률, 증감폭 등과 관련된 간단한 계산이 포함되어 있다.
- %와 %p의 차이점을 알고 적용할 수 있어야 한다.

다음은 2023년 삶에 대한 행복감을 조사한 자료이다. 이에 대한 설명으로 옳은 것을 〈보기〉에서 모두 고르면?

〈2023년 삶에 대한 행복감〉

(단위 : %)

구분		사례 수(명)	매우 행복함	행복한 편	보통	행복하지 않은 편	전혀 행복하지 않음
도농별	도시	1,147	2.9	52.7	36.4	6.5	1.4
	농어촌	2,753	2.3	42.6	44.2	9.5	1.4
읍면별	읍	1,212	3.0	41.4	45.8	8.6	1.2
	면	1,541	1.7	43.6	42.9	10.2	1.5
영농여부별	농어가	842	1.6	47.1	43.4	7.1	0.8
	비농어가	1,911	2.6	40.7	44.5	10.6	1.6
응답자 연령별	30대 이하	526	4.0	62.5	32.5	1.1	–
	40대	489	2.3	45.8	43.5	6.9	1.6
	50대	597	2.4	45.6	42.7	7.2	2.1
	60대	489	2.1	37.1	47.5	12.4	0.9
	70대 이상	614	1.0	25.0	52.6	19.2	2.1

보기

ㄱ. 도시에서 행복한 편이라고 응답한 사람의 수는 600명을 넘는다.
ㄴ. 농어가에서 전혀 행복하지 않다고 응답한 사람의 수는 비농어가에서 전혀 행복하지 않다고 응답한 사람의 수의 절반 정도이다.
ㄷ. 읍과 면 모두 매우 행복하다고 응답한 사람의 비율과 행복한 편이라고 응답한 사람의 비율의 합은 각각 50%를 넘는다.
ㄹ. 행복하지 않은 편이라고 응답한 사람의 비율은 농어촌이 50대보다 높다.

① ㄱ, ㄴ
② ㄱ, ㄹ
③ ㄴ, ㄷ
④ ㄴ, ㄹ
⑤ ㄷ, ㄹ

정답 ②

ㄱ. 도시에서 행복한 편이라고 응답한 사람의 수는 1,147×0.527=604.469명으로 600명을 넘는다.

ㄹ. 행복하지 않은 편이라고 응답한 사람의 비율은 농어촌이 9.5%, 50대가 7.2%로 농어촌이 더 높다.

오답분석

ㄴ. 농어가에서 전혀 행복하지 않다고 응답한 사람의 수는 842명 중 0.8%로 6.736명이며, 비농어가에서 전혀 행복하지 않다고 응답한 사람의 수는 1,911명 중 1.6%로 30.576명이다.

ㄷ. 읍의 경우 매우 행복하다고 응답한 사람의 비율과 행복한 편이라고 응답한 사람의 비율은 3.0+41.4=44.4%이며, 면의 경우 매우 행복하다고 응답한 사람의 비율과 행복한 편이라고 응답한 사람의 비율은 1.7+43.6=45.3%이다. 따라서 읍과 면 모두 50%를 넘지 않는다.

30초 컷 풀이 Tip

계산이 필요 없거나 생각하지 않아도 되는 선택지를 먼저 해결한다.

[예] ㄹ은 제시된 두 수치를 비교하는 문제이므로 가장 먼저 풀이 가능하다.

01 다음은 소양강댐의 수질정보에 대한 자료이다. 이에 대한 설명으로 옳지 않은 것은?

〈소양강댐의 수질정보〉

(단위 : ℃, mg/L)

구분	수온	DO	BOD	COD
1월	5	12.0	1.4	4.1
2월	5	11.5	1.1	4.5
3월	8	11.3	1.3	5.0
4월	13	12.1	1.5	4.6
5월	21	9.4	1.5	6.1
6월	23	7.9	1.3	4.1
7월	27	7.3	2.2	8.9
8월	29	7.1	1.9	6.3
9월	23	6.4	1.7	6.6
10월	20	9.4	1.7	6.9
11월	14	11.0	1.5	5.2
12월	9	11.6	1.4	6.9

※ DO : 용존산소량
※ BOD : 생화학적 산소요구량
※ COD : 화학적 산소요구량

① DO가 세 번째로 높은 달은 12월이다.
② 조사기간 중 8월의 수온이 가장 높았다.
③ 소양강댐의 COD는 항상 DO보다 적었다.
④ 7월 대비 12월의 소양강댐의 BOD 감소율은 30% 이상이다.
⑤ DO가 가장 많았을 때와 가장 적었을 때의 차는 5.7mg/L이다.

02 다음은 대형마트 이용자를 대상으로 소비자 만족도를 조사한 자료이다. 이에 대한 내용으로 옳은 것은?

〈대형마트 업체별 소비자 만족도〉

(단위 : 점 / 5점 만점)

구분	종합 만족도	서비스 품질					서비스 쇼핑 체험
		쇼핑 체험 편리성	상품 경쟁력	매장환경 / 시설	고객접점 직원	고객관리	
A마트	3.72	3.97	3.83	3.94	3.70	3.64	3.48
B마트	3.53	3.84	3.54	3.72	3.57	3.58	3.37
C마트	3.64	3.96	3.73	3.87	3.63	3.66	3.45
D마트	3.56	3.77	3.75	3.44	3.61	3.42	3.33

〈대형마트 인터넷 / 모바일쇼핑 소비자 만족도〉

(단위 : 점 / 5점 만점)

구분	이용률	A마트	B마트	C마트	D마트
인터넷쇼핑	65.4%	3.88	3.80	3.88	3.64
모바일쇼핑	34.6%	3.95	3.83	3.91	3.69

① 인터넷쇼핑과 모바일쇼핑의 소비자 만족도가 가장 큰 차이를 보이는 곳은 D마트이다.

② 종합만족도는 5점 만점에 평균 3.61이며, 업체별로는 A마트가 가장 높고, C마트, B마트 순으로 나타났다.

③ 대형마트 인터넷쇼핑 이용률이 65.4%로 모바일쇼핑에 비해 높으나, 만족도에서는 모바일쇼핑이 평균 0.1점 정도 더 높게 평가되었다.

④ 대형마트를 이용하면서 느낀 감정이나 기분을 반영한 서비스 쇼핑 체험 부문의 만족도는 평균 3.41 정도로 서비스 품질 부문들보다 낮았다.

⑤ 서비스 품질 부문에 있어 평균적으로 쇼핑 체험 편리성에 대한 만족도가 상대적으로 가장 높게 평가되었으며, 반대로 고객접점직원 서비스가 가장 낮게 평가되었다.

03 다음은 어린이 안전지킴이집 현황에 대한 자료이다. 이에 대한 〈보기〉의 설명 중 옳지 않은 것을 모두 고르면?

〈어린이 안전지킴이집 현황〉

(단위 : 개)

구분		2019년	2020년	2021년	2022년	2023년
선정위치별	유치원	2,151	1,731	1,516	1,381	1,373
	학교	10,799	9,107	7,875	7,700	7,270
	아파트단지	2,730	2,390	2,359	2,460	2,356
	놀이터	777	818	708	665	627
	공원	1,044	896	893	958	918
	통학로	6,593	7,040	7,050	7,348	7,661
	합계	24,094	21,982	20,401	20,512	20,205
선정업소 형태별	24시 편의점	3,013	2,653	2,575	2,528	2,542
	약국	1,898	1,708	1,628	1,631	1,546
	문구점	4,311	3,840	3,285	3,137	3,012
	상가	9,173	7,707	6,999	6,783	6,770
	기타	5,699	6,074	5,914	6,433	6,335
	합계	24,094	21,982	20,401	20,512	20,205

보기

ㄱ. 선정위치별 어린이 안전지킴이집의 경우 통학로를 제외한 모든 곳에서 매년 감소하고 있다.

ㄴ. 선정업소 형태별 어린이 안전지킴이집의 수가 2019년 대비 2023년에 가장 많이 감소한 업소는 상가이다.

ㄷ. 2022년 대비 2023년 학교 안전지킴이집의 감소율은 2022년 대비 2023년의 유치원 안전지킴이집의 감소율의 10배 이상이다.

ㄹ. 2023년 선정업소 형태별 안전지킴이집 중에서 24시 편의점의 개수가 차지하는 비중은 2022년보다 감소하였다.

① ㄱ, ㄴ
② ㄱ, ㄹ
③ ㄴ, ㄷ
④ ㄱ, ㄴ, ㄹ
⑤ ㄱ, ㄷ, ㄹ

04 다음은 우리나라 항공기 기종별 공항사용료에 대한 표이다. 이에 대한 설명으로 옳지 않은 것은?

<항공기 기종별 공항사용료>

(단위 : 천 원)

구분			B747 (395톤)	B777 (352톤)	A330 (230톤)	A300 (165톤)	B767 (157톤)	A320 (74톤)	B737 (65톤)
착륙료	국제선	김포	3,141	2,806	1,854	1,340	1,276	607	533
		김해, 제주	3,046	2,694	1,693	1,160	1,094	449	387
		기타	2,510	2,220	1,395	956	902	370	319
	국내선	김포, 김해, 제주	1,094	966	604	411	387	155	134
		기타(군산 제외)	901	796	498	339	319	128	110
조명료	국제선	김포	106	106	106	106	106	106	106
		김해, 제주	52	52	52	52	52	52	52
		기타	43	43	43	43	43	43	43
	국내선	김포, 김해, 제주	52	52	52	52	52	52	52
		기타	43	43	43	43	43	43	43
정류료	국제선	김포	1,615	1,471	1,061	809	774	391	343
		김해, 제주	441	397	271	205	196	105	93
		기타	364	327	224	169	162	86	77
	국내선	김포, 김해, 제주	291	262	179	135	130	69	62
		기타	241	217	148	112	107	57	51

※ (공항사용료)=(착륙료)+(조명료)+(정류료)

① 항공기의 무게가 무거울수록 더 높은 착륙료와 정류료를 지불한다.
② 김해공항을 사용하는 항공기들은 기종과 상관없이 모두 동일한 조명료를 납부한다.
③ 광주공항을 이용하는 시드니행 B747 항공기는 광주공항에 대하여 공항사용료로 250만 원 이상을 납부한다.
④ 김포공항을 사용하는 A300 항공기의 경우, 국제선을 사용하는 항공기는 국내선을 사용하는 항공기의 7배 이상의 정류료를 납부한다.
⑤ 가장 많은 공항사용료를 납부하는 국내선 항공기의 공항사용료는 가장 적은 공항사용료를 납부하는 국내선 항공기의 공항사용료의 5배 이상이다.

다음은 2018 ~ 2023년 S국 농·임업 생산액과 부가가치 현황에 대한 자료이다. 이에 대한 〈보기〉의 설명 중 옳은 것을 모두 고르면?

〈농·임업 생산액 현황〉

(단위 : 십억 원, %)

구분		2018년	2019년	2020년	2021년	2022년	2023년
농·임업 생산액		39,663	42,995	43,523	43,214	46,357	46,648
분야별 비중	곡물	23.6	20.2	15.6	18.5	17.5	18.3
	화훼	28.0	27.7	29.4	30.1	31.7	32.1
	과수	34.3	38.3	40.2	34.7	34.6	34.8

※ 분야별 비중은 해당 분야의 농·임업 생산액 대비 생산액 비중임
※ 곡물, 화훼, 과수는 농·임업 일부 분야임

〈농·임업 부가가치 현황〉

(단위 : 십억 원, %)

구분		2018년	2019년	2020년	2021년	2022년	2023년
농·임업 부가가치		22,587	23,540	24,872	26,721	27,359	27,376
GDP 대비 비중	농업	2.1	2.1	2.0	2.1	2.0	2.0
	임업	0.1	0.1	0.2	0.1	0.2	0.2

※ GDP 대비 비중은 해당 분야의 GDP 대비 부가가치 비중임
※ 농·임업은 농업과 임업으로만 구성됨

보기

ㄱ. 농·임업 생산액이 전년보다 적은 해에는 농·임업 부가가치도 전년보다 작다.
ㄴ. 화훼 생산액은 매년 증가한다.
ㄷ. 매년 곡물 생산액은 과수 생산액의 50% 이상이다.
ㄹ. 매년 농업 부가가치는 농·임업 부가가치의 85% 이상이다.

① ㄱ, ㄴ   ② ㄱ, ㄷ
③ ㄱ, ㄷ   ④ ㄴ, ㄹ
⑤ ㄷ, ㄹ

06 다음은 헌혈인구 및 개인헌혈 비율에 대한 그래프이다. 이에 대한 설명으로 옳은 것을 〈보기〉에서 모두 고르면?(단, 변화율은 절댓값으로 비교한다)

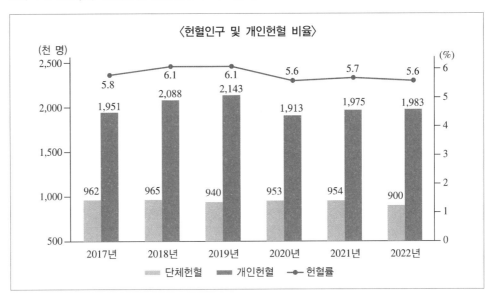

〈헌혈인구 및 개인헌혈 비율〉

보기

ㄱ. 전체헌혈 중 단체헌혈이 차지하는 비율은 조사기간 중 매년 20%를 초과한다.
ㄴ. 2018년부터 2021년까지 전년 대비 단체헌혈 증감률의 절댓값이 가장 큰 해는 2019년이다.
ㄷ. 2019년 대비 2020년 개인헌혈의 감소율은 25% 이상이다.
ㄹ. 2020년부터 2022년까지 개인헌혈과 헌혈률은 전년 대비 증감 추이가 동일하다.

① ㄱ, ㄴ   ② ㄱ, ㄷ
③ ㄴ, ㄷ   ④ ㄴ, ㄹ
⑤ ㄷ, ㄹ

07 다음은 2023년 기준 업종별 사업체 수, 종사자 수 및 매출액 현황에 대한 표이다. 이에 대한 설명으로 옳지 않은 것을 〈보기〉에서 모두 고르면?

〈업종별 사업체 수 현황〉

(단위 : 개, %)

구분		2022년	2023년	2023년 증감폭	2023년 증감률
사업체 수		2,624,654	2,715,208	90,554	3.5
평균증감률 상회업종	출판·영상·방송	30,416	35,649	5,233	17.2
	하수·폐기·원료재생	6,965	7,761	796	11.4
	전문·과학·기술	79,495	87,173	7,678	9.7
	사업시설관리·사업지원	46,447	50,785	4,338	9.3
	부동산·임대	132,630	141,186	8,556	6.5
	보건·사회복지	125,703	131,505	5,802	4.6
	도·소매	960,388	997,120	36,732	3.8
평균증감률 하회업종	숙박·음식점	686,225	703,364	17,139	2.5
	교육서비스	151,609	153,461	1,852	1.2
	수리·개인서비스	300,803	303,569	2,766	0.9
	예술·스포츠·여가	103,973	103,635	−338	−0.3

〈업종별 종사자 수 현황〉

(단위 : 천 명, %)

구분		2022년	2023년	2023년 증감폭	2023년 증감률
종사자 수		10,232	10,671	439	4.3
평균증감률 상회업종	보건·사회복지	1,326	1,413	87	6.6
	전문·과학·기술	546	579	33	6.1
	부동산·임대	467	495	28	6.0
	출판·영상·방송	418	442	24	5.8
	하수·폐기·원료재생	78	82	4	5.5
평균증감률 하회업종	도·소매	2,880	2,999	119	4.1
	숙박·음식점	1,991	2,072	81	4.0
	사업시설관리·사업지원	943	977	34	3.6
	수리·개인서비스	700	718	18	2.5
	예술·스포츠·여가	361	366	5	1.5
	교육서비스	522	528	6	1.2

〈업종별 매출액 현황〉

(단위 : 십억 원, %)

구분		2022년	2023년	2023년 증감폭	2023년 증감률
매출액		1,440,363	1,478,160	37,790	2.6
평균증감률 상회업종	부동산 · 임대	56,621	62,312	5,691	10.1
	보건 · 사회복지	88,227	95,425	7,198	8.2
	사업시설관리 · 사업지원	41,525	44,608	3,083	7.4
	출판 · 영상 · 방송	79,898	84,699	4,801	6.0
	숙박 · 음식점	90,630	95,529	4,899	5.4
	수리 · 개인서비스	31,908	33,415	1,507	4.7
	전문 · 과학 · 기술	58,498	60,661	2,163	3.7
	예술 · 스포츠 · 여가	38,169	39,469	1,293	3.4
평균증감률 하회업종	하수 · 폐기 · 원료재생	16,455	16,809	354	2.2
	교육서비스	24,550	25,060	510	2.1
	도 · 소매	913,882	920,173	6,291	0.7

> **보기**
>
> ㄱ. 2023년에 증감한 전체 종사자 중 보건 · 사회복지 종사자가 차지하는 비율은 약 19.8%이다.
> ㄴ. 모든 자료에서 교육서비스 분야는 증감률이 가장 낮다.
> ㄷ. 모든 자료에서 출판 · 영상 · 방송 분야는 증감률이 5% 이상이다.
> ㄹ. 도 · 소매를 제외하고 매출액 현황에서 가장 증감률이 낮은 업종은 하수 · 폐기 · 원료재생 분야이다.

① ㄱ, ㄴ

② ㄱ, ㄷ

③ ㄱ, ㄹ

④ ㄴ, ㄷ

⑤ ㄴ, ㄹ

08 다음은 2022년과 2023년 우리나라 행정구역별 주택유형 구성비에 대한 표이다. 이에 대한 설명으로 옳은 것은?

〈2023년 행정구역별 주택유형 구성비〉

(단위 : %)

구분	합계	단독주택	아파트	연립주택	다세대주택	비거주용 건물 내 주택	주택 이외의 거처
전국	100	34.3	48.6	2.2	9.2	1.6	4.1
서울	100	30.1	42.0	2.9	17.3	2.1	5.6
부산	100	29.6	52.6	2.1	9.6	1.5	4.6
대구	100	36.2	53.9	0.9	5.4	1.5	2.1
인천	100	19.0	53.0	2.0	19.8	1.2	5.0
광주	100	30.2	63.7	1.2	1.2	1.3	2.4
대전	100	34.9	54.8	1.5	5.2	1.3	2.3
울산	100	32.4	56.8	1.5	4.8	2.0	2.5
세종	100	28.8	65.0	0.9	1.2	0.9	3.2
경기	100	25.0	55.4	2.4	11.6	1.2	4.4
강원	100	47.3	43.7	2.6	1.4	2.1	2.9
충북	100	44.9	45.9	2.2	2.5	1.7	2.8
충남	100	45.6	43.4	2.1	3.7	1.6	3.6
전북	100	47.1	46.0	1.7	1.4	1.6	2.2
전남	100	54.7	37.3	1.6	1.1	1.8	3.5
경북	100	51.2	38.5	2.2	3.6	1.8	2.7
경남	100	43.5	47.5	1.7	2.5	1.6	3.2
제주	100	49.3	25.5	7.2	10.2	2.8	5.0

〈2022년 행정구역별 주택유형 구성비〉

(단위 : %)

구분	합계	단독주택	아파트	연립주택	다세대주택	비거주용 건물 내 주택	주택 이외의 거처
전국	100	35.3	48.1	2.2	8.9	1.7	3.8
서울	100	31.2	41.6	2.7	16.5	0.7	7.3
부산	100	30.7	51.6	2.1	9.4	1.4	4.8
대구	100	37.1	52.8	0.9	5.5	1.9	1.8
인천	100	19.5	52.6	1.8	20.2	0.4	5.5
광주	100	31.6	62.7	1.1	1.2	3.4	0
대전	100	35.1	54.3	1.5	5.3	3.1	0.7
울산	100	33.5	55.7	1.4	4.8	4.6	0
경기	100	45.3	44.3	1.9	3.6	0.9	4.0
강원	100	25.9	55.2	2.5	10.8	0.4	5.2
충북	100	47.8	42.7	2.6	1.4	3.9	1.6
충남	100	45.3	45.3	2.2	2.4	4.8	0
전북	100	47.9	45.9	1.7	1.4	3.1	0
전남	100	55.6	36.4	1.5	1.1	3.4	2.0
경북	100	51.9	38.1	2.1	3.6	3.9	0.4
경남	100	45.8	47.6	1.8	2.6	2.2	0
제주	100	50.6	24.8	6.6	9.5	6.2	2.3

① 충북의 주택유형 구성비 순위는 2022년과 2023년이 동일하다.
② 2023년 아파트 수의 전년 대비 증가율은 대구가 부산보다 더 높다.
③ 인천의 2023년 단독주택의 수는 비거주용 건물 내 주택 수의 12배 미만이다.
④ 2022년 다세대주택 비율이 단독주택 비율의 50% 이상인 행정구역은 5곳이다.
⑤ 경기의 아파트 수 대비 주택 이외의 거처 수의 비율은 2022년이 2023년보다 높다.

| 유형분석 |

- 자료상에 주어진 공식을 활용하는 계산문제와 증감률, 비율, 합, 차 등을 활용한 문제가 출제된다.
- 상대적으로 많은 문제가 출제되는 편은 아니지만 숫자가 큰 경우가 많으므로 정확한 수치와 제시된 조건을 꼼꼼히 확인하여 실수를 하지 않는 것이 중요하다.

2023년의 농가별 고용노동 활용 현황에 대한 자료이다. 빈칸 (A), (B), (C)에 들어갈 숫자를 순서대로 바르게 나열한 것은?

〈농가별 고용노동 활용 현황〉

(단위 : 호, %)

구분	농가 수	고용노동 활용 농가		고용 기간별			
		농가 수	비중	1개월 미만	1 ~ 3개월	3 ~ 6개월	6개월 이상
총농가	1,120,776	(A)	–	318,386	45,964	7,691	10,645
논벼	472,097	132,908	–	123,126	7,884	1,039	859
식량작물	98,579	21,614	–	19,314	1,881	179	240
채소 · 산나물	254,892	97,805	–	72,926	17,043	4,102	3,734
특용작물 · 버섯	31,352	9,575	(B)	6,954	1,868	368	385
과수	176,646	90,586	–	75,549	13,512	875	650
약용작물	8,628	4,330	–	3,543	523	105	159
화초 · 관상작물	15,749	6,915	–	4,430	1,045	588	852
기타작물	4,948	1,139	–	767	219	28	125
축산	57,885	17,814	–	11,777	1,989	(C)	3,641

	(A)	(B)	(C)
①	382,686	30.4	407
②	382,686	30.5	406
③	382,686	30.5	407
④	738,090	30.4	407
⑤	738,090	30.5	407

(A) : 고용노동 활용 농가의 총합이므로, 고용 기간별 농가 수를 모두 더한 값인 382,686이다.

(B) : 특용작물・버섯 농가 중 고용노동 활용 농가의 비중이므로 $\frac{9,575}{31,352} \times 100 ≒ 30.5\%$이다.

(C) : 고용노동을 활용하는 축산 농가 중 3~6개월의 고용을 활용한 농가 수이므로, 고용노동을 활용하는 축산 농가에서 3~6 개월을 제외한 고용기간 농가 수를 뺀 값인 407이다.

30초 컷 풀이 Tip

• 기준값이 같은 경우에는 정확한 값을 계산하지 않고, 비율로 계산해도 동일한 결과를 얻을 수 있다.
• 빈칸이 주어지지 않은 자료계산 문제는 주어진 식에서 출제되는 경우가 많으므로 식을 확인하고, 구해야 하는 값을 미지수 x, y로 둔다.

Easy

01 다음은 2015년부터 2023년까지의 전국 교통안전시설 설치현황을 나타낸 자료이다. 빈칸에 들어 갈 수로 가장 적절한 것은?(단, 각 수치는 일정한 규칙에 따라 변화한다)

〈전국 교통안전시설 설치현황〉

구분	안전표지				신호등	
	주의	규제	지시	보조	차량 신호	보행 신호
2015년	100	110	80	57	88	35
2016년	126	120	90	82	73	40
2017년	140	140	100	85	82	45
2018년	160		100	95	50	46
2019년	175	180	130	135	110	48
2020년	205	200	150	140	160	70
2021년	205	230	150	140	160	70
2022년	230	240	165	135	195	80
2023년	240	260	175	145	245	87

① 140

② 150

③ 160

④ 170

⑤ 180

02 S기업의 생산관리팀에서 근무하고 있는 귀하는 총생산 비용의 감소율을 30%로 설정하려고 한다. 부품 1단위 생산 시 단계별 비용이 다음 자료와 같을 때, (가)+(나)의 값은?

구분	부품 1단위 생산 시 비용(원)	
	개선 전	개선 후
1단계	4,000	3,000
2단계	6,000	(가)
3단계	11,500	(나)
4단계	8,500	7,000
5단계	10,000	8,000

① 4,000원

② 6,000원

③ 8,000원

④ 10,000원

⑤ 12,000원

03 다음은 공공기관 청렴도 평가 현황이다. 내부청렴도가 가장 높은 해와 낮은 해를 바르게 연결한 것은?

<공공기관 청렴도 평가 현황>

(단위 : 점)

구분	2020년	2021년	2022년	2023년
종합청렴도	6.23	6.21	6.16	6.8
외부청렴도	8.0	8.0	8.0	8.1
내부청렴도				
정책고객평가	6.9	7.1	7.2	7.3
금품제공률	0.7	0.7	0.7	0.5
향응제공률	0.7	0.8	0.8	0.4
편의제공률	0.2	0.2	0.2	0.2

※ 종합청렴도, 외부청렴도, 내부청렴도, 정책고객평가는 10점 만점으로, 10점에 가까울수록 청렴도가 높음을 의미함
※ 금품제공률, 향응제공률, 편의제공률은 감점요인임
※ (종합청렴도)={(외부청렴도)×0.6+(내부청렴도)×0.3+(정책고객평가)×0.1}-(감점요인)

	가장 높은 해	가장 낮은 해
①	2020년	2022년
②	2021년	2022년
③	2021년	2023년
④	2022년	2023년
⑤	2023년	2021년

04 다음은 연령대별로 조사한 여가를 위해 가장 중요한 정책 1순위에 대한 통계 자료이다. 〈조건〉에 따라 A와 C에 해당하는 연령대를 바르게 연결한 것은?

〈여가를 위해 가장 중요한 정책 1순위 통계〉

(단위 : %)

구분	시설 확충	프로그램 개발 및 보급	소외계층 여가지원	전문 인력 양성	휴가 법적보장	동호회 육성 및 지원
A	29.7	22.3	12.0	12.5	15.4	7.3
B	31.2	22.3	9.5	11.7	16.2	8.1
10대	29.1	23.1	10.2	10.6	17.1	8.8
40대	31.8	21.3	11.0	10.7	18.1	8.6
C	34.0	19.7	10.8	11.8	16.7	8.6
D	31.3	19.5	14.6	11.3	15.1	10.4
70대 이상	36.7	17.9	19.0	9.0	13.0	7.5

조건

• 연령대는 10대, 20대, 30대, 40대, 50대, 60대, 70대 이상이다.
• 각 연령대에서 전문 인력 양성의 비율 중에서 가장 높은 두 연령대는 20대와 30대이다.
• 1순위 정책으로 프로그램 개발 및 보급의 비율이 가장 낮은 두 연령대는 60대와 70대 이상이다.
• 1순위 정책으로 동호회 육성 및 지원을 뽑은 비율은 20대가 30대보다 낮다.
• 1순위 정책으로 휴가의 법적보장을 뽑은 비율은 50대가 20대보다 높다.

	A	C
①	20대	30대
②	20대	50대
③	30대	20대
④	30대	30대
⑤	50대	60대

05 어항 안에 A금붕어와 B금붕어가 각각 1,675마리, 1,000마리 있었다. 다음과 같이 금붕어가 팔리고 있다면, 10일 차에 남아있는 금붕어는 각각 몇 마리인가?

〈A, B금붕어의 수〉

(단위 : 마리)

구분	1일 차	2일 차	3일 차	4일 차	5일 차
A금붕어	1,675	1,554	1,433	1,312	1,191
B금붕어	1,000	997	992	983	968

<table>
<tr><td></td><td>A금붕어</td><td>B금붕어</td></tr>
<tr><td>①</td><td>560마리</td><td>733마리</td></tr>
<tr><td>②</td><td>586마리</td><td>733마리</td></tr>
<tr><td>③</td><td>621마리</td><td>758마리</td></tr>
<tr><td>④</td><td>700마리</td><td>758마리</td></tr>
<tr><td>⑤</td><td>782마리</td><td>783마리</td></tr>
</table>

06 다음은 정부의 스마트워크 유형별 취업인구수 추정치이다. 빈칸에 들어갈 숫자로 가장 적절한 것은?(단, 각 수치는 일정한 규칙에 따라 변화한다)

〈스마트워크 유형별 취업인구수 추정치〉

(단위 : 천 명)

구분		2018년	2019년	2020년	2021년	2022년	2023년
재택근무	공공	39	58	85	116	149	184
	민간	343	480	686	1,029	1,715	2,881
스마트워크센터	공공	1	2	4	6	6	7
	민간	3	37	62	125	125	125
모바일워크	공공	6	9	15	24		63
	민간	600	1,000	1,500	2,100	2,800	3,600

① 36

② 39

③ 42

④ 45

⑤ 48

07 다음은 가야 문화재 발굴단에서 실시한 2021 ~ 2023년 발굴 작업 현황을 나타낸 자료이다. 비용이 가장 많이 든 연도와 그 비용은?

〈발굴 작업 현황〉

(단위 : 건)

구분	2021년	2022년	2023년
정비 발굴	21	23	19
순수 발굴	10	4	12
수중 발굴	13	18	7

※ 발굴 작업 1건당 비용은 정비 발굴은 12만 원, 순수 발굴은 3만 원, 수중 발굴은 20만 원임

① 2021년, 542만 원
② 2021년, 642만 원
③ 2022년, 648만 원
④ 2022년, 758만 원
⑤ 2023년, 404만 원

08 다음은 A식당의 세트메뉴에 따른 월별 판매 개수 현황에 대한 자료이다. (가), (나)에 들어갈 수치가 바르게 나열된 것은?(단, 각 수치는 매년 일정한 규칙으로 변화한다)

〈월별 세트메뉴 판매 개수〉

(단위 : 개)

구분	5월	6월	7월	8월	9월	10월	11월
A세트	212	194	180	(가)	194	228	205
B세트	182	164	150	184	164	198	175
C세트	106	98	112	140	120	150	121
D세트	85	86	87	81	92	100	121
E세트	35	40	54	55	60	57	59
F세트	176	205	214	205	241	232	211
G세트	216	245	254	245	281	272	(나)

	(가)	(나)
①	213	250
②	214	251
③	214	252
④	215	250
⑤	215	251

CHAPTER 03

도식적 추론(인문계)

합격 CHEAT KEY

| 영역 소개 |

체계적·분석적 사고 능력, 문제 해결 능력, 귀납적 논리력을 평가한다. 플로우 차트에서 각 기호가 갖고 있는 일련의 규칙을 추론하고, 이 규칙을 새로운 상황에서 응용하여 문제를 해결하는 유형의 문제가 출제된다. 삼양그룹의 도식적 추론은 인문계 영역이며 30분 이내에 40문항을 풀어야 한다.

| 유형 소개 |

문자가 변화하는 과정을 보고 기호의 의미를 파악한 후, 제시된 문자가 어떻게 변화하는지 판단하는 유형이다. 도식적 추론은 하나의 예시에 여러 문제가 주어지는 묶음 형태로 출제되므로 제시된 기호를 정확히 파악해야 많은 문제를 정확히 풀 수 있다.

| 학습 포인트 |

- 그동안 시험에서는 각 자릿수 ±4까지의 연산, 문자의 이동 등의 규칙이 출제되었다. 따라서 문자에 대응하는 숫자를 숙지하고 있으면 문제 푸는 시간을 단축할 수 있을 것이다.
- 규칙을 추론해야 한다는 사실에 겁부터 먹는 지원자들이 있는데, 사실 규칙의 대부분이 문자의 배열을 서로 바꾸거나 일정한 앞 또는 뒤의 문자로 치환하는 정도이므로 그리 복잡하지 않다. 또한 거치는 과정도 생각보다 많지 않으므로, 기본 논리 구조를 이해하고 연습한다면 실전에서 어렵지 않게 문제를 풀어낼 수 있을 것이다.

| 유형분석 |

- 결과를 통해 과정을 추론할 수 있는지를 평가하는 유형이다.
- 각 규칙이 2개 이상 한꺼번에 적용되어 제시되기 때문에 각각의 예시만 봐서는 규칙을 파악하기 어렵다. 공통되는 규칙이 있는 예시를 찾아 서로 비교하여 각 문자열의 위치 또는 숫자의 변화 등을 확인하며 규칙을 찾아야 한다.
- 공통 규칙 한 가지로 40문항을 풀어야 한다. 본서는 다양한 규칙을 학습할 수 있도록 여러 유형으로 구성하였다.

※ 다음 도식에서 기호들은 일정한 규칙에 따라 문자를 변화시킨다. ?에 들어갈 알맞은 수 또는 문자를 고르시오(단, 규칙은 가로와 세로 중 한 방향으로만 적용된다). [1~3]

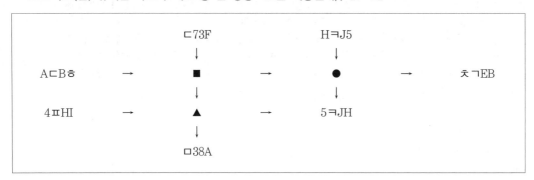

01

$$GHKT \rightarrow \blacksquare \rightarrow \bullet \rightarrow ?$$

① PFNH
② PFMH
③ SFNH
④ PFMI
⑤ PFNR

02

$$5454 \rightarrow \blacktriangle \rightarrow \bullet \rightarrow ?$$

① 3275
② 3266
③ 3376
④ 3276
⑤ 2276

03

$$76ㄱI → ▲ → ■ → ?$$

① 91ㅂD
② 92ㅅD
③ 92ㅂT
④ 84ㄹF
⑤ 92ㅂD

[1~3]

기호가 하나만 적용된 부분부터 살펴보면 HㅋJ5가 5ㅋJH로 변하였으므로 ●은 양 끝에 있는 문자의 위치를 서로 바꾸는 기호임을 알 수 있다. ㅊㄱEB에 이 기호를 거꾸로 적용하면 BㄱEㅊ이 되고, AㄷBㅎ이 ■을 거쳐 BㄱEㅊ이 된 셈이므로 이는 각 항에 +1, −2, +3, −4를 하는 기호임을 알 수 있다. 다음으로 4ㅍHI가 ▲을 거쳐 5ㅋJH로 변한 과정을 살펴보면 각 항에 +1, −2, +2, −1을 한 것임을 알 수 있다. 이 모든 규칙을 정리하면 다음과 같다.

● : 1234 → 4231
■ : 각 자릿수에 +1, −2, +3, −4
▲ : 각 자릿수에 +1, −2, +2, −1

01

정답 ①

GHKT → HFNP → PFNH
　　　 ■ 　　　 ●

02

정답 ④

5454 → 6273 → 3276
　　　 ▲ 　　　 ●

03

정답 ⑤

76ㄱI → 84ㄷH → 92ㅂD
　　　 ▲ 　　　 ■

※ 다음 도식에서 기호들은 일정한 규칙에 따라 문자를 변화시킨다. ?에 들어갈 알맞은 문자를 고르시오 (단, 규칙은 가로와 세로 중 한 방향으로만 적용되며, 모음은 일반모음 10개만 세는 것을 기준으로 한다). [1~3]

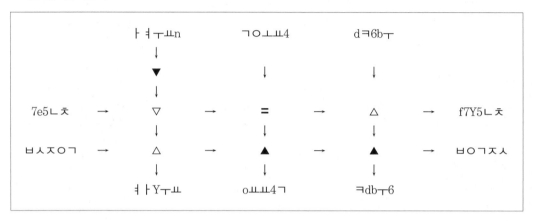

01

$$ ㅍㅗㄷ3 → △ → ▼ → ▲ → ? $$

① ㄷㅗㅍ　　　　　　② ㅗㅍㄷ

③ ㅍㄷㅗ　　　　　　④ ㅗㄷㅍ

⑤ ㅍㅗㄷ

02

$$ xㅗㅅso → = → ▼ → ? → Yxㅗos $$

① △　　　　　　　　② ▲

③ ▽　　　　　　　　④ ▼

⑤ =

03

$$ ㄱㅂㅛㅣㅈ → ▼ → ? → △ → ㅣㅛㅂㄱ $$

① △　　　　　　　　② ▲

③ ▽　　　　　　　　④ ▼

⑤ =

※ 다음 도식에서 기호들은 일정한 규칙에 따라 문자를 변화시킨다. ?에 들어갈 알맞은 문자를 고르시오
 (단, 규칙은 가로와 세로 중 한 방향으로만 적용되며, 모음은 일반모음 10개만 세는 것을 기준으로
 한다). [4~6]

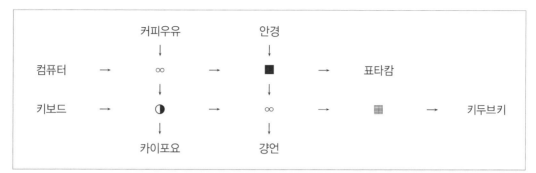

Hard

04

소문자 → ▦ → ◑ → ?

① 소준머소   ② 소준마소
③ 수준마소   ④ 수준마수
⑤ 수준머수

05

논란 → ∞ → ? → 런눈

① ∞   ② ▦
③ ◑   ④ ■
⑤ ∞ → ◑

06

기초과학 → ◑ → ▦ → ∞ → ?

① 기구춰헉기   ② 기기춰학구
③ 기고춰헉기   ④ 기기촤학구
⑤ 기고춰학기

※ 다음 도식에서 기호들은 일정한 규칙에 따라 문자를 변화시킨다. ?에 들어갈 알맞은 문자를 고르시오 (단, 규칙은 가로와 세로 중 한 방향으로만 적용된다). [7~10]

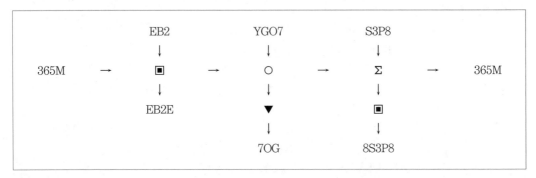

Easy

07

$$87CHO → ▼ → ○ → ?$$

① CO87H
② 7CHO
③ 87CH
④ HC78
⑤ O87

08

$$9LEE3 → Σ → ■ → ?$$

① 3LEE93
② 39LEE3
③ 3EEL9
④ 93EEL
⑤ EEL93

09

$$KU01 \rightarrow \bigcirc \rightarrow \blacksquare \rightarrow \Sigma \rightarrow ?$$

① UU01　　　　　　　　　　② KK01

③ K01U　　　　　　　　　　④ UK10U

⑤ K01UK

10

$$LIGHT \rightarrow \Sigma \rightarrow \blacktriangledown \rightarrow \bigcirc \rightarrow ?$$

① ILTG　　　　　　　　　　② GILT

③ LIGH　　　　　　　　　　④ LIGHL

⑤ TLIGHT

※ 다음 도식에서 기호들은 일정한 규칙에 따라 문자를 변화시킨다. ?에 들어갈 알맞은 문자를 고르시오
(단, 규칙은 가로와 세로 중 한 방향으로만 적용된다). [11~14]

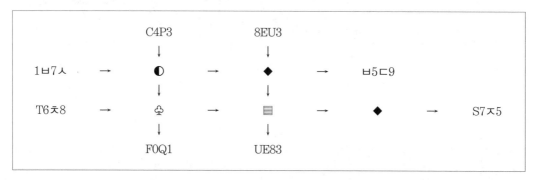

11

E73ㅎ → ◆ → ♣ → ?

① Cㅌ63   ② ㅍD62

③ Cㅌ26   ④ Dㅍ46

⑤ D73ㅍ

12

5ㅅㄱ9 → 目 → ◆ → ?

① 59ㄱㅅ   ② ㅅ95ㄱ

③ ㄴ84ㅂ   ④ 48ㅂㄴ

⑤ ㄴ47ㅂ

13

$$2○7M \rightarrow ♣ \rightarrow ◐ \rightarrow ▤ \rightarrow ?$$

① M85ㄷ
② Mㄹ85
③ 75Kㄷ
④ K8ㄹ5
⑤ 7K5ㄷ

14

$$4JR5 \rightarrow ◆ \rightarrow ◐ \rightarrow ♣ \rightarrow ?$$

① KP80
② Q0J7
③ QJ07
④ 07QJ
⑤ 80KP

CHAPTER 04
연역적 판단(이공계)

| 영역 소개 |

규칙을 이해하고, 오류 없이 빠르게 적용 및 판단하는 연역적 논리력을 평가한다. 논리적 규칙이 포함된 프로세스를 이해하고, 입력 자료의 변화 과정을 추론하여 출력 자료가 무엇인지 찾는 문제가 출제된다. 삼양그룹 연역적 판단은 이공계 영역이며 30분 이내에 40문항을 풀어야 한다.

| 유형 소개 |

주어진 자료의 변화 관계를 통해 기호가 의미하는 규칙을 추론하고, 문제에 제시된 도형이나 기호에 다양한
규칙을 적용하여 도식에 따라 해결하는 유형이다.

┤ 학습 포인트 ├─

- 제시된 규칙을 파악하여 빠르게 문제에 적용하는 연습을 해야 한다.
- 색 반전, 회전, 대칭, 교환 등 모든 문제에 적용되는 규칙은 한정되어 있다. 따라서 최대한 많은 유형을 풀어보면
  서 다양한 규칙을 익혀 두면 실제 시험에서 규칙을 빠르게 익히고 적용하는 데 유리할 것이다.
- 조건이 여러 번 적용되어 한 번이라도 규칙을 잘못 적용하면 결과가 전혀 달라질 수 있다. 단계별로 정확히 흐름
  을 따라가며 실수하지 않도록 주의해야 한다.

| 유형분석 |

- 도식에 적용되는 다양한 규칙을 이해하고 도식 흐름에 따른 결과를 추론하는 유형이다.
- 지원자의 도식 및 도형·기호의 변화에 대한 지각능력과 추론능력을 평가한다.
- 공통 규칙 한 가지로 40문항을 풀어야 한다. 본서는 다양한 규칙을 학습할 수 있도록 여러 유형으로 구성하였다.

※ 다음 기호들은 일정한 규칙에 따라 도형을 변화시킨다. 주어진 도형을 도식에 따라 변화시켰을 때 결과로 옳은 것을 고르시오. [1~2]

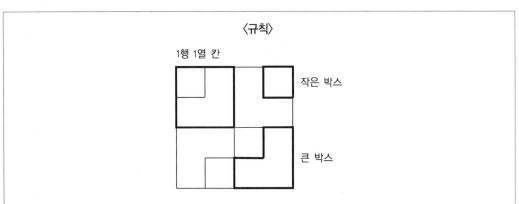

⟨규칙⟩

Ⓐ : 작은 박스 안의 숫자 합의 일의 자릿수만큼 작은 박스 안의 숫자 위치만 반시계 방향으로 전체 회전

Ⓑ : 각 칸의 작은 박스 안의 숫자와 큰 박스 안의 숫자를 곱한 값의 십의 자릿수는 큰 박스, 일의 자리 수는 작은 박스 안의 수로 교체

Ⓒ : 각 칸을 시계 방향으로 1칸씩 이동(각 칸의 작은 박스, 큰 박스 위치 및 각 박스 안의 위치 고정하여 각 칸 단위로 이동)

Ⓓ : 각 칸의 작은 박스와 큰 박스 크기 교체

Ⓧ : 작은 박스 안의 숫자 합(□)과 큰 박스 안의 숫자 합(□)을 비교하여 맞으면 Yes, 틀리면 No

Ⓨ : 각 칸마다 작은 박스가 위에 위치한 수(x)를 비교하여 맞으면 Yes, 틀리면 No

 : 색칠된 위치의 작은 박스 안의 숫자(□)와 큰 박스 안의 숫자(□)를 비교하여 맞으면 Yes, 틀리면 No

01

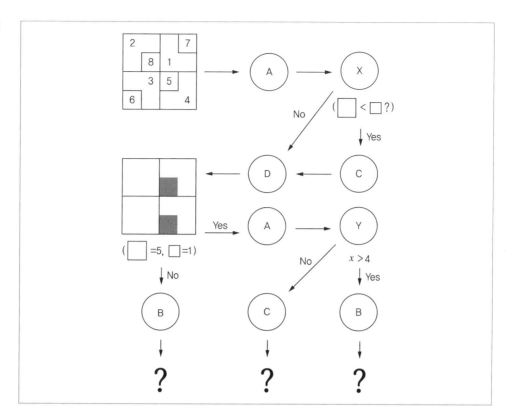

①
6			7
	3	1	
	8		4
2		5	

②
5			1
	4	7	
	6		2
3		8	

③
1			6
	7	3	
	2		4
8		5	

④
6			2
	3	8	
	1	5	
7			4

⑤
8			3
	4	7	
	6	2	
1			5

02

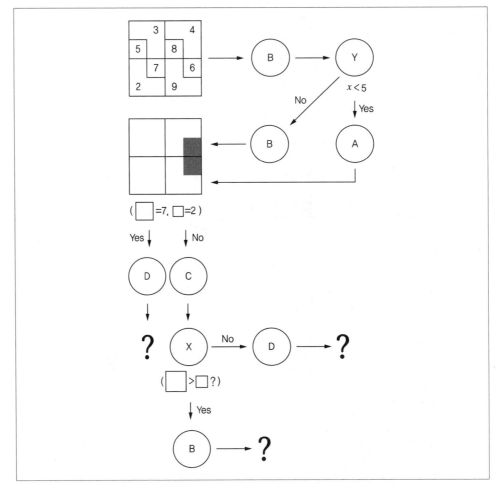

01

정답 ⑤

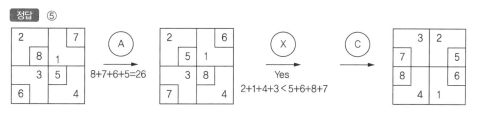

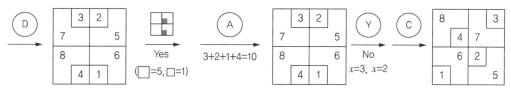

02

정답 ④

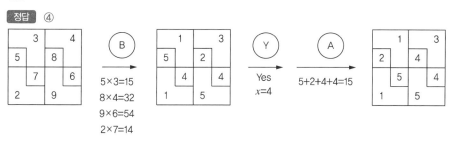

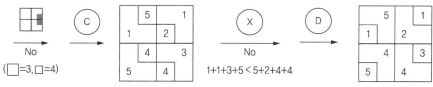

※ 다음 기호들은 일정한 규칙에 따라 도형을 변화시킨다. 주어진 도형을 도식에 따라 변화시켰을 때의 결과로 옳은 것을 고르시오(단, 주어진 조건이 두 가지 이상일 때, 모두 일치해야 Yes로 이동한다). [1~2]

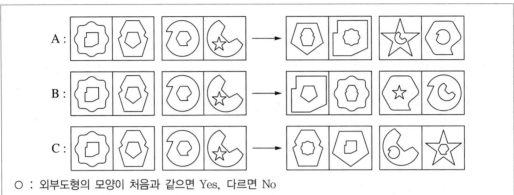

○ : 외부도형의 모양이 처음과 같으면 Yes, 다르면 No

□ : 내부도형의 모양이 처음과 같으면 Yes, 다르면 No

△ : 외부・내부도형의 모양이 처음과 같으면 Yes, 다르면 No

01

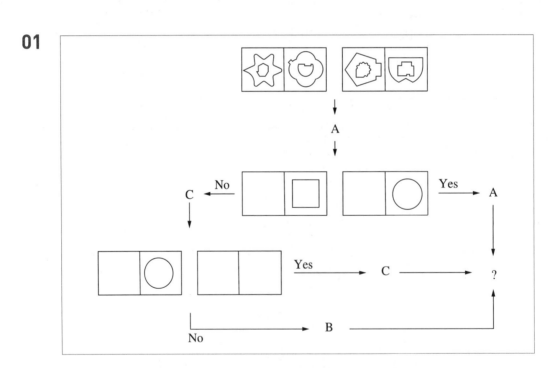

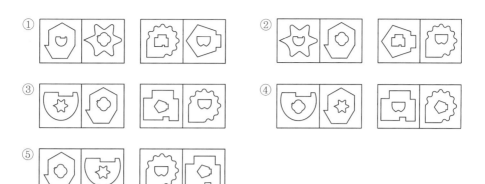

02

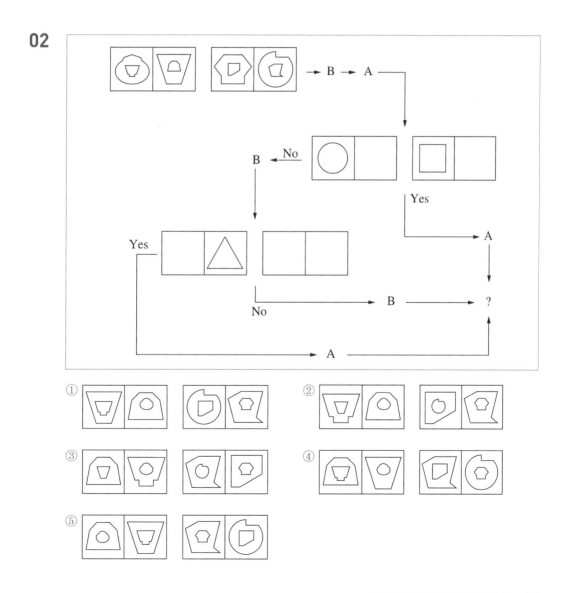

※ 다음 기호들은 일정한 규칙에 따라 도형을 변화시킨다. 주어진 도형을 도식에 따라 변화시켰을 때 결과로 옳은 도형을 고르시오(단, 갈림길에서 조건이 없으면 기존 사다리 규칙을 따른다). [3~4]

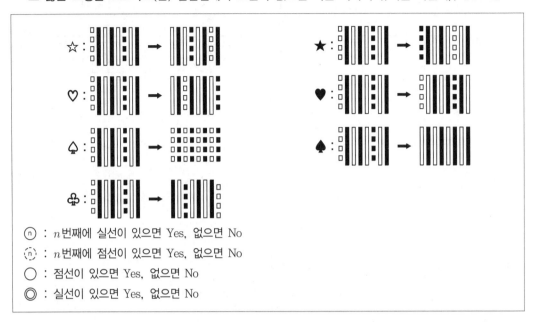

- ⓝ : n번째에 실선이 있으면 Yes, 없으면 No
- ⌜ⓝ⌟ : n번째에 점선이 있으면 Yes, 없으면 No
- ◯ : 점선이 있으면 Yes, 없으면 No
- ◎ : 실선이 있으면 Yes, 없으면 No

03

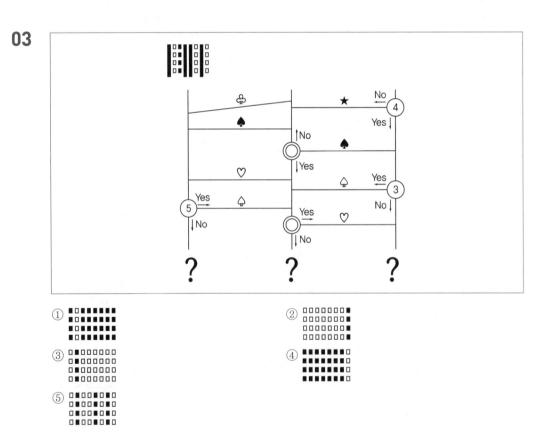

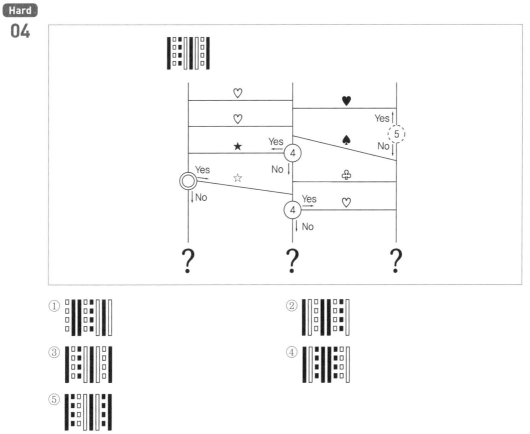

① ②

③ ④

⑤

※ 면 위의 점은 다음과 같은 규칙에 따라 이동하며 궤적을 남긴다. ?에 들어갈 알맞은 것을 고르시오(단, 모든 규칙은 주어진 테두리 안에서 적용된다). [5~7]

↑, ↓, ←, → : 점이 상, 하, 좌, 우로 이동한다.
⌒ : 점이 시계 방향으로 이동한다.
⌒ : 점이 시계 반대 방향으로 이동한다.
○ : 점이 이동하면서 선이 점점 굵어진다.
✕ : 점이 이동하면서 선이 점점 가늘어진다.
◆ : 현재까지의 궤적과 점의 위치가 시계 방향으로 90° 회전한다.
□ : 점이 상하대칭으로 이동하면서, 궤적은 상하대칭했을 때 반대편에 없는 선은 그려지고, 서로 겹치는 선은 삭제된다.
※ 회전규칙과 이동규칙이 동시에 적용되는 경우, 회전규칙을 우선 적용한다.

05

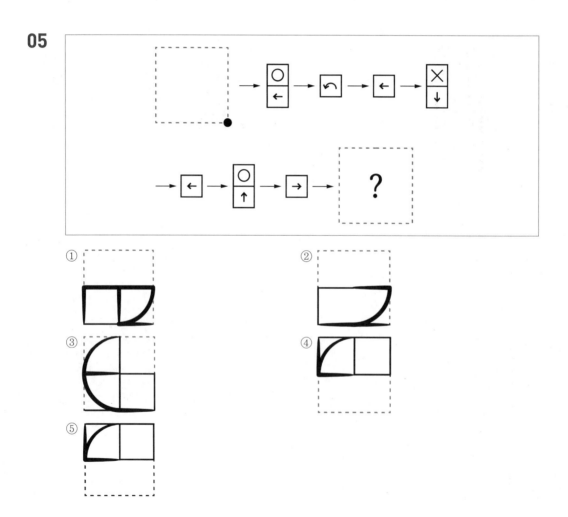

06

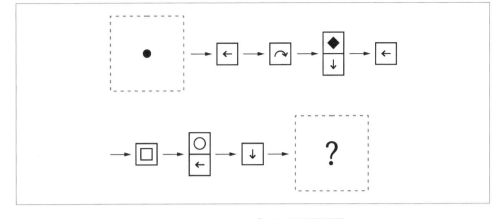

①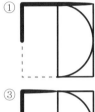

②

③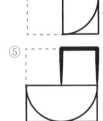

④

⑤

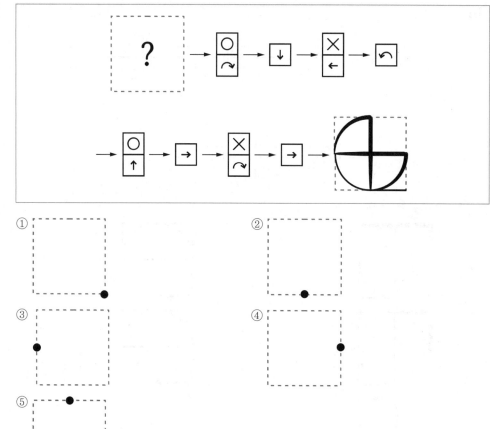

①

②

③

④

⑤

PART 2
최종점검 모의고사

삼양그룹 온라인 인적성검사	
도서 동형 온라인 실전연습 서비스	ASYN-00000-17EA4

삼양그룹 온라인 인적성검사		
영역	문항 수	제한시간
언어비평	30문항	20분
수리비평	20문항	25분
도식적 추론(인문계)	40문항	30분
연역적 판단(이공계)	40문항	30분

※ 모의고사는 채용공고 및 실제 수험생의 후기를 기준으로 구성한 것으로 실제와 다를 수 있습니다.
※ 도식적 추론 또는 연역적 판단은 지원한 분야에 해당하는 영역을 선택하여 응시하기 바랍니다.

최종점검 모의고사

응시시간 : 75분　　문항 수 : 90문항　　정답 및 해설 p.020

01　언어비평

※ 다음 제시문을 읽고 각 문제가 항상 참이면 ①, 거짓이면 ②, 알 수 없으면 ③을 고르시오. [1~3]

- 4명의 사람 A, B, C, D가 있다.
- 4명의 사람은 학교, 도서관, 편의점, 아웃렛 중 각자 다른 한 곳을 목적지로 한다.
- 일대로로 가면 편의점과 아웃렛만 갈 수 있다.
- 이대로로 가면 학교와 도서관만 갈 수 있다.
- 삼대로로 가면 학교와 아웃렛만 갈 수 있다.
- 사대로로 가면 도서관과 편의점만 갈 수 있다.
- A는 일대로, C는 삼대로로 출발하였다.
- B는 이대로와 삼대로를 이용하지 않았다.

01　D가 목적지에 갈 때 A와 C가 이용한 두 길을 모두 이용해도 된다면, B는 도서관에 갔다.

　　　① 참　　　　　　　　② 거짓　　　　　　　　③ 알 수 없음

02　B가 일대로를 이용했다면, 편의점에 간 사람은 D이다.

　　　① 참　　　　　　　　② 거짓　　　　　　　　③ 알 수 없음

03　D가 일대로를 이용했다면, A가 편의점에 갈 가능성은 50%이다.

　　　① 참　　　　　　　　② 거짓　　　　　　　　③ 알 수 없음

※ 다음 제시문을 읽고 각 문제가 항상 참이면 ①, 거짓이면 ②, 알 수 없으면 ③을 고르시오. [4~6]

- 서로 다른 색을 가진 다섯 개의 공은 서로 다른 무게를 지닌다.
- 검은색 공은 가장 무겁지도 않고, 두 번째로 무겁지도 않다.
- 빨간색 공은 노란색 공보다 무겁고, 파란색 공보다 가볍다.
- 노란색 공은 하얀색 공보다 무겁고, 검은색 공보다 가볍다.
- 파란색 공은 검은색 공보다 무겁다.

Easy

04 어느 공이 가장 무거운지 확인할 수 없다.

① 참   ② 거짓   ③ 알 수 없음

05 하얀색 공이 가장 가볍다.

① 참   ② 거짓   ③ 알 수 없음

06 검은색 공의 무게는 노란색 공과 하얀색 공의 무게를 합한 것과 같다.

① 참   ② 거짓   ③ 알 수 없음

※ 다음 제시문을 읽고 각 문제가 항상 참이면 ①, 거짓이면 ②, 알 수 없으면 ③을 고르시오. [7~9]

- 과자 한 봉지를 A ~ C 세 사람이 나누어 먹는다.
- 과자 한 봉지에는 과자가 10개 들어있다.
- 세 사람 중 과자를 1개도 먹지 않은 사람은 없으며, 세 사람이 먹은 과자의 개수는 각각 다르다.
- 과자를 가장 적게 먹은 사람은 A이다.
- C는 B보다 과자를 2개 더 많이 먹었다.

07 남은 과자의 개수는 3개 이하이다.

① 참   ② 거짓   ③ 알 수 없음

08 C가 과자를 5개 먹었을 때 A는 과자를 1개 먹었다.

① 참   ② 거짓   ③ 알 수 없음

09 두 명이 홀수 개의 과자를 먹었다.

① 참   ② 거짓   ③ 알 수 없음

※ 다음 제시문을 읽고 각 문제가 항상 참이면 ①, 거짓이면 ②, 알 수 없으면 ③을 고르시오. [10~12]

- A ~ D 네 사람이 윗몸일으키기를 했다.
- 네 사람은 서로 다른 횟수를 했으며, 가장 많이 한 사람은 차례대로 A – B – C – D이다.
- A는 B보다 20회 더 했다.
- A는 D의 두 배를 했다.
- C는 D보다 10회 더 했다.

10   D는 윗몸일으키기를 30회 했다.

     ① 참   ② 거짓   ③ 알 수 없음

Hard
11   A는 윗몸일으키기를 62회 이상 했다.

     ① 참   ② 거짓   ③ 알 수 없음

12   B와 C는 윗몸일으키기를 짝수 회 했다.

     ① 참   ② 거짓   ③ 알 수 없음

- A ~ D 네 명과 귤, 사과, 수박, 딸기, 토마토가 있다.
- 네 명이 서로 겹치지 않게 한 가지씩 과일을 먹었다.
- A는 딸기를 먹었다.
- B는 귤을 먹지 않았다.
- C는 수박과 토마토 중 하나를 먹었다.

13 B가 수박과 토마토 중 하나를 먹었다면 D는 귤을 먹었을 것이다.

① 참   ② 거짓   ③ 알 수 없음

14 B가 사과를 먹었다면 D가 먹은 과일은 수박이다.

① 참   ② 거짓   ③ 알 수 없음

Hard

15 C가 토마토를 먹었다면 B가 사과를 먹었을 가능성과 D가 사과를 먹었을 가능성은 같다.

① 참   ② 거짓   ③ 알 수 없음

※ 다음 제시문을 읽고 각 문제가 항상 참이면 ①, 거짓이면 ②, 알 수 없으면 ③을 고르시오. [16~18]

- 갑 ~ 정 4명이 있다.
- 검은색 운동화, 흰색 운동화, 파란색 운동화가 2켤레씩 있다.
- 4명이 6켤레의 운동화를 모두 받고, 1명당 최대 2켤레의 운동화를 받을 수 있다.
- 1명이 같은 색의 운동화 2켤레를 받을 수는 없다.
- 갑은 검은색 운동화를 받았다.
- 병은 흰색 운동화를 받지 않았다.
- 을은 파란색 운동화를 받았다.
- 을과 정 중 1명만 검은색 운동화를 받았다.
- 아무것도 받지 못한 사람은 없다.

16 을이 검은색 운동화를 받았다면 정은 흰색 운동화를 받았을 것이다.

① 참   ② 거짓   ③ 알 수 없음

Hard

17 병은 파란색 운동화를 받는다.

① 참   ② 거짓   ③ 알 수 없음

18 을이 검은색 운동화를 받았다면 갑은 흰색 운동화를 받을 수 없다.

① 참   ② 거짓   ③ 알 수 없음

※ 다음 제시문을 읽고 각 문제가 항상 참이면 ①, 거짓이면 ②, 알 수 없으면 ③을 고르시오. [19~21]

- 가야금을 연주할 수 있는 사람은 거문고를 연주할 수 있다.
- 해금을 연주할 수 있는 사람은 아쟁을 연주할 수 있다.
- 거문고를 연주할 수 없는 사람은 아쟁을 연주할 수 없다.
- 가야금을 연주할 수 없는 사람은 장구를 연주할 수 없다.

19 아쟁을 연주할 수 있는 사람은 거문고를 연주할 수 있다.

① 참   ② 거짓   ③ 알 수 없음

20 가야금이나 해금을 연주할 수 있는 사람은 거문고를 연주할 수 있다.

① 참   ② 거짓   ③ 알 수 없음

21 가야금과 거문고를 연주할 수 있는 사람은 장구를 연주할 수 있다.

① 참   ② 거짓   ③ 알 수 없음

※ 다음 제시문을 읽고 각 문제가 항상 참이면 ①, 거짓이면 ②, 알 수 없으면 ③을 고르시오. [22~24]

위대한 예술 작품을 감상하는 데 있어서 제일 큰 장애물은 개인적인 습관과 편견을 버리려고 하지 않는 태도이다. 친숙하게 알고 있는 주제를 생소한 방법으로 표현한 그림을 접했을 때 그것에 대해 정확히 해석할 수 없다는 이유로 매도하는 것은 상당히 흔한 태도이다. 작품에 표현된 이야기를 많이 알면 알수록 그 이야기는 언제나 그랬듯이 예전과 비슷하게 표현되어야 한다는 확신에 집착하게 되는 것도 일반적인 반응이다. 특히 성경에서는 이러한 경향이 두드러진다. 성경의 어느 부분에서도 하느님을 인간의 형상으로 가시화하지 않았고 예수의 얼굴이나 모양새 등을 최초로 그려낸 사람들이 바로 과거의 화가라는 사실들을 알고 있으면서도 많은 사람들이 신에 관해서는 전통적인 형태를 벗어나면 신성모독이라고 하며 발끈한다. 이는 지양해야 할 태도이다.

22 예술은 자신이 기존에 가지고 있던 편견을 배제하고 열린 마음으로 감상해야 한다.

① 참　　　　　　② 거짓　　　　　　③ 알 수 없음

23 신에 관한 전통적인 형상이 아닌 다른 형상을 그려내는 화가들은 이단이다.

① 참　　　　　　② 거짓　　　　　　③ 알 수 없음

24 작품과 관련된 이야기나 배경 사상을 아는 것보다는 작품을 그 자체로서 즐기려고 노력하는 태도가 중요하다.

① 참　　　　　　② 거짓　　　　　　③ 알 수 없음

※ 다음 제시문을 읽고 각 문제가 항상 참이면 ①, 거짓이면 ②, 알 수 없으면 ③을 고르시오. [25~27]

'지문 인식'이란 이용자가 지문 인식 센서를 이용해 지문을 입력하면 그것을 시스템에 등록되어 있는 지문 영상과 비교하여 본인 여부를 확인하는 기술이다. 이용자가 본인임을 인증받기 위해서는 먼저 자신의 지문을 시스템에 등록해야 한다. '지문 등록'을 위해 이용자가 지문을 센서에 대면 지문의 특징이 추출되어 영상으로 저장된다. 이 영상은 본인 여부를 판정하는 기준이 된다.

등록된 영상으로 본인 여부를 판정하는 과정을 '정합 판정' 과정이라 한다. 정합 판정 과정에서는 이용자가 지문을 센서에 대면 지문의 특징이 추출되어 영상이 만들어지고, 이 영상과 시스템에 등록되어 있는 영상의 비교가 이루어진다. 그 결과 두 영상의 유사도가 기준치 이상이면 이용자의 지문을 등록되어 있는 지문과 동일한 것으로 판정한다.

Easy

25 지문 인식은 지문을 이용해 본인 여부를 확인하는 기술이다.

① 참   ② 거짓   ③ 알 수 없음

26 '지문 등록'과 '정합 판정' 과정에서는 지문선이 끊어지거나 갈라지는 것을 통해 지문의 유사도를 확인한다.

① 참   ② 거짓   ③ 알 수 없음

27 '정합 판정' 과정이 있으려면 '지문 등록' 과정이 선행되어야 한다.

① 참   ② 거짓   ③ 알 수 없음

※ 다음 제시문을 읽고 각 문제가 항상 참이면 ①, 거짓이면 ②, 알 수 없으면 ③을 고르시오. [28~30]

> 갑, 을, 병은 산행하다가 식용으로 보이는 버섯을 채취하였다. 하산 후 갑은 생버섯 5g과 술 5잔, 을은 끓는 물에 삶은 버섯 5g과 술 5잔, 병은 생버섯 5g만을 먹었다.
>
> 다음 날 아침에 갑과 을은 턱 윗부분만 검붉게 변하는 악취(顎醉) 증상이 나타났으며, 둘 다 5일 동안 지속되었으나 병은 그러한 증상이 없었다. 또한 세 명은 버섯을 먹은 다음 날 오후부터 미각을 상실했다가, 7일 후 모두 회복하였다. 한 달 후 건강 검진을 받은 세 명은 백혈구가 정상치의 1/3 수준으로 떨어진 것이 발견되어 무균 병실에 입원하였다. 세 명 모두 일주일이 지나 백혈구 수치가 정상이 되어 퇴원하였고 특별한 치료를 한 것은 없었다.
>
> 담당 의사는 만성 골수성 백혈병의 권위자였다. 만성 골수성 백혈병은 비정상적인 유전자에 의해 백혈구를 필요 이상으로 증식시키는 티로신 키나아제 효소가 만들어짐으로써 나타난다. 담당 의사는 3개월 전 문제의 버섯을 30g 섭취한 사람이 백혈구의 급격한 감소로 사망한 보고가 있다는 것을 알고 있었으며, 해당 버섯에서 악취 증상 원인 물질 A, 미각 상실 원인 물질 B, 백혈구 감소 원인 물질 C를 분리하였다.

28 A는 알코올과의 상호작용에 의해서 증상을 일으킨다.

① 참   ② 거짓   ③ 알 수 없음

29 B는 알코올과의 상관관계는 없고, 물에 끓여도 효과가 약화되지 않는다.

① 참   ② 거짓   ③ 알 수 없음

30 C는 물에 끓이면 효과가 약화되며, 티로신 키나아제의 작용을 억제하는 물질로 적정량을 사용하면 만성 골수성 백혈병 치료제의 가능성이 있다.

① 참   ② 거짓   ③ 알 수 없음

01 다음은 2023년 항목별 상위 7개 동의 자산규모를 나타낸 것이다. 이에 대한 설명으로 옳은 것은?

〈항목별 상위 7개 동의 자산규모〉

구분 / 순위	총자산(조 원)		부동산자산(조 원)		예금자산(조 원)		가구당 총자산(억 원)	
	동명	규모	동명	규모	동명	규모	동명	규모
1	여의도동	24.9	대치동	17.7	여의도동	9.6	을지로동	51.2
2	대치동	23.0	서초동	16.8	태평로동	7.0	여의도동	26.7
3	서초동	22.6	압구정동	14.3	을지로동	4.5	압구정동	12.8
4	반포동	15.6	목동	13.7	서초동	4.3	도곡동	9.2
5	목동	15.5	신정동	13.6	역삼동	3.9	잠원동	8.7
6	도곡동	15.0	반포동	12.5	대치동	3.1	이촌동	7.4
7	압구정동	14.4	도곡동	12.3	반포동	2.5	서초동	6.4

※ (총자산)＝(부동산자산)＋(예금자산)＋(증권자산)

※ (가구 수)＝$\dfrac{(총자산)}{(가구당\ 총자산)}$

① 이촌동의 가구 수는 2만 가구 이상이다.
② 여의도동의 증권자산은 최소 4조 원 이상이다.
③ 대치동의 증권자산은 서초동의 증권자산보다 많다.
④ 압구정동의 가구 수는 여의도동의 가구 수보다 적다.
⑤ 총자산 대비 부동산자산의 비율은 도곡동이 목동보다 높다.

02 다음은 지역별 마약류 단속에 대한 자료이다. 이에 대한 설명으로 옳은 것은?

〈지역별 마약류 단속 건수〉

(단위 : 건, %)

구분	대마	코카인	향정신성 의약품	합계	비중
서울	49	18	323	390	22.1
인천·경기	55	24	552	631	35.8
부산	6	6	166	178	10.1
울산·경남	13	4	129	146	8.3
대구·경북	8	1	138	147	8.3
대전·충남	20	4	101	125	7.1
강원	13	0	35	48	2.7
전북	1	4	25	30	1.7
광주·전남	2	4	38	44	2.5
충북	0	0	21	21	1.2
제주	0	0	4	4	0.2
전체	167	65	1,532	1,764	100

※ 수도권은 서울과 인천·경기를 합한 지역임
※ 마약류는 대마, 코카인, 향정신성의약품으로만 구성됨

① 코카인 단속 건수가 없는 지역은 5곳이다.
② 대마 단속 전체 건수는 코카인 단속 전체 건수의 3배 이상이다.
③ 수도권의 마약류 단속 건수는 마약류 단속 전체 건수의 50% 이상이다.
④ 강원 지역은 향정신성의약품 단속 건수가 대마 단속 건수의 3배 이상이다.
⑤ 향정신성의약품 단속 건수는 대구·경북 지역이 광주·전남 지역의 4배 이상이다.

03 다음은 상품군별 온라인 및 모바일쇼핑 거래액에 대한 표이다. 이에 대한 설명으로 옳지 않은 것은?

〈상품군별 온라인 및 모바일쇼핑 거래액〉

(단위 : 억 원, %)

구분	2023년 9월		2024년 9월	
	온라인쇼핑	모바일쇼핑	온라인쇼핑	모바일쇼핑
합계	50,000	30,000	70,000	42,000
컴퓨터 및 주변기기	2,450	920	3,700	1,180
가전·전자·통신기기	5,100	2,780	7,000	3,720
소프트웨어	50	10	50	10
서적	1,000	300	1,300	500
사무·문구	350	110	500	200
음반·비디오·악기	150	65	200	90
의복	5,000	3,450	6,000	4,300
신발	750	520	1,000	760
가방	900	640	1,500	990
패션용품 및 액세서리	900	580	1,500	900
스포츠·레저용품	1,450	1,000	2,300	1,300
화장품	4,050	2,970	5,700	3,700
아동·유아용품	2,200	1,500	2,400	1,900
음·식료품	6,200	4,500	11,500	7,600
농축수산물	2,000	915	2,400	1,500
생활·자동차용품	5,500	3,340	6,700	4,500
가구	1,300	540	1,850	1,000
애완용품	250	170	400	300
여행 및 예약서비스	9,000	4,360	11,000	5,800
각종서비스 및 기타	1,400	1,330	3,000	1,750

① 2024년 9월 온라인쇼핑 거래액이 전년 동월보다 낮아진 상품군이 있다.

② 2024년 9월 모바일쇼핑 거래액은 온라인쇼핑 거래액의 60%를 차지한다.

③ 2024년 9월 온라인쇼핑 거래액은 7조 원으로 전년 동월 대비 40% 증가했다.

④ 2024년 9월 모바일쇼핑 거래액은 4조 2,000억 원으로 전년 동월 대비 40% 증가했다.

⑤ 2024년 9월 온라인쇼핑 대비 모바일쇼핑 거래액의 비중이 가장 작은 상품군은 소프트웨어이다.

04 다음은 우리나라의 LPCD(Liter Per Capita Day)에 대한 그래프이다. 1인 1일 사용량에서 영업용 사용량이 차지하는 비중과 1인 1일 가정용 사용량 중 하위 두 항목이 차지하는 비중을 순서대로 나열한 것은?(단, 소수점 셋째 자리에서 반올림한다)

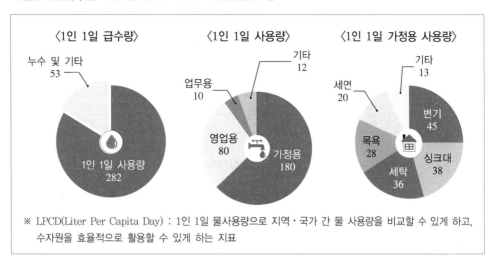

〈1인 1일 급수량〉

누수 및 기타 53

1인 1일 사용량 282

〈1인 1일 사용량〉

업무용 10
기타 12
영업용 80
가정용 180

〈1인 1일 가정용 사용량〉

세면 20
기타 13
변기 45
목욕 28
싱크대 38
세탁 36

※ LPCD(Liter Per Capita Day) : 1인 1일 물사용량으로 지역·국가 간 물 사용량을 비교할 수 있게 하고, 수자원을 효율적으로 활용할 수 있게 하는 지표

① 27.57%, 16.25%
② 27.57%, 19.24%
③ 28.37%, 18.33%
④ 28.37%, 19.24%
⑤ 30.56%, 20.78%

05 다음은 암 발생률 추이에 대한 표이다. 이에 대한 설명으로 옳은 것은?

〈암 발생률 추이〉

(단위 : %)

구분	2012년	2014년	2016년	2018년	2020년	2021년	2022년
위암	31.5	30.6	28.8	25.5	23.9	24.0	24.3
간암	24.1	23.9	23.0	21.4	20.0	20.7	21.3
폐암	14.4	17.0	18.8	19.4	20.6	22.1	24.4
대장암	4.5	4.6	5.6	6.3	7.0	7.9	8.9
유방암	1.7	1.9	1.9	2.2	2.1	2.4	4.9
자궁암	7.8	7.5	7.0	6.1	5.6	5.6	5.6

① 위암의 발생률은 점차 감소하는 추세를 보이고 있다.
② 자궁암의 경우 발생 비율이 지속적으로 감소하는 추세를 보이고 있다.
③ 2012년 대비 2022년에 발생률이 증가한 암은 폐암, 대장암, 유방암이다.
④ 2022년에 위암으로 죽은 사망자 수가 가장 많으며, 이러한 추세는 지속될 것으로 보인다.
⑤ 폐암의 경우 발생률이 지속적으로 증가하고 있으며, 전년 대비 2022년 암 발생률 증가폭이 다른 암에 비해서 가장 크다.

06 다음은 2022년과 2023년 S국의 에너지 소비량 및 온실가스 배출량에 대한 표이다. 이에 대한 설명으로 옳은 것을 〈보기〉에서 모두 고르면?

〈에너지 소비량〉

(단위 : TOE)

구분	에너지 소비량									
	합계	건설 부문				이동 부문				
		소계	경유	도시가스	수전전력	소계	휘발유	경유	도시가스	천연가스
2022년	11,658	11,234	17	1,808	9,409	424	25	196	13	190
2023년	17,298	16,885	58	2,796	14,031	413	28	179	15	191

〈온실가스 배출량〉

(단위 : 톤CO_2eq)

구분	온실가스 배출량				
	합계	고정 연소	이동 연소	공정 배출	간접 배출
2022년	30,823	4,052	897	122	25,752
2023년	35,638	6,121	965	109	28,443

보기

ㄱ. 에너지 소비량 중 이동 부문에서 경유가 차지하는 비중은 2023년에 전년 대비 10%p 이상 감소하였다.

ㄴ. 건설 부문의 도시가스 소비량은 2023년에 전년 대비 30% 이상 증가하였다.

ㄷ. 2023년 온실가스 배출량 중 간접 배출이 차지하는 비중은 2022년 온실가스 배출량 중 고정 연소가 차지하는 비중의 5배 이상이다.

① ㄱ
② ㄴ
③ ㄱ, ㄷ
④ ㄴ, ㄷ
⑤ ㄱ, ㄴ, ㄷ

07 다음은 서울 및 수도권 지역의 가구를 대상으로 난방방식 현황 및 난방연료 사용현황에 대해 조사한 표이다. 이에 대한 설명으로 옳은 것은?

〈난방방식 현황〉

(단위 : %)

구분	서울	인천	경기남부	경기북부	전국 평균
중앙난방	22.3	13.5	6.3	11.8	14.4
개별난방	64.3	78.7	26.2	60.8	58.2
지역난방	13.4	7.8	67.5	27.4	27.4

※ 경기지역은 남부와 북부로 나눠 조사함

〈난방연료 사용현황〉

(단위 : %)

구분	서울	인천	경기남부	경기북부	전국 평균
도시가스	84.5	91.8	33.5	66.1	69.5
LPG	0.1	0.1	0.4	3.2	1.4
등유	2.4	0.4	0.8	3.0	2.2
열병합	12.6	7.4	64.3	27.1	26.6
기타	0.4	0.3	1.0	0.6	0.3

① 지역난방을 사용하는 가구 수는 서울이 인천의 약 1.7배이다.

② 경기지역은 남부가 북부보다 지역난방을 사용하는 비율이 낮다.

③ 다른 난방연료와 비교했을 때 서울과 인천에서는 등유를 사용하는 비율이 가장 낮다.

④ 경기북부의 경우 도시가스를 사용하는 가구 비율이 등유를 사용하는 가구 비율의 30배 이상이다.

⑤ 경기남부의 가구 수가 경기북부의 가구 수의 2배라면 경기지역에서 개별난방을 사용하는 가구 수의 비율은 약 37.7%이다.

08 다음은 시도별 인구변동 현황에 대한 표이다. 이에 대한 설명으로 옳은 것을 〈보기〉에서 모두 고르면?

〈시도별 인구변동 현황〉

(단위 : 천 명)

구분	2016년	2017년	2018년	2019년	2020년	2021년	2022년
전체	49,582	49,782	49,990	50,269	50,540	50,773	51,515
서울	10,173	10,167	10,181	10,193	10,201	10,208	10,312
부산	3,666	3,638	3,612	3,587	3,565	3,543	3,568
대구	2,525	2,511	2,496	2,493	2,491	2,489	2,512
인천	2,579	2,600	2,624	2,665	2,693	2,710	2,758
광주	1,401	1,402	1,408	1,413	1,423	1,433	1,455
대전	1,443	1,455	1,466	1,476	1,481	1,484	1,504
울산	1,081	1,088	1,092	1,100	1,112	1,114	1,126
경기	10,463	10,697	10,906	11,106	11,292	11,460	11,787

보기

ㄱ. 서울인구와 경기인구의 차이는 2016년에 비해 2022년에 더 커졌다.

ㄴ. 2016년과 비교했을 때, 2022년 인구가 감소한 지역은 부산뿐이다.

ㄷ. 전년 대비 증가한 인구수를 비교했을 때, 광주는 2022년에 가장 많이 증가했다.

ㄹ. 대구는 2017년부터 전년 대비 인구가 꾸준히 감소했다.

① ㄱ, ㄴ ② ㄱ, ㄷ

③ ㄴ, ㄷ ④ ㄴ, ㄹ

⑤ ㄱ, ㄴ, ㄷ

09 다음은 S사 신입사원 채용에 지원한 성별 입사지원자와 합격인원을 나타낸 표이다. 이에 대한 설명으로 옳지 않은 것은?(단, 소수점 둘째 자리에서 반올림한다)

〈신입사원 채용 현황〉

(단위 : 명)

구분	입사지원자 수	합격인원 수
남자	10,891	1,699
여자	3,984	624

① 합격자 중 남자의 비율은 약 80%이다.

② 총입사지원자 중 여자는 30% 미만이다.

③ 총입사지원자 중 합격률은 15% 이상이다.

④ 여자의 입사지원자 대비 여자의 합격률은 20% 미만이다.

⑤ 남자 입사지원자의 합격률은 여자 입자지원자의 합격률보다 낮다.

10 다음은 2013년부터 2022년까지의 주택전세가격 동향에 대한 그래프이다. 이에 대한 설명으로 옳지 않은 것은?

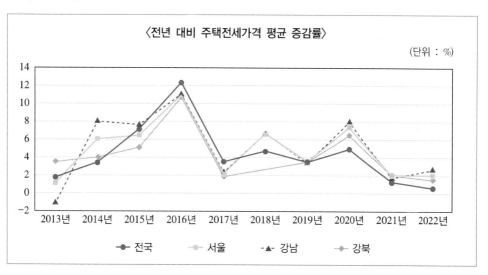

① 전국 주택전세가격은 2013년부터 2022년까지 매년 증가하고 있다.

② 2016년 강북의 주택전세가격은 2014년과 비교해 20% 이상 증가했다.

③ 2019년 이후 서울의 주택전세가격 증가율은 전국 평균 증가율보다 높다.

④ 강남 지역의 전년 대비 주택전세가격 증가율이 가장 높은 시기는 2016년이다.

⑤ 2013년부터 2022년까지 전년 대비 주택전세가격이 감소한 적이 있는 지역은 한 곳뿐이다.

11 다음은 어느 국가의 2009 ~ 2022년 알코올 관련 질환 사망자 수에 관한 표이다. 이에 대한 설명으로 옳은 것은?

〈알코올 관련 질환 사망자 수〉

(단위 : 명)

구분	남성		여성		전체	
	사망자 수	인구 10만 명당 사망자 수	사망자 수	인구 10만 명당 사망자 수	사망자 수	인구 10만 명당 사망자 수
2009년	2,542	10.7	156	0.7	2,698	5.9
2010년	2,870	11.9	199	0.8	3,069	6.3
2011년	3,807	15.8	299	1.2	4,106	8.4
2012년	4,400	18.2	340	1.4	4,740	9.8
2013년	4,674	19.2	374	1.5	5,048	10.2
2014년	4,289	17.6	387	1.6	4,676	9.6
2015년	4,107	16.8	383	1.6	4,490	9.3
2016년	4,305	17.5	396	1.6	4,701	9.5
2017년	4,243	17.1	400	1.6	4,643	9.3
2018년	4,010	16.1	420	1.7	4,430	8.9
2019년	4,111	16.5	424	1.7	–	9.1
2020년	3,996	15.9	497	2.0	4,493	9.0
2021년	4,075	16.2	474	1.9	–	9.1
2022년	3,955	15.6	521	2.1	4,476	8.9

※ 인구 10만 명당 사망자 수는 소수점 둘째 자리에서 반올림한 값임

① 여성 사망자 수는 매년 증가한다.
② 2019년과 2021년의 전체 사망자 수는 같다.
③ 전체 사망자 수의 전년 대비 증가율은 2010년이 2012년보다 높다.
④ 매년 남성 인구 10만 명당 사망자 수는 여성 인구 10만 명당 사망자 수의 8배 이상이다.
⑤ 남성 인구 10만 명당 사망자 수가 가장 많은 해의 전년 대비 남성 사망자 수 증가율은 5% 이상이다.

12 다음은 시중 시리얼 제품의 열량과 함량을 비교한 표이다. 이에 대한 설명으로 옳은 것은?

〈시중 시리얼 제품의 열량과 함량 비교〉

구분	제품명	열량(kcal)	탄수화물(g)	당류(g)	단백질(g)
일반 제품	콘프라이트	117	27.2	9.7	1.3
	콘프로스트	115	26.6	9.3	1.6
	콘프레이크	152	35.0	2.3	3.0
당 함량을 낮춘 제품	1/3 라이트	118	27.1	5.9	1.4
	라이트슈거	115	26.5	6.8	1.6
견과류 첨가 제품	프레이크	131	24.2	7.2	1.8
	크런치너트 프레이크	170	31.3	10.9	2.7
	아몬드 프레이크	164	33.2	8.7	2.5
초코맛 제품	오곡 코코볼	122	25.0	8.8	2.0
	첵스 초코	115	25.5	9.1	1.5
	초코볼 시리얼	151	34.3	12.9	2.9
체중조절용 제품	라이트업	155	31.4	6.9	6.7
	스페셜K	153	31.4	7.0	6.5
	바디랩	154	31.2	7.0	6.4
	슬림플러스	153	31.4	7.8	6.4

※ 단, 1회 제공량 기준

① 당류가 가장 많은 시리얼은 견과류 첨가 제품이다.
② 견과류 첨가 제품은 당 함량을 낮춘 제품보다 단백질 함량이 높은 편이다.
③ 단백질의 경우 체중조절용 제품 시리얼은 일반 제품 시리얼보다 3배 이상 많다.
④ 탄수화물 함량이 가장 낮은 시리얼은 당류 함량도 가장 낮은 수치를 보이고 있다.
⑤ 일반 제품의 시리얼 열량은 체중조절용 제품의 시리얼 열량보다 더 높은 수치를 보이고 있다.

13 다음은 국민들의 문화예술에 대한 관심과 참여 정도를 파악한 표이다. 이에 대한 설명으로 옳지 않은 것은?

〈문화예술 관람률〉

(단위 : %)

구분		2017년	2019년	2021년	2023년
전체		52.4	54.5	60.8	64.5
문화예술 성별·연령별 관람률	남자	50.5	51.5	58.5	62.0
	여자	54.2	57.4	62.9	66.9
	20세 미만	77.2	77.9	82.6	84.5
	20 ~ 29세	79.6	78.2	83.4	83.8
	30 ~ 39세	68.2	70.6	77.2	79.2
	40 ~ 49세	53.4	58.7	67.4	73.2
	50 ~ 59세	35.0	41.2	48.1	56.2
	60세 이상	13.4	16.6	21.7	28.9
문화예술 종류별 관람률	음악·연주회	13.9	13.6	11.6	10.7
	연극	13.9	13.5	13.2	11.8
	무용	1.1	1.5	1.4	1.2
	영화	44.8	45.8	50.3	52.8
	박물관	13.8	14.5	13.3	13.7
	미술관	12.5	11.1	10.2	9.8

① 2021년의 전체 인구수를 100명으로 가정했을 때 그해 미술관을 관람한 사람은 약 10명이다.

② 문화예술 관람률이 접근성을 반영한다면, 접근성이 가장 떨어지는 문화예술은 무용이다.

③ 문화예술 관람률은 남자보다는 여자, 고연령층보다는 저연령층의 관람률이 높다.

④ 60세 이상 문화예술 관람률은 2017년 대비 2023년에 100% 이상 증가했다.

⑤ 문화예술 관람률은 계속해서 증가하고 있다.

14 다음은 주요 국가의 연도별 이산화탄소 배출량을 나타낸 표이다. 이에 대한 설명으로 옳은 것을 〈보기〉에서 모두 고르면?(단, 주요 국가는 2022년 이산화탄소 배출량 상위 10개국을 말한다)

〈주요 국가의 연도별 이산화탄소 배출량〉

(단위 : 백만 TC)

구분	2016년	2017년	2018년	2019년	2020년	2021년	2022년
중국	2,244.1	3,022.1	3,077.2	5,103.1	6,071.8	6,549.0	6,877.2
미국	4,868.7	5,138.7	5,698.1	5,771.7	5,762.7	5,586.8	5,195.0
인도	582.3	776.6	972.5	1,160.4	1,357.2	1,431.3	1,585.8
러시아	2,178.8	1,574.5	1,505.5	1,516.2	1,578.5	1,593.4	1,532.6
일본	1,064.4	1,147.9	1,184.0	1,220.7	1,242.3	1,152.6	1,092.9
독일	950.4	869.4	827.1	811.8	800.1	804.1	750.2
이란	179.6	252.3	316.7	426.8	500.8	522.7	533.2
캐나다	432.3	465.2	532.8	558.8	568.0	551.1	520.7
한국	229.3	358.6	437.7	467.9	490.3	501.7	515.5
영국	549.3	516.6	523.8	533.1	521.5	512.1	465.8
전 세계	20,966.3	21,791.6	23,492.9	27,188.3	29,047.9	29,454.0	28,999.4

> **보기**
> ㄱ. 전 세계 이산화탄소 배출량은 매년 증가하였다.
> ㄴ. 2022년 이산화탄소 배출량이 가장 많은 국가는 중국이며, 2022년 중국의 이산화탄소 배출량은 전 세계 이산화탄소 배출량의 20% 이상이다.
> ㄷ. 러시아의 2016년과 2022년 이산화탄소 배출량 차이는 이란의 2016년과 2022년 이산화탄소 배출량 차이보다 크다.
> ㄹ. 2016년 대비 2022년 한국 이산화탄소 배출량의 증가율은 100% 이상이다.

① ㄱ, ㄴ

② ㄴ, ㄷ

③ ㄷ, ㄹ

④ ㄱ, ㄷ, ㄹ

⑤ ㄴ, ㄷ, ㄹ

15 다음은 사고유형별 발생현황에 대한 표이다. 이에 대한 설명으로 옳지 않은 것은?

〈사고유형별 발생현황〉

(단위 : 건)

구분	2016년	2017년	2018년	2019년	2020년	2021년	2022년
전체	280,607	286,851	303,707	294,707	297,337	315,736	303,578
도로교통	226,878	221,711	223,656	215,354	223,552	232,035	220,917
화재	41,863	43,875	43,249	40,932	42,135	44,435	43,413
산불	282	277	197	296	492	623	391
열차	181	177	130	148	130	85	62
지하철	136	100	110	84	79	53	61
폭발	41	49	48	61	48	41	51
해양	1,627	1,750	1,632	1,052	1,418	2,740	2,839
가스	134	126	125	72	72	72	122
유도선	1	–	11	5	11	21	25
환경오염	102	68	92	244	316	246	116
공단내시설	22	11	11	20	43	41	31
광산	34	27	60	82	41	32	37
감전	585	581	557	605	569	558	546
승강기	129	97	133	88	71	61	42
기타	8,592	18,002	33,696	35,664	28,360	34,693	34,925

① 감전 사고는 2019년 이후 매년 계속 감소하는 모습을 보이고 있다.

② 화재 사고는 전체 사고 건수에서 매년 13% 이상 차지하고 있다.

③ 해양 사고는 2016년 대비 2022년에 약 74.5%의 증가율을 보였다.

④ 환경오염 사고는 2022년에 전년 대비 약 45.3%의 감소율을 보였다.

⑤ 전체 사고 건수에서 도로교통 사고의 비율은 2016년에 가장 높았다.

16 다음은 시·도별 화재발생건수 및 피해자 수에 대한 표이다. 이에 대한 설명으로 옳지 않은 것은?

〈시·도별 화재발생건수 및 피해자 수 현황〉

(단위 : 건, 명)

구분	2022년			2023년		
	화재건수	사망자	부상자	화재건수	사망자	부상자
전국	43,413	306	1,718	44,178	345	1,852
서울특별시	6,443	40	236	5,978	37	246
부산광역시	2,199	17	128	2,609	19	102
대구광역시	1,739	11	83	1,612	8	61
인천광역시	1,790	10	94	1,608	7	90
광주광역시	956	7	23	923	9	27
대전광역시	974	7	40	1,059	9	46
울산광역시	928	16	53	959	2	39
세종특별자치시	300	2	12	316	2	8
경기도	10,147	70	510	9,799	78	573
강원도	2,315	20	99	2,364	24	123
충청북도	1,379	12	38	1,554	41	107
충청남도	2,825	12	46	2,775	19	30
전라북도	1,983	17	39	1,974	15	69
전라남도	2,454	21	89	2,963	19	99
경상북도	2,651	14	113	2,817	27	127
경상남도	3,756	29	101	4,117	24	86
제주특별자치도	574	1	14	751	5	19

① 대구광역시의 2023년 화재건수는 경상북도의 50% 이상이다.

② 2022년 화재건수 대비 사망자 수는 경기도가 강원도보다 크다.

③ 화재건수가 가장 많은 시·도는 2022년과 2023년에 동일하다.

④ 2023년 화재로 인한 부상자 수는 충청남도가 충청북도의 30% 미만이다.

⑤ 부산광역시의 경우, 화재로 인한 부상자 수가 2023년에 전년 대비 10% 이상 감소하였다.

다음은 세라믹산업 부문별 투자재원 조달비중에 대한 표이다. 이에 대한 설명으로 옳은 것은?

〈세라믹산업 부문별 투자재원 조달비중〉

(단위 : %)

구분	세부부문	기업내부 조달	민간외부자금 조달	공공외부자금 조달
분말원료	수산화물	55.9	23.6	20.5
	산화물	55.9	32.8	11.3
	복합 산화물	89.4	–	10.6
	비산화물	100	–	–
	탄산염 및 기타염	35.6	–	64.4
	기타	100	–	–
세라믹 1차 제품	세라믹 섬유	71.1	21.7	7.2
	유리	89.4	10.1	0.5
	도자기	100	–	–
	생체소재 및 제품	86.7	4.0	9.3
	내화재료	88.5	–	11.5
	세라믹 코팅제	66.7	2.2	31.1
전기 전자부품	반도체, 통신 및 디스플레이 부품	97.0	1.6	1.4
	회로기판 및 세라믹 패키지	94.0	4.1	1.9
	콘덴서(캐패시터)	58.1	–	41.9
	저항기	79.9	9.1	11.0
	세라믹 센서 및 액추에이터	76.3	18.8	4.9
	전지용 부품	62.5	33.6	3.9
	자성부품	95.0	3.7	1.3
	광학	100	–	–
	기타	100	–	–
전체		94.2	3.7	2.1

① 세부부문 중 모든 투자재원이 기업내부에서 조달되는 항목은 총 4개이다.

② 저항기의 공공외부자금 조달비중 대비 민간외부자금 조달비중은 80% 이상이다.

③ 탄산염 및 기타염의 기업내부 조달비중 대비 공공외부자금 조달비중은 150% 미만이다.

④ 세라믹 1차 제품 중 기업내부 조달비중이 가장 작은 세부부문은 공공외부자금 조달비중도 가장 작다.

⑤ 민간외부자금 조달비중이 전체에서 차지하는 비중보다 각 세부부문 항목에서 비중이 높은 것은 총 8개이다.

18 다음은 지난 10년간 업종별 외국인근로자의 고용현황을 나타낸 표이다. 이에 대한 설명으로 옳은 것을 〈보기〉에서 모두 고르면?

〈업종별 외국인근로자 고용현황〉

(단위 : 명)

구분	2012년	2017년	2020년	2021년	2022년
제조업	31,114	31,804	48,967	40,874	40,223
건설업	84	2,412	1,606	2,299	2,228
농축산업	419	3,079	5,641	6,047	5,949
서비스업	41	56	70	91	71
어업	0	1,130	2,227	2,245	2,548
합계	31,658	38,481	58,511	51,556	51,019

보기

ㄱ. 2022년 전체 업종 대비 상위 2개 업종이 차지하는 비율은 2021년에 비해 낮아졌다.

ㄴ. 2022년 서비스업에 종사하는 외국인근로자의 전년 대비 증감률이 2017년 대비 증감률보다 더 높다.

ㄷ. 국내에서 일하고 있는 외국인근로자 수는 2020년 이후 감소하는 추세이다.

ㄹ. 2017년 농축산업에 종사하는 외국인근로자 수는 전체 외국인근로자의 6% 이상이다.

ㅁ. 전체적으로 건설업보다 제조업에 종사하는 외국인근로자의 소득이 더 높다.

① ㄱ, ㄴ, ㄹ   ② ㄱ, ㄷ, ㄹ

③ ㄴ, ㄷ, ㄹ   ④ ㄴ, ㄹ, ㅁ

⑤ ㄷ, ㄹ, ㅁ

19 다음은 연령대별 인구수 현황을 나타낸 그래프이다. 이를 바탕으로 남성 인구가 40% 이하인 연령대와 여성 인구가 50% 초과 60% 이하인 연령대가 바르게 짝지어진 것은?

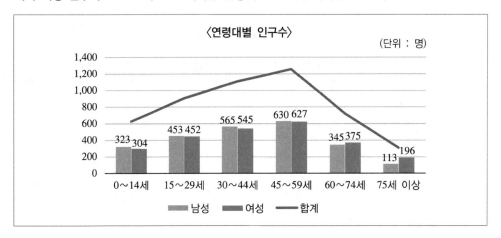

	남성 인구 40% 이하	여성 인구 50% 초과 60% 이하
①	0 ~ 14세	15 ~ 29세
②	30 ~ 44세	15 ~ 29세
③	45 ~ 59세	60 ~ 74세
④	75세 이상	60 ~ 74세
⑤	75세 이상	45 ~ 59세

Hard

20 다음은 우리나라 국가채권 현황에 대한 표이다. 이에 대한 설명으로 옳은 것을 〈보기〉에서 모두 고르면?

〈우리나라 국가채권 현황〉

(단위 : 조 원)

구분	2019년		2020년		2021년		2022년	
	국가채권	연체채권	국가채권	연체채권	국가채권	연체채권	국가채권	연체채권
합계	238	27	268	31	298	36	317	39
조세채권	26	18	30	22	34	25	38	29
경상 이전수입	8	7	8	7	9	8	10	8
융자회수금	126	0	129	0	132	0	142	0
예금 및 예탁금	73	0	97	0	118	0	123	0
기타	5	2	4	2	5	3	4	2

보기

ㄱ. 2019년 총연체채권은 2021년 총연체채권의 80% 이상이다.

ㄴ. 국가채권 중 조세채권의 전년 대비 증가율은 2020년이 2022년보다 높다.

ㄷ. 융자회수금의 국가채권과 연체채권의 총합이 가장 높은 해에는 경상 이전수입의 국가채권과 연체채권의 총합도 가장 높다.

ㄹ. 2019년 대비 2022년 경상 이전수입 중 국가채권의 증가율은 경상 이전수입 중 연체채권의 증가율보다 낮다.

① ㄱ, ㄴ 　　　　　　　　　② ㄱ, ㄷ
③ ㄴ, ㄷ 　　　　　　　　　④ ㄴ, ㄹ
⑤ ㄷ, ㄹ

※ 다음 도식에서 기호들은 일정한 규칙에 따라 문자를 변화시킨다. ?에 들어갈 알맞은 문자를 고르시오 (단, 규칙은 가로와 세로 중 한 방향으로만 적용되며, 모음은 일반모음 10개만 세는 것을 기준으로 한다). [1~3]

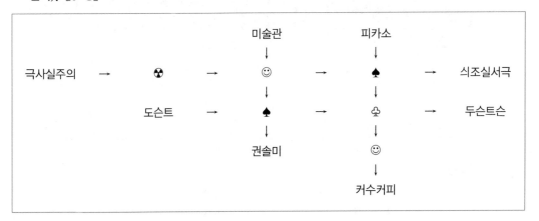

01

공부머리 → ♠ → ♧ → ?

① 공부마리부
② 궁보마리마
③ 공보리마보
④ 궁마보리보
⑤ 궁보마리보

02

말머리성운 → ? → ☢ → ♠ → 온상리마럴

① ☢
② ☺
③ ♠
④ ♧
⑤ ☺ → ♠

03

굴절망원경 → ☢ → ♧ → ☺ → ?

① 굴형완망절굴
② 절형원망절굴
③ 절형원멍굴절
④ 향절원망절굴
⑤ 절형완망절골

※ 다음 도식에서 기호들은 일정한 규칙에 따라 문자를 변화시킨다. ?에 들어갈 알맞은 문자를 고르시오 (단, 규칙은 가로와 세로 중 한 방향으로만 적용된다). [4~6]

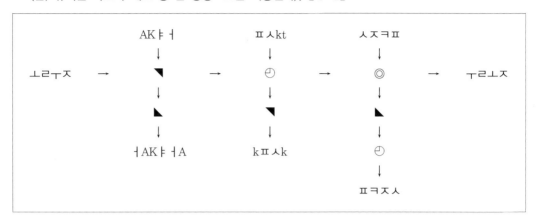

04

ㅘㅔㅒㅖ → ◣ → ◎ → ?

① ㅖㅒㅖㅔㅘ
② ㅘㅒㅖㅔㅔ
③ ㅖㅔㅒㅖㅘ
④ ㅖㅔㅒㅖㅘ
⑤ ㅘㅒㅖㅔㅔ

Easy
05

778900 → ◥ → ◷ → ?

① 007789
② 077980
③ 778900
④ 077890
⑤ 787900

06

HappY → ◣ → ◥ → ◷ → ?

① aHppaY
② aHappY
③ HaappY
④ HppaaY
⑤ aHppaY

※ 다음 도식에서 기호들은 일정한 규칙에 따라 문자를 변화시킨다. ?에 들어갈 알맞은 문자를 고르시오 (단, 규칙은 가로와 세로 중 한 방향으로만 적용되며, 모음은 일반모음 10개만 세는 것을 기준으로 한다). [7~9]

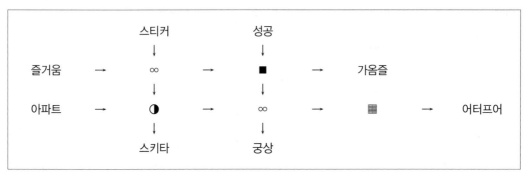

07

독서법 → ▦ → ◑ → ?

① 독법서독
② 독버섭독
③ 독서섭속
④ 속더법독
⑤ 속더벗독

Easy

08

부동산 → ∞ → ■ → ?

① 동선부
② 둥산보
③ 둥산부
④ 둥선보
⑤ 둥선부

09

하이라이트 → ◑ → ▦ → ∞ → ?

① 허리어이트허
② 하리아이트하
③ 하리어이트허
④ 허이아리트허
⑤ 허리아이트하

※ 다음 도식에서 기호들은 일정한 규칙에 따라 문자를 변화시킨다. ?에 들어갈 알맞은 문자를 고르시오 (단, 규칙은 가로와 세로 중 한 방향으로만 적용된다). [10~12]

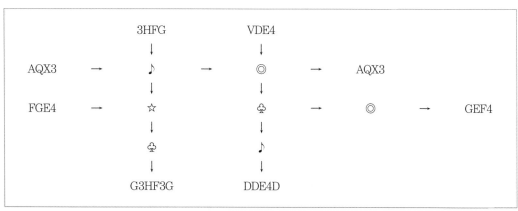

Easy

10

MD4R → ♪ → ?

① MD4RR
② MMD4R
③ RD4M
④ D4R
⑤ MD4

11

HKLU → ☆ → ◎ → ?

① KLU
② KLH
③ ULK
④ KLUH
⑤ UKLH

12

SWQX → ♧ → ♪ → ?

① SWQXS
② SWQXSS
③ SSWQXS
④ WWQX
⑤ XWQS

※ 다음 도식에서 기호들은 일정한 규칙에 따라 문자를 변화시킨다. ?에 들어갈 알맞은 문자를 고르시오 (단, 규칙은 가로와 세로 중 한 방향으로만 적용된다). [13~15]

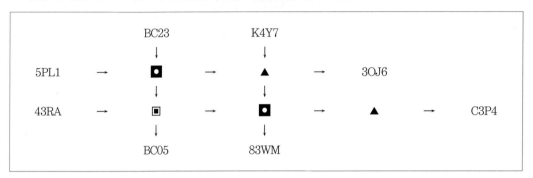

13

$$652P \rightarrow \boxed{\scriptstyle\blacksquare} \rightarrow \blacktriangle \rightarrow \text{?}$$

① P625
② W447
③ Q644
④ D525
⑤ 51R2

14

$$AT3C \rightarrow \blacktriangle \rightarrow \boxed{\bullet} \rightarrow \text{?}$$

① GT1C
② H1TC
③ DS1C
④ A4ER
⑤ LJ1X

Hard

15

$$S4F3 \rightarrow \blacktriangle \rightarrow \boxed{\bullet} \rightarrow \boxed{\scriptstyle\blacksquare} \rightarrow \text{?}$$

① 43DV
② 44TU
③ 5CD1
④ 34DU
⑤ F23K

※ 다음 도식에서 기호들은 일정한 규칙에 따라 문자를 변화시킨다. ?에 들어갈 알맞은 문자를 고르시오 (단, 규칙은 가로와 세로 중 한 방향으로만 적용된다). [16~18]

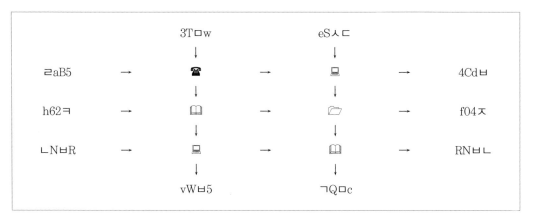

16

$$□2D4 → 📖 → 💻 → ?$$

① 33D□ ② 42D□
③ 52Cㅂ ④ 12ㄱK
⑤ 9D□3

17

$$Ghㅈㅊ → 🗁 → ☎ → ?$$

① Ggㅇㅅ ② Hjㅈㄷ
③ ㄱㄴHj ④ ㄹㅂDe
⑤ Giㅇㅅ

18

$$5ㅎㅎN → 🗁 → 📖 → ?$$

① 2ㅊㅊP ② M7ㅎㅎ
③ 4ㄷㅇU ④ 3ㅌㅌL
⑤ 3ㅋㅋQ

※ 다음 도식에서 기호들은 일정한 규칙에 따라 문자를 변화시킨다. ?에 들어갈 알맞은 문자를 고르시오 (단, 규칙은 가로와 세로 중 한 방향으로만 적용되며, 모음은 일반모음 10개만 세는 것을 기준으로 한다). [19~21]

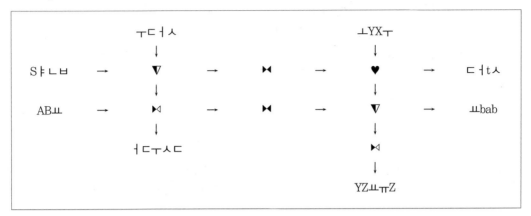

19

ㄱKㄷ│ → ◄► → ▼ → ?

① ㄱKKㄷ│
② ㄴㄷTSㅜ
③ ㄷKㄱ│K
④ ㅏㅓㅓJㄷ
⑤ ㄷㄴㅕ│L

20

ㅏHㄹㅌ → ♥ → ♥ → ?

① ㅂㅎㅓJ
② ㅓJㅂㅎ
③ Jㅎㅂㅓ
④ ㅓㅂJㅎ
⑤ ㅎJㅂㅓ

21

JㅋㅎE → ◄► → ◄► → ?

① ㅋㅎejㅋ
② ㅌㅎㅌej
③ jㅋㅎeㅋ
④ ejㅋㅎㅋ
⑤ jeㅋㅎㅋ

※ 다음 도식에서 기호들은 일정한 규칙에 따라 문자를 변화시킨다. ?에 들어갈 알맞은 문자를 고르시오 (단, 규칙은 가로와 세로 중 한 방향으로만 적용된다). [22~24]

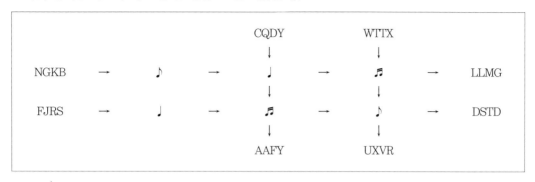

22

ㅂㄹㅈㄱ → ♬ → ♩ → ?

① ㅅㅅㅋㄱ   ② ㄹㄹㅋㄱ

③ ㅂㅂㅋㄷ   ④ ㅁㅁㅋㄱ

⑤ ㄴㄴㅋㄷ

23

ㅍㅌㅇㅅ → ♪ → ♬ → ?

① ㅊㅌㄷㅋ   ② ㅋㅈㅁㅍ

③ ㅋㅁㅈㅂ   ④ ㅋㅈㅊㅍ

⑤ ㅋㅁㅊㅌ

24

ㄱㄴㅎㅍ → ♩ → ♪ → ?

① ㄱㄹㅍㅎ   ② ㄷㅅㅅㅎ

③ ㄴㅍㅎㄴ   ④ ㄱㅍㅎㄱ

⑤ ㄱㅊㅍㅎ

※ 다음 도식에서 기호들은 일정한 규칙에 따라 문자를 변화시킨다. ?에 들어갈 알맞은 문자를 고르시오 (단, 규칙은 가로와 세로 중 한 방향으로만 적용되며, 모음은 일반모음 10개만 세는 것을 기준으로 한다). [25~27]

```
              F ㄴ 77              eUj8

                ↓                   ↓
 ㅎㅇㅈㅁ    →    Σ    →    Φ    →    ㅍㅅㅇㄹㅇ
                ↓                   ↓
 5944      →    Δ    →    Ω    →    5449
                ↓                   ↓
 vwxy      →    Φ    →    Δ    →    xwvu
                ↓                   ↓
              666 ㄱ E             iTd7
```

25

$$\vdash \; \! \vdash \! \vdash \! \dashv \! \dashv \! \vdash \; \to \; \Omega \; \to \; \Phi \; \to \; ?$$

ㅏㅑㅓㅕ → Ω → Φ → ?

① ㅓㅣㅏㅑ   ② ㅏㅣㅓㅕ

③ ㅓㅣㅑㅏ   ④ ㅏㅣㅏㅑ

⑤ ㅣㅓㅏㅑ

26

073g → Φ → Σ → ?

① 962f2   ② 962f6

③ 662f2   ④ 962g2

⑤ 662g2

27

rIN9 → Δ → Σ → ?

① 9INrI   ② 9NIrN

③ 9NIrR   ④ 9NIrI

⑤ 9NIiR

※ 다음 도식에서 기호들은 일정한 규칙에 따라 문자를 변화시킨다. ?에 들어갈 알맞은 문자를 고르시오 (단, 규칙은 가로와 세로 중 한 방향으로만 적용되며, 모음은 일반모음 10개만 세는 것을 기준으로 한다). [28~30]

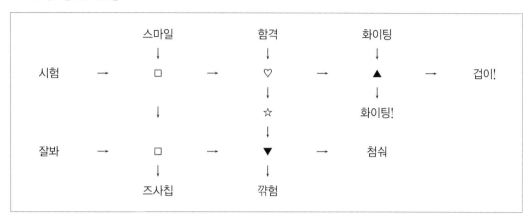

28

| 실력 → ♡ → ▼ → ? |

① 력시   ② 략실
③ 략시   ④ 닥사
⑤ 달이

29

| 돌려차기 → ☆ → ♡ → ▲ → ? |

① 니카며옴   ② 옴며카니
③ 려차기돌   ④ 끼차려돌!
⑤ 끼차려똘!

Hard
30

| 디자인 → □ → ▼ → □ → ? |

① 미커칠   ② 미커질
③ 짜인띠   ④ 리처진
⑤ 피차진

※ 다음 도식에서 기호들은 일정한 규칙에 따라 문자를 변화시킨다. ?에 들어갈 알맞은 문자를 고르시오 (단, 규칙은 가로와 세로 중 한 방향으로만 적용되며, 모음은 일반모음 10개만 세는 것을 기준으로 한다). [31~33]

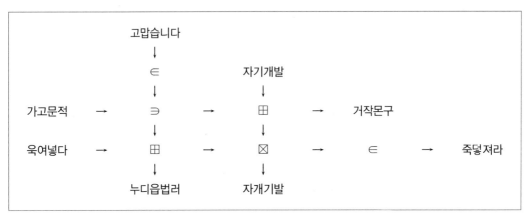

```
                            고맙습니다
                                ↓
                                ∈              자기개발
                                ↓                 ↓
   가고문적      →      ∋      →      ⊞      →      거작몬구
                                ↓                 ↓
   욱여넣다      →      ⊞      →      ⊠      →      ∈      →      죽덯져라
                                ↓                 ↓
                            누디읍법러          자개기발
```

31

마리오 → ⊠ → ∋ → ?

① 머우리　　　　　　　② 마오리
③ 우머리　　　　　　　④ 오마리
⑤ 오리마

32

포트폴리오 → ∈ → ⊞ → ?

① 호포홀미조　　　　　② 호미홀프조
③ 포호홀미초　　　　　④ 초미홀포포
⑤ 호미홀호호

33

아이작뉴턴 → ⊞ → ∋ → ⊠ → ?

① 아작이턴뉴　　　　　② 아작이탄뇨
③ 어적이탄뇨　　　　　④ 어작이탄뇨
⑤ 어적이턴뇨

※ 다음 도식에서 기호들은 일정한 규칙에 따라 문자를 변화시킨다. ?에 들어갈 알맞은 문자를 고르시오 (단, 규칙은 가로와 세로 중 한 방향으로만 적용되며, 모음은 일반모음 10개만 세는 것을 기준으로 한다). [34~36]

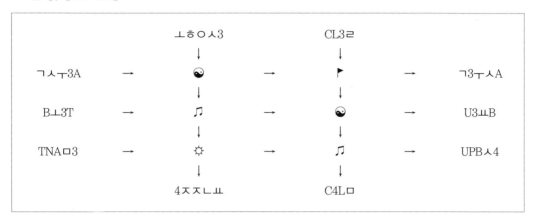

34

1A ㅏ 3ㅁ → ☯ → ▶ → ?

① 1A ㅏ 3ㅁ
② 13 ㅏ A ㅁ
③ ㅁA ㅏ 31
④ ㅁ3 ㅏ A1
⑤ 3A ㅏ ㅁ1

35

1GRㄱ → ? → ▶ → ㄴHR1

① ☯
② ♫
③ ☼
④ ▶
⑤ ☽

Hard
36

GJ2HSD → ♫ → ☯ → ? → ETI3KH

① ☯
② ♫
③ ☼
④ ▶
⑤ ☽

※ 다음 도식에서 기호들은 일정한 규칙에 따라 문자를 변화시킨다. ?에 들어갈 알맞은 문자를 고르시오 (단, 규칙은 가로와 세로 중 한 방향으로만 적용된다). [37~40]

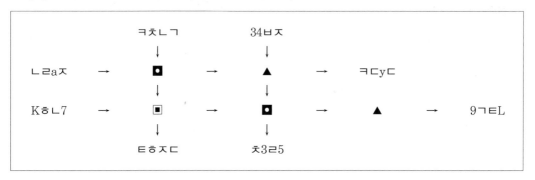

37

OP ㄱ ㅎ → ▣ → ▲ → ?

① ㄱㅎPㅇ
② ㅋㄱQㅇ
③ ㅋㄴQㅇ
④ ㅋQㅎㅇ
⑤ ㅎㄱPㅇ

38

2 ㅂ ㅌ ㄷ → ▲ → ◘ → ?

① ㄹㅊㅁ8
② ㄷㅁ4ㅈ
③ ㄹㅁㅊ4
④ ㅁㄹㅊ7
⑤ ㄴㅁㅊ4

39

ㅁㄹbㅍ → ▲ → ◘ → ? → ㅎzㄷㅅ

① ◘
② ▣
③ ▲
④ ◘ → ▣
⑤ ▲ → ▣

40

ㅈㅊㄴㅎ → ? → ◘ → ▣ → ㅊㅇㄱㄴ

① ◘
② ▣
③ ▲
④ ◘ → ▣
⑤ ▲ → ▣

※ 면 위의 점은 다음과 같은 규칙에 따라 이동하며 궤적을 남긴다. ?에 들어갈 알맞은 것을 고르시오.
[1~3]

↑, ↓, ←, → : 점이 상, 하, 좌, 우로 이동한다.

⌒ : 점이 시계 방향으로 이동한다.

⌣ : 점이 시계 반대 방향으로 이동한다.

○ : 점이 이동하면서 선이 점점 굵어진다.

× : 점이 이동하면서 선이 점점 가늘어진다.

◆ : 현재까지의 궤적과 점의 위치가 시계 방향으로 90° 회전하고, 회전 후 점의 이동 경로와 겹치는 궤적은 삭제된다.

◎ : 현재까지의 궤적과 점의 위치가 시계 반대 방향으로 90° 회전하고, 회전 후 점의 이동 경로와 겹치는 궤적은 삭제된다.

● : 현재까지의 궤적과 점의 위치가 180° 회전하고, 회전 후 점의 이동 경로와 겹치는 궤적은 삭제된다.

△ : 점이 좌우대칭으로 이동하면서, 궤적은 좌우대칭 했을 때 반대편에 없는 선은 그려지고, 서로 겹치는 선은 삭제된다.

□ : 점이 상하대칭으로 이동하면서, 궤적은 상하대칭 했을 때 반대편에 없는 선은 그려지고, 서로 겹치는 선은 삭제된다.

※ 회전규칙과 이동규칙이 동시에 적용되는 경우, 회전규칙이 우선 적용된다.

01

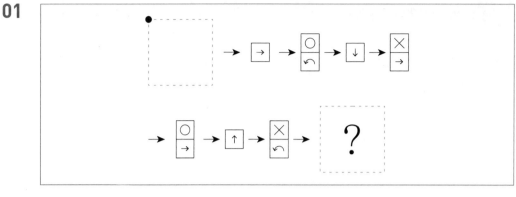

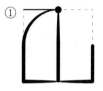
①

②

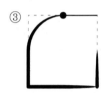
③

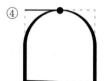
④

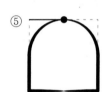
⑤

02

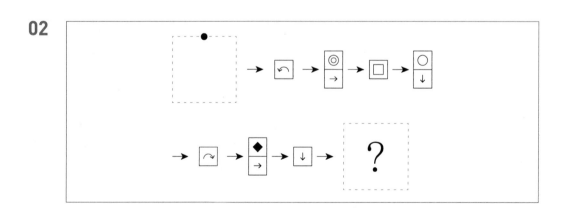

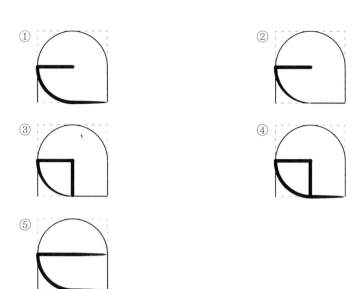

03

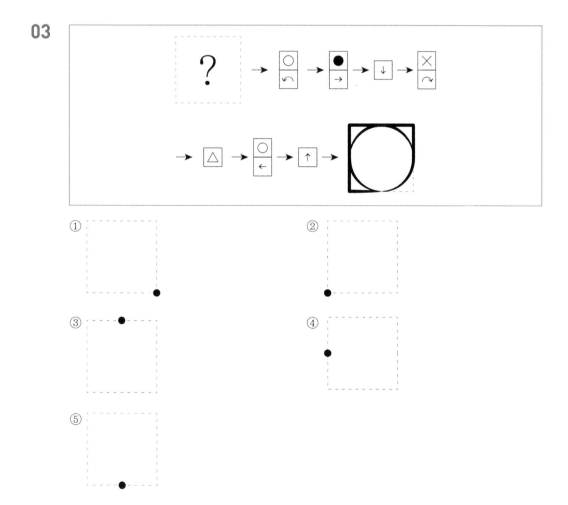

※ 다음 기호들은 일정한 규칙에 따라 도형을 변화시킨다. 주어진 도형을 도식에 따라 변화시켰을 때의 결과로 옳은 것을 고르시오(단, 주어진 조건이 두 가지 이상일 때, 모두 일치해야 Yes로 이동한다). [4~5]

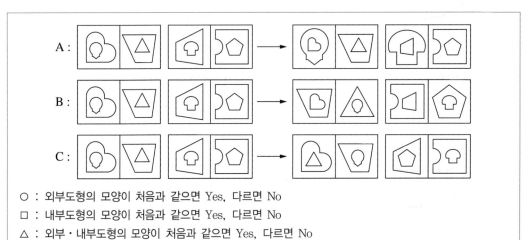

○ : 외부도형의 모양이 처음과 같으면 Yes, 다르면 No
□ : 내부도형의 모양이 처음과 같으면 Yes, 다르면 No
△ : 외부·내부도형의 모양이 처음과 같으면 Yes, 다르면 No

04

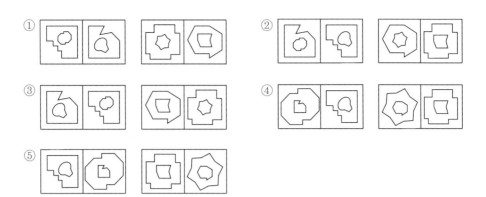

05

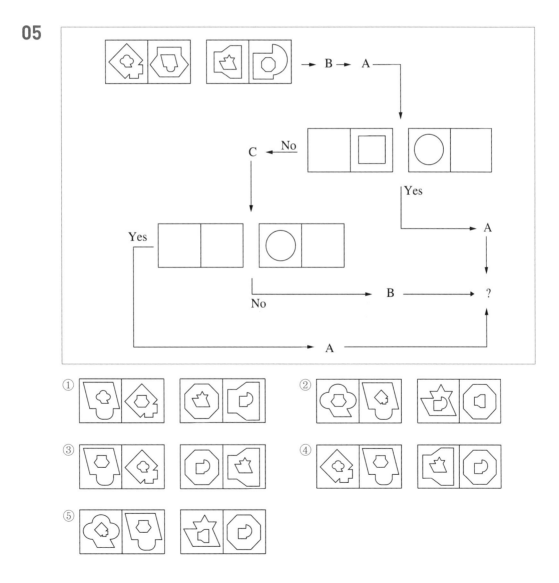

※ 다음 기호들은 일정한 규칙에 따라 도형을 변화시킨다. 주어진 도형을 도식에 따라 변화시켰을 때의 결과로 옳은 것을 고르시오(단, 주어진 조건이 두 가지 이상일 때, 모두 일치해야 Yes로 이동한다). [6~7]

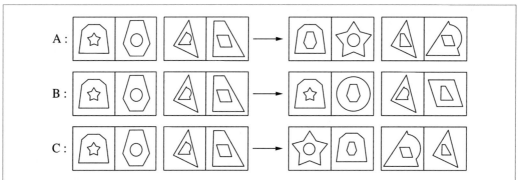

○ : 외부도형의 모양이 처음과 같으면 Yes, 다르면 No
□ : 내부도형의 모양이 처음과 같으면 Yes, 다르면 No
△ : 외부·내부도형의 모양이 처음과 같으면 Yes, 다르면 No

06

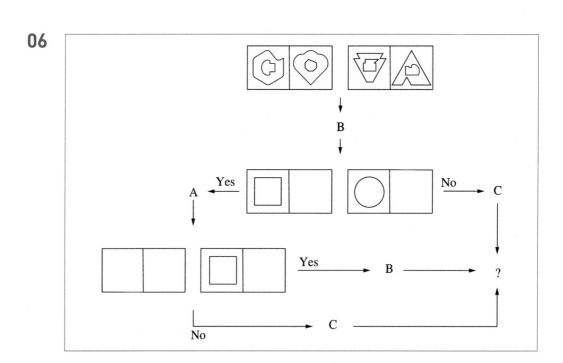

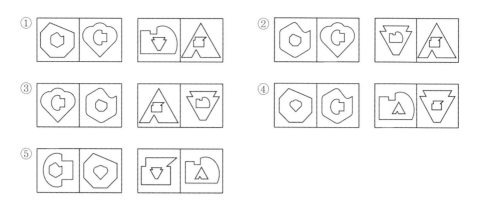

07

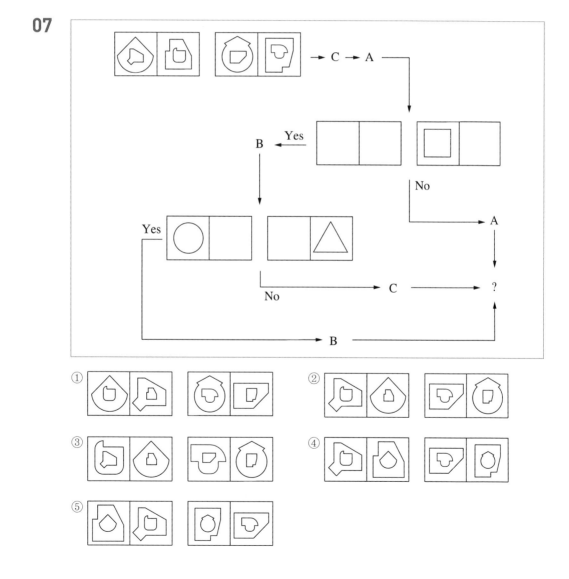

※ 다음 도형들은 각 행 또는 열마다 공통 규칙이 적용된 후 개별 규칙이 적용되고 있다. 적용되고 있는 각 규칙은 제시된 규칙 중 1 ~ 2가지로 이루어졌다. 각 도형에 적용되는 규칙을 찾아 〈보기〉의 A, B에 들어갈 도형의 모습을 추론한 것으로 옳은 것을 고르시오. [8~9]

〈규칙〉

- 색 반전
- 각 도형 제자리에서 시계 방향으로 90° 회전
- 각 도형 제자리에서 180° 회전
- 각 도형 제자리에서 시계 반대 방향으로 90° 회전
- 시계 방향으로 한 칸 이동
- 시계 방향으로 두 칸 이동
- 시계 방향으로 세 칸 이동
- 각 도형 제자리에서 상하대칭
- 각 도형 제자리에서 좌우대칭
- 1행과 2행 교환
- 1열과 2열 교환
- 1행1열과 1행2열 교환
- 1행1열과 2행1열 교환
- 1행1열과 2행2열 교환
- 1행2열과 2행1열 교환
- 1행2열과 2행2열 교환
- 2행1열과 2행2열 교환

08

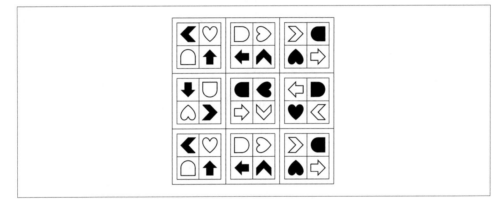

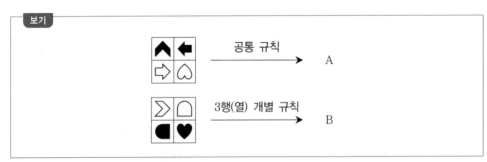

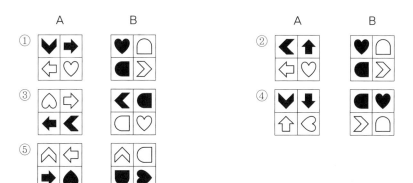

09

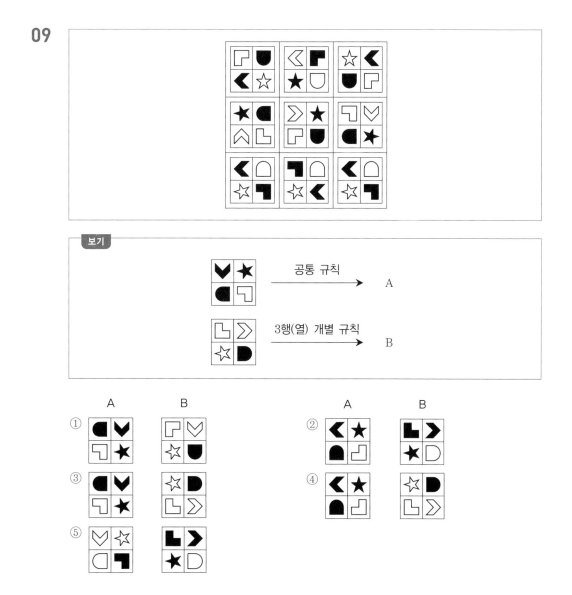

※ 다음 기호들은 일정한 규칙에 따라 도형을 변화시킨다. 주어진 도형을 도식에 따라 변화시켰을 때 결과로 옳은 것을 고르시오. [10~12]

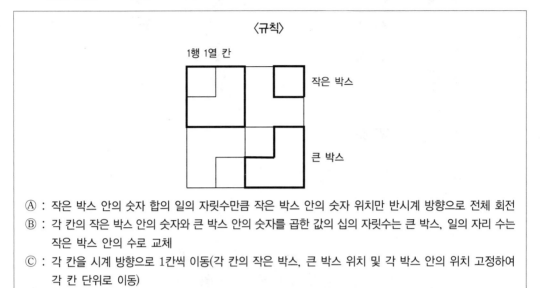

Ⓐ : 작은 박스 안의 숫자 합의 일의 자릿수만큼 작은 박스 안의 숫자 위치만 반시계 방향으로 전체 회전

Ⓑ : 각 칸의 작은 박스 안의 숫자와 큰 박스 안의 숫자를 곱한 값의 십의 자릿수는 큰 박스, 일의 자리 수는 작은 박스 안의 수로 교체

Ⓒ : 각 칸을 시계 방향으로 1칸씩 이동(각 칸의 작은 박스, 큰 박스 위치 및 각 박스 안의 위치 고정하여 각 칸 단위로 이동)

Ⓓ : 각 칸의 작은 박스와 큰 박스 크기 교체

Ⓧ : 작은 박스 안의 숫자 합(□)과 큰 박스 안의 숫자 합(☐)을 비교하여 맞으면 YES, 틀리면 NO

Ⓨ : 각 칸마다 작은 박스가 위에 위치한 수(x)를 비교하여 맞으면 YES, 틀리면 NO

 : 색칠된 위치의 작은 박스 안의 숫자(□)와 큰 박스 안의 숫자(☐)를 비교하여 맞으면 YES, 틀리면 NO

10

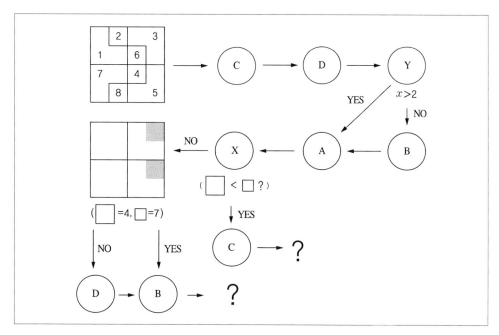

①
	1	5
2	4	
6	8	
3	7	

②
2		5
0	6	
8	0	
1	2	

③
1		6
2	3	
8	5	
7	4	

④
2		0
4	1	
4	4	
0	2	

⑤
1	6
8	5
2	2
0	0

11

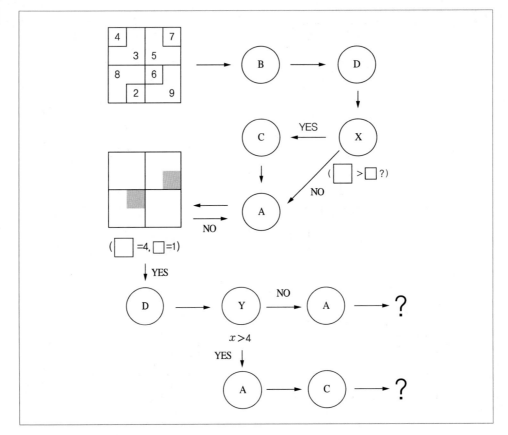

①

②

③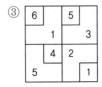

④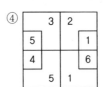

⑤

12

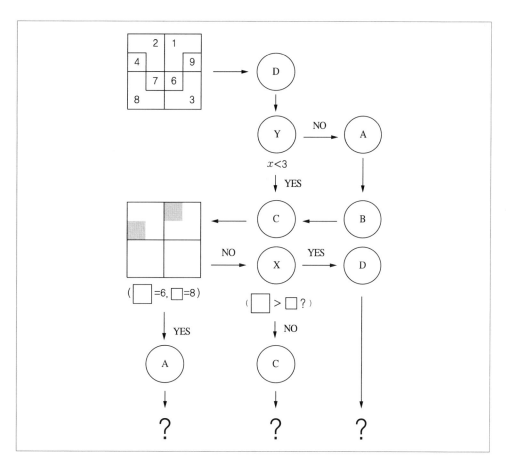

①
	7		2
8		4	
6		1	
	3		9

②
2			8
	4	7	
	6	9	
3			1

③
	1		7
9		8	
	4		3
2		6	

④
	7	4	
8			2
	1	3	
9			6

⑤
	3	4	
6			2
	7	1	
8			9

※ 다음 제시된 명령어의 규칙에 따라 숫자를 변환시킬 때, 규칙에 따라 도식을 해결하여 마지막에 나오는 형태를 구하시오. [13~15]

Enter : 숫자와 색을 한 행씩 아래로 이동

Enter : 숫자와 색을 한 행씩 아래로 이동

Space : 숫자와 색을 한 열씩 오른쪽으로 이동

Tab : 숫자만 시계 방향으로 90° 회전

Shift : 색 반전

◇ : 해당 칸의 숫자가 초기 숫자보다 큰가?

□ : 해당 칸의 배경이 흰색인가?

■ : 해당 칸의 배경이 검은색인가?

사각형 안에 −(빼기) 2개 : 2개 칸 숫자의 차 X가 조건에 맞는지 확인

사각형 안에 +(더하기) 2개 : 2개 칸 숫자의 합 X가 조건에 맞는지 확인

13

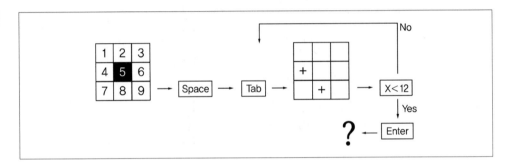

①
2	1	3
8	7	9
5	4	**6**

②
7	9	8
1	3	2
4	**6**	5

③
3	2	1
9	8	7
6	5	4

④
9	8	7
3	2	1
6	5	4

⑤
1	2	3
7	8	9
4	5	**6**

14

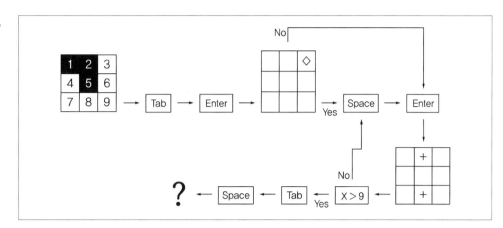

①
1	3	2
7	9	8
4	6	5

②
4	5	6
1	2	3
7	8	9

③
3	2	1
8	9	7
5	6	4

④
4	6	5
7	9	8
1	3	2

⑤
3	1	2
8	7	9
5	4	6

15

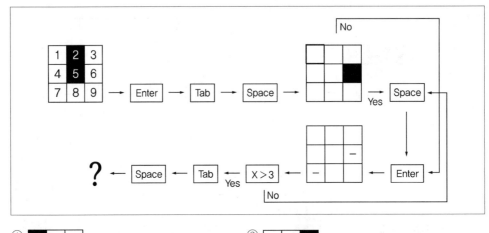

①
4	6	5
7	9	8
1	3	2

②
5	4	6
2	1	3
8	7	9

③
2	1	3
5	4	6
8	7	9

④
5	6	4
8	9	7
2	3	1

⑤
6	5	4
3	2	1
9	8	7

※ 다음 도식의 기호들은 일정한 규칙에 따라 도형을 변화시킨다. ?에 들어갈 알맞은 형태를 고르시오.
[16~18]

[변환규칙]

↑ : 알파벳이 한 칸씩 위로 이동한다.

➡ : 한글이 한 칸씩 우측으로 이동한다.

↻ : 한글이 알파벳 위에 있는 칸의 개수를 a라고 할 때, 가운데 칸을 제외한 8개의 칸이 시계 방향으로 a칸 이동한다.

⬡(m, n) : m행과 n열의 각 칸에서 알파벳과 한글의 상하 위치를 서로 바꾼다.

[조건규칙]

A, A : 알파벳이 한글의 위에 위치한 개수

ㄱ, ㄱ : 한글의 상하 위치가 처음과 동일한 개수

A, ㄱ : 한 칸에 들어있는 알파벳과 한글의 짝이 처음과 동일한 개수

16

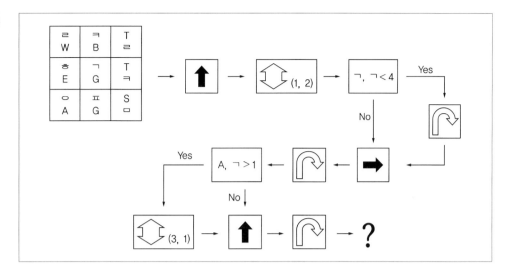

①

ㅁ A	ㄱ E	ㄹ W
G ㅇ	G ㅎ	B ㄹ
ㅍ A	ㄱ G	ㄱ S

②

ㅁ A	ㄱ E	ㄹ W
G ㅇ	G ㅎ	B ㄹ
ㅍ S	ㄱ T	ㄱ T

③

W ㄹ	G ㅎ	T ㄱ
G ㅇ	ㄹ B	ㄱ T
S ㅍ	ㅋ E	ㅁ A

④

T ㄱ	W ㄹ	ㄴ ㅎ
ㅋ T	G ㅇ	ㄹ B
ㅁ A	S ㅍ	ㄱ E

⑤

W ㄹ	ㄹ B	ㄱ T
ㅋ E	G ㅎ	T ㄱ
ㅁ A	G ㅇ	S ㅍ

17

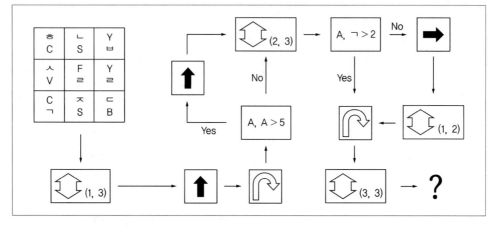

①
F / ㅎ	ㄴ / C	ㅂ / C
V / ㅅ	ㄹ / Y	S / ㄹ
ㄱ / S	Y / ㅈ	ㄷ / B

②
Y / ㅅ	S / ㅈ	V / ㄱ
ㅎ / B	Y / ㄷ	ㄹ / F
S / ㄴ	C / ㄹ	ㅂ / C

③
ㄷ / ㄹ	S / ㄴ	ㅎ / B
ㅂ / C	Y / ㄷ	Y / ㅅ
ㄹ / F	V / ㄱ	S / ㅈ

④
V / ㅅ	F / ㅎ	ㄴ / C
ㄱ / S	ㄹ / Y	ㅂ / C
Y / ㅈ	ㄷ / B	S / ㄹ

⑤
ㄱ / S	Y / ㅈ	ㄷ / B
F / ㅎ	ㄴ / C	ㅂ / C
V / ㅅ	ㄹ / Y	S / ㄹ

18

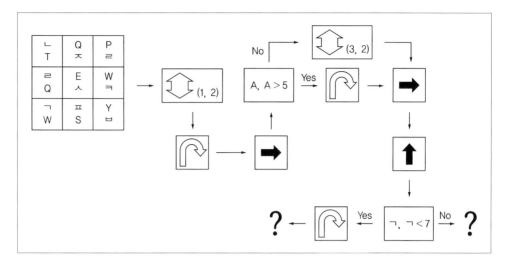

①
W ㅍ	ㄱ E	ㅂ Q
P ㅅ	Q ㄹ	ㅋ T
Y ㅈ	S ㄴ	ㄹ W

②
Y ㅍ	ㄱ S	ㅂ W
W ㅅ	E ㄹ	ㅋ Q
P ㅈ	Q ㄴ	ㄹ T

③
ㅂ Q	ㄱ E	W ㅍ
ㄹ W	S ㄴ	Y ㅈ
ㅋ T	Q ㄹ	P ㅅ

④
ㄹ W	S ㄴ	Y ㅈ
ㅋ T	Q ㄹ	P ㅅ
ㅂ Q	ㄱ E	W ㅍ

⑤
Y ㄱ	ㅂ S	ㅍ W
W ㄹ	E ㅋ	ㅅ Q
P ㄴ	Q ㄹ	ㅈ T

※ 다음 도식의 기호들은 일정한 규칙에 따라 도형을 변화시킨다. ?에 들어갈 알맞은 도형을 고르시오.
[19~20]

▶▶ : 1열을 3열로 복제
▼▼ : 1행을 3행으로 복제
◎ : 가운데 도형을 기준으로 시계 방향 1칸씩 이동
◁▷ : 1열과 3열을 교환
◉ : 해당 칸 '모양' 비교 → 가장 처음 제시된 도형과 같으면 한 열씩 오른쪽 / 다르면 한 행씩 아래로 이동
■ : 해당 칸 '색깔' 비교 → 가장 처음 제시된 도형과 같으면 해당 열 색 반전 / 다르면 해당 행 색 반전

19

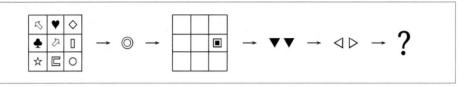

①

②

③

④

⑤

20

※ 다음 도식의 기호들은 일정한 규칙에 따라 도형을 변화시킨다. ?에 들어갈 알맞은 도형을 고르시오.
 [21~22]

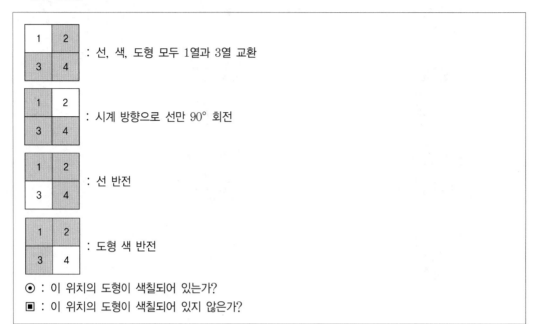

| 1 | 2 |
| 3 | 4 |
: 선, 색, 도형 모두 1열과 3열 교환

| 1 | 2 |
| 3 | 4 |
: 시계 방향으로 선만 90° 회전

| 1 | 2 |
| 3 | 4 |
: 선 반전

| 1 | 2 |
| 3 | 4 |
: 도형 색 반전

⊙ : 이 위치의 도형이 색칠되어 있는가?
■ : 이 위치의 도형이 색칠되어 있지 않은가?

21

①

②

③

④

⑤

22

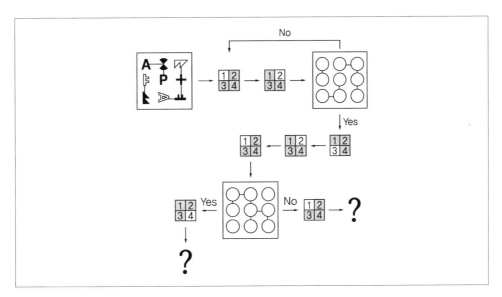

①

②

③

④

⑤

※ 다음 도식의 기호들은 일정한 규칙에 따라 도형을 변화시킨다. ?에 들어갈 알맞은 도형을 고르시오.
[23~24]

1	2	
3	4	: 시계 방향으로 90° 회전

1	2	
3	4	: 오른쪽으로 한 칸씩 열 이동

1	2	
3	4	: 도형 색 반전

1	2	
3	4	: 선 반전

◉ : 이 위치의 도형이 색칠되어 있는가?
■ : 이 위치의 도형이 색칠되어 있지 않은가?

23

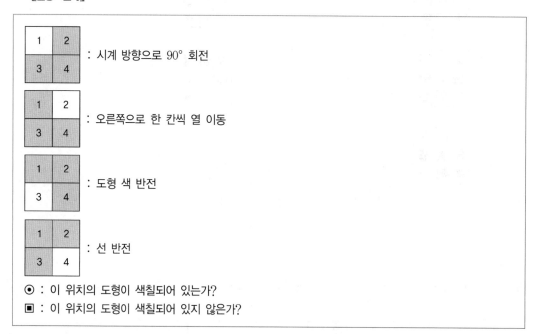

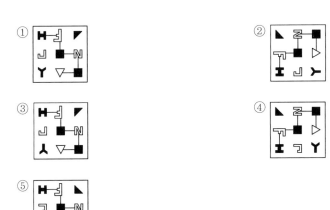

24

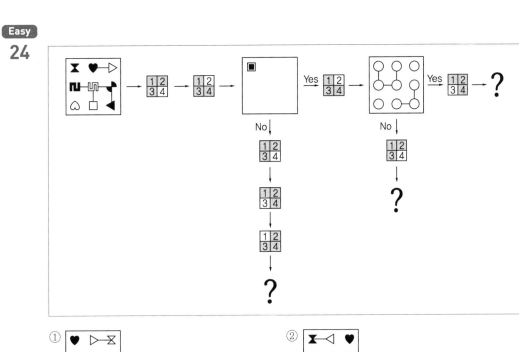

※ 다음 기호들은 일정한 규칙에 따라 도형을 변화시킨다. 주어진 도형을 도식에 따라 변화시켰을 때 결과로 옳은 것을 고르시오. [25~26]

〈규칙〉

■ 해당 조건에 맞는 도형에 변형 조건 적용

해당 조건	변형 조건

[해당 조건]

• 행

1행	2행	3행
1	2	3

• 열

1열	2열	3열
A	B	C

• 도형의 모양

해	달	별
 ☀	 ☾	 ☆

• 도형색

W(흰색)	G(회색)	B(검은색)
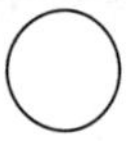 ○	◉	●

• 배경색

W(흰색)	G(회색)	B(검은색)
□	▨	■

[변형 조건]

• ○(도형의 모양 변환) : 해 → 달 → 별 → 해 → …

• ⓒ(도형색 변환) : W → G → B → W → …

• C(배경색 변환) : B → G → W → B → …

■ 경우의 수(=N)와 주어진 값(=x) 비교

N>x ?

[경우의 수]

제시된 9칸 중 가로, 세로, 대각선 3칸 중 다음 〈조건〉을 한 가지 이상을 만족할 때를 1가지의 경우로 본다(단, 3칸의 조합이 2가지 이상의 조건에 해당되더라도 경우의 수는 1가지이다).

〈조건〉

– 도형의 모양 : 도형의 모양이 모두 같거나 모두 다른 경우
– 도형색 : 도형색이 모두 같거나 모두 다른 경우
– 배경색 : 배경색이 모두 같거나 모두 다른 경우

25

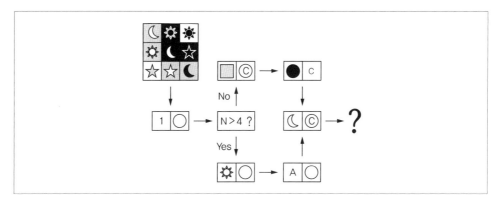

26

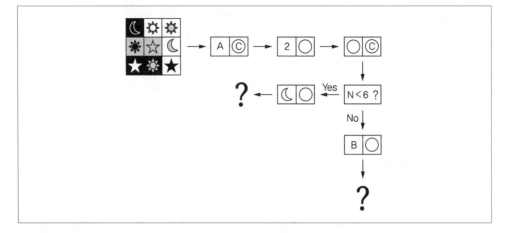

①
②
③
④

⑤

※ 다음 제시된 규칙을 이용하여 결과로 알맞은 형태를 찾으시오. [27~28]

■ 일기도

풍속	기호	/	/	/	/	/			
	단계	0	1	2	3	4			
풍향	기호	○ 북풍	○ 북동풍	○ 동풍	○ 남동풍	○ 남풍	○ 남서풍	○ 서풍	○ 북서풍
	단계	0	1	2	3	4	5	6	7
일기	기호	= 안개	● 비	✳ 눈					
	단계	0	1	2					
운량	기호	○	◔	◑	◕	●			
	단계	0	1	2	3	4			

※ 단계가 가장 높은 단계보다 더 올라가면 가장 낮은 단계로, 가장 낮은 단계보다 더 내려가면 가장 높은 단계로 순환한다.

■ 규칙

· (태풍) : 일기도 시계 반대 방향으로 1칸 이동

· (뇌우) : 풍향 기호 좌우대칭

· (소나기) : (풍향 단계)+2

· (진눈깨비) : (풍속 단계)+1

· Ⓗ (고기압) : (운량 단계)−1

· Ⓛ (저기압) : (일기 단계)+1

※ 안개, 비 일기를 포함하는 일기도는 소나기에 영향을 받지 않는다.
※ 안개, 눈 일기를 포함하는 일기도는 진눈깨비에 영향을 받지 않는다.

27

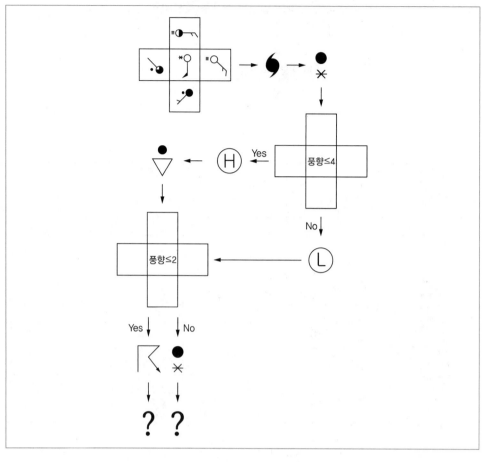

①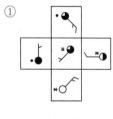

②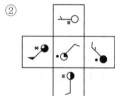

③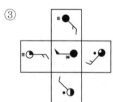

④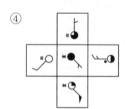

⑤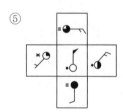

28

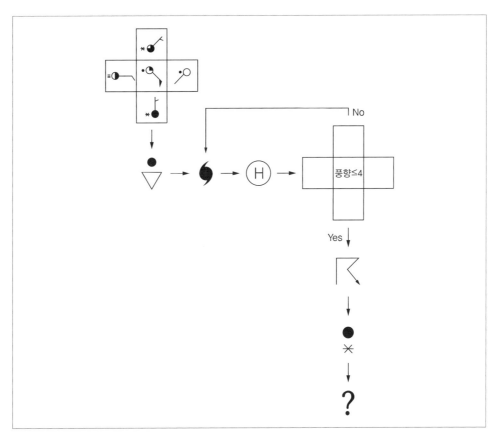

①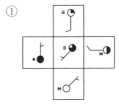

②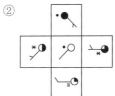

③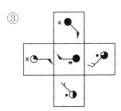

④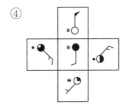

⑤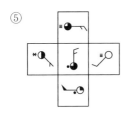

※ 다음 신호등과 방향 표지판은 일정한 규칙에 따라 도형을 변화시킨다. 주어진 도형을 규칙에 따라 변화시켰을 때, 그 결과로 알맞은 것을 고르시오. [29~30]

[신호등]

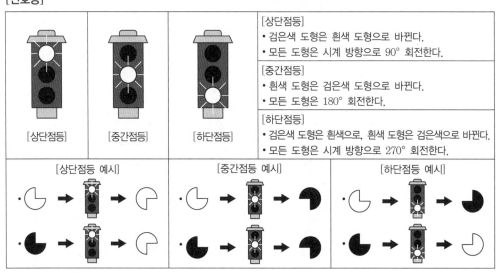

[상단점등]
• 검은색 도형은 흰색 도형으로 바뀐다.
• 모든 도형은 시계 방향으로 90° 회전한다.
[중간점등]
• 흰색 도형은 검은색 도형으로 바뀐다.
• 모든 도형은 180° 회전한다.
[하단점등]
• 검은색 도형은 흰색으로, 흰색 도형은 검은색으로 바뀐다.
• 모든 도형은 시계 방향으로 270° 회전한다.

[방향 표지판]

검은색 도형 적용		흰색 도형 적용	
⬆	직진	⇧	직진
➡	우회전	⇨	우회전
⬅	좌회전	⇦	좌회전
⬆	유턴	⇧	유턴

도로	2차선 ← 1차선 ← 1차선 → 2차선 →	방향 표지판 적용	→ 1차선 도로의 도형에 적용 → 2차선 도로의 도형에 적용

• 도형은 각 차선에 따라 움직이며, 신호등을 마주칠 경우 신호등의 규칙에 따라 모습이 변화된다. 이후 변화된 도형은 방향 표지판의 지시에 따라 다른 도형과 독립적으로 움직인다.
• 변화된 도형이 방향 표지판의 색과 맞지 않아 통과하지 못할 경우, 도형은 다음 신호등을 기다려 방향 표지판의 색과 맞는 도형으로 변화된 후에 통과해야 한다.

• 신호등은 순차적으로 [상단점등] → [중간점등] → [하단점등] → [상단점등] 순서로 바뀐다.

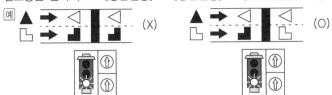

※ 2차선의 도형은 신호등의 다음 점등(상단점등)을 기다려 2차선 도로 표지판의 맞는 색의 도형으로 변화 후 통과
• 도형의 차선은 변경되지 않는다(직진, 좌회전, 우회전, 유턴을 통해 차선이 변경되지 않는다).
• 좌회전, 우회전, 유턴의 과정에서 도형의 모습은 변화하지 않는다(신호등의 점등에 의해서만 도형의 모습
  이 변화된다).
• 도형이 도착지점에 1차선으로 도착 시 ①에 도착하게 되며, 2차선으로 도착 시 ②에 도착하게 된다.

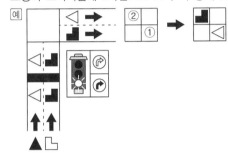

29

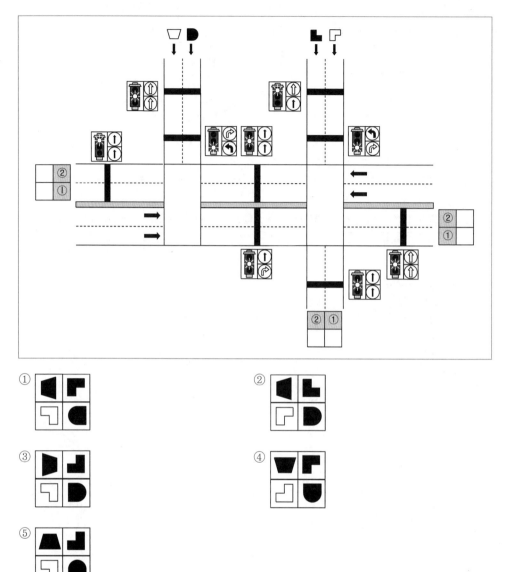

① ②

③ ④

⑤

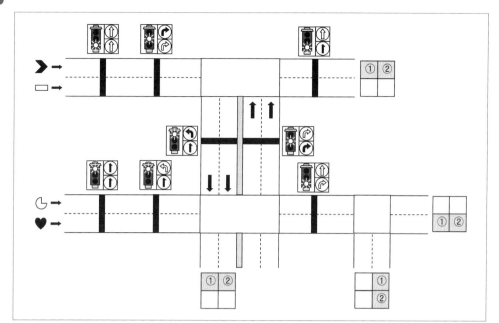

①

②

③

④

⑤

※ 다음 기호들은 일정한 규칙에 따라 도형을 변화시킨다. 주어진 도형을 도식에 따라 변화시켰을 때 결과로 옳은 것을 고르시오. [31~32]

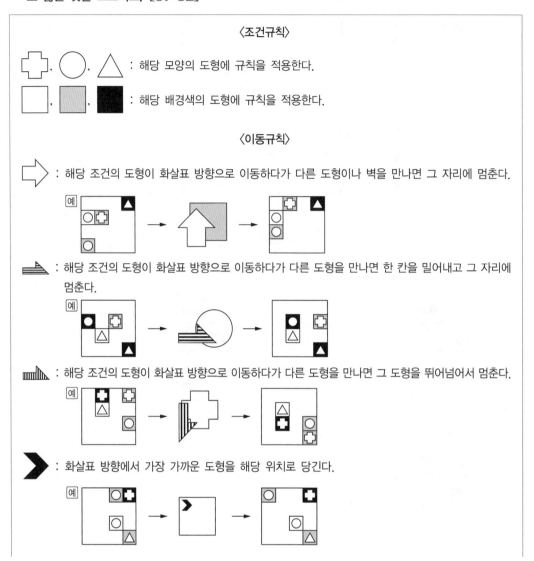

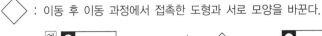

〈교환규칙〉

◇ : 이동 후 이동 과정에서 접촉한 도형과 서로 모양을 바꾼다.

◇ : 이동 후 이동 과정에서 접촉한 도형과 서로 배경색을 바꾼다.

◆ : 이동 후 이동 과정에서 접촉한 도형과 서로 모양과 배경색을 모두 바꾼다.

〈판별규칙〉

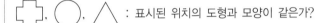 : 표시된 위치의 도형과 모양이 같은가?

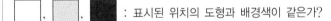 : 표시된 위치의 도형과 배경색이 같은가?

31

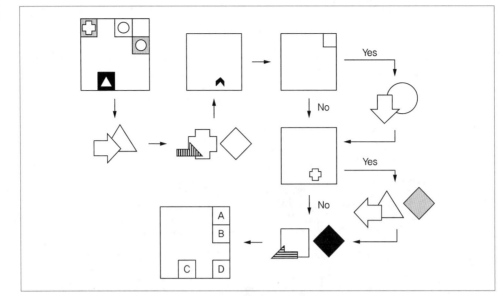

① A : ⬜⚪ B : ⬜⚪

② A : ⬜⚪ C : ⬜✚

③ B : ⬛⚪ D : ⬛✚

④ B : ⬜⚪ C : ⬜△

⑤ C : ⬛▲ D : ⬛✚

32

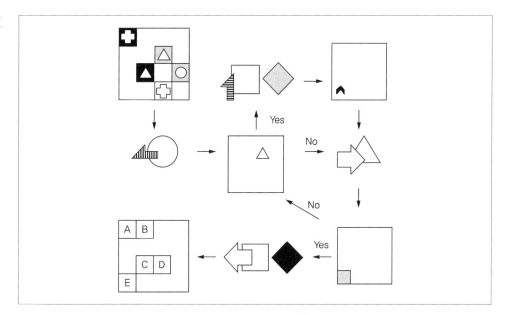

① A :    ② A :

③ B :    ④ B :

⑤ D :

※ 다음 제시된 규칙을 이용하여 결과로 알맞은 형태를 찾으시오. [33~34]

〈규칙〉

\# : 모든 음표 한 음씩 올리기

♭ : 모든 음표 한 음씩 내리기

⇧ : ○를 제외한 각 음표의 박자 ×2

⇩ : ♪를 제외한 각 음표의 박자 ÷2

△ : 음계가 높은 순서로 정렬

▽ : 음계가 낮은 순서로 정렬

▲ : 박자가 빠른 순서로 정렬

▼ : 박자가 느린 순서로 정렬

● : y축 대칭

◾ : 모든 음계의 합이 부등호 값보다 큰가 / 작은가?

□ : 각 음계의 값이 모두 부등호 값보다 큰가 / 작은가?

◉ : 모든 박자의 곱이 부등호 값보다 큰가 / 작은가?

○ : 각 박자의 값이 모두 부등호 값보다 큰가 / 작은가?

33

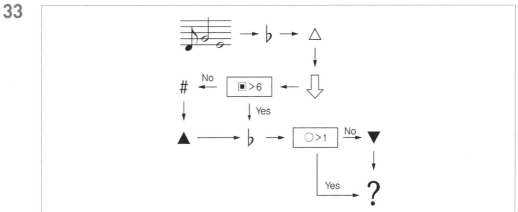

① 　　　　②

③ 　　　　④

⑤

34

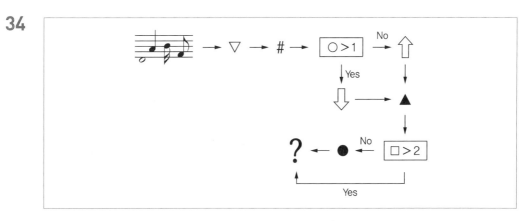

① 　　　　②

③ 　　　　④

⑤

※ 다음 도식의 기호들은 일정한 규칙에 따라 도형을 변화시킨다. 주어진 도형이 다음의 과정을 거칠 때, 결과의 전체 또는 일부의 모습으로 옳은 것을 고르시오. [35~36]

☼ : 가운데 도형을 제외한 모든 도형 시계 방향으로 90° 회전
∀ : 가운데 도형을 제외한 모든 도형 시계 반대 방향으로 90° 회전
Σ : 1행과 3행을 교환 후 각각 색 반전
Π : 1열과 2열을 교환 후 각각 색 반전
Ω : 2행, 3행 도형 좌우대칭
⊟ : 1열, 3열 도형 상하대칭
⊕ : 전체 도형 색 반전

35

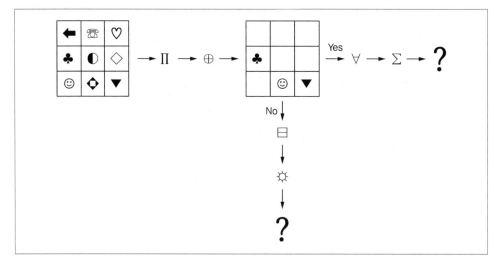

①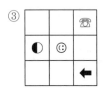

②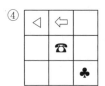

③

④

⑤

36

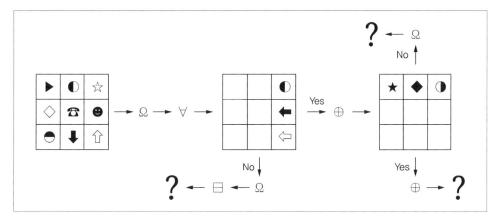

①
←	☺	▼
⇨	☎	◑
◐	◆	☆

②
◇	☆	◒
▼	⇨	◕
◐	←	☎

③
←	☏	◑
☆	◇	◇
⇨	☺	▼

④
⇨	◇	▼
←	☎	◑
☆	◕	◐

⑤
←	☺	▼
⇨	☎	◑
☆	◇	◐

※ 다음 도형은 조건에 따라 변화한다. 조건을 적용했을 때 나올 수 있는 도형으로 옳은 것을 고르시오.
　[37~38]

〈조건 1〉

△ + △ = □　　　△ + □ = ⬠

□ + □ = △　　　△ + ⬠ = △

⬠ + ⬠ = ⬠　　　□ + ⬠ = □

〈조건 2〉

흰색＋흰색＝흰색
흰색＋검은색＝검은색
검은색＋검은색＝흰색

〈조건 3〉

A	B
C	D

A′	B′
C′	D′

| (가) | (나) | (다) | (라) | (마) |

C	B
A	D

B	D
A	C

A	A+C
B+D	D

B+C	B
C	A+D

A+A′	B+B′
C+C′	D+D′

• 해당 위치의 도형과 색이 같으면 Yes, 아니면 No

예

→ Yes

→ No

37

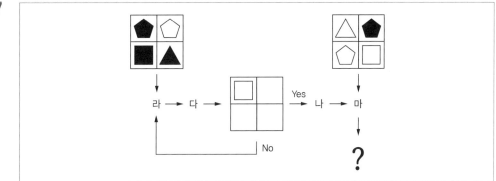

①

②

③

④

⑤

38

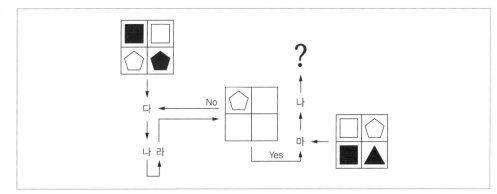

①

②

③

④

⑤

※ 다음 기호들은 일정한 규칙에 따라 도형을 변화시킨다. 주어진 도형을 도식에 따라 변화시켰을 때 결과로 옳은 것을 고르시오. [39~40]

1	2	3	4	5	6	7	8	9	10	11	12	13
A	B	C	D	E	F	G	H	I	J	K	L	M
14	15	16	17	18	19	20	21	22	23	24	25	26
N	O	P	Q	R	S	T	U	V	W	X	Y	Z

○ : 내부에 적힌 숫자만큼 홀수끼리 시계 방향으로 이동
□ : 내부에 적힌 숫자만큼 짝수끼리 시계 방향으로 이동
▱ : 내부에 적힌 숫자만큼 영문자끼리 시계 방향으로 이동
※ 해당 칸에 음영이 있을 경우 내부에 적힌 숫자만큼 음영도 이동(●, ■, ◢)
△ : 해당 숫자나 영문자의 양옆의 수(영문자는 수로 변환)를 더했을 때 해당 식 만족 여부
▽ : 해당 숫자나 영문자의 양옆의 수(영문자는 수로 변환)의 차이가 해당 식 만족 여부

Hard
39

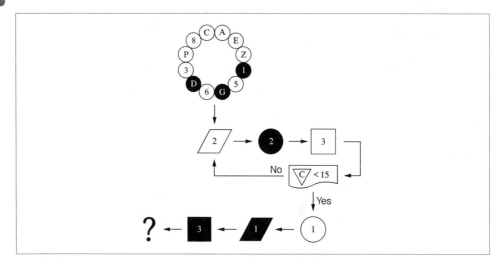

①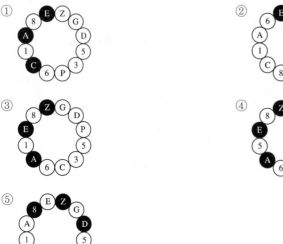

②

③

④

⑤

40

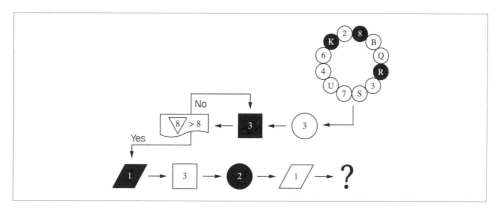

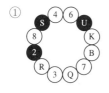

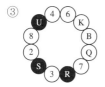

무언가를 위해 목숨을 버릴 각오가 되어 있지 않는 한
그것이 삶의 목표라는 어떤 확신도 가질 수 없다.

- 체 게바라 -

PART 3

인성검사

PART 3 인성검사

01 인성검사

인성검사는 삼양그룹의 인재상과 적합한 인재인지 평가하는 테스트로, 지원자의 개인 성향이나 인성에 관한 질문으로 구성되어 있다.

(1) 문항 수 : 456문항(114문항 4set)

(2) 응시시간 : 40분

(3) 출제유형 : 인성검사의 유형은 한 문제당 4개의 문장이 나오며, 자신의 성향과 가까운 정도에 따라 1~5점을 부여한다(① 전혀 그렇지 않다, ② 그렇지 않다, ③ 보통이다, ④ 그렇다, ⑤ 매우 그렇다). 그리고 각 문항을 비교하여 상대적으로 자신과 가장 가까운 것과 먼 것에 체크한다.

[핵심예제]

질문	답안 1					답안 2	
	①	②	③	④	⑤	멀다	가깝다
A. 나는 팀원들과 함께 일하는 것을 좋아한다.	□	□	□	□	☑	□	☑
B. 나는 새로운 방법을 시도하는 것을 선호한다.	□	□	☑	□	□	□	□
C. 나는 수리적인 자료들을 제시하여 결론을 도출한다.	□	☑	□	□	□	☑	□
D. 물건을 만들거나 도구를 사용하는 일이 싫지는 않다.	□	□	□	☑	□	□	□

02 인성검사 수검요령

인성검사는 특별한 수검요령이 없다. 다시 말하면 모범답안이 없고, 정답이 없다는 이야기이다. 국어문제처럼 말의 뜻을 풀이하는 것도 아니다. 굳이 수검요령을 말하자면, 진실하고 솔직한 내 생각이 정답이라고 할 수 있을 것이다.

인성검사에서 가장 중요한 것은 첫째, 솔직한 답변이다. 지금까지 경험을 통해서 축적되어온 자신의 생각과 행동을 허구 없이 솔직하게 기재를 하는 것이다. 예를 들어, '나는 타인의 물건을 훔치고 싶은 충동을 느껴본 적이 있다.'라는 질문에 피검사자들은 많은 생각을 하게 된다. 생각해보라. 유년기에 또는 성인이 되어서도 타인의 물건을 훔치는 일을 저지른 적은 없더라도, 훔치고 싶은 마음적인 충동은 누구나 조금이라도 다 느껴보았을 것이다. 그런데 이 질문에 고민을 하는 사람이 간혹 있다. 과연 이 질문에 '매우 그렇다.'라고 대답하면 담당 검사관들이 나를 사회적으로 문제가 있는 사람으로 여기지는 않을까 하는 생각에 '전혀 그렇지 않다.'라는 답을 기재하게 된다. 이런 솔직하지 않은 답변이 답변의 신뢰와 솔직함을 나타내는 타당성 척도에 좋지 않은 점수를 주게 된다.

둘째, 일관성 있는 답변이다. 인성검사의 수많은 질문 문항 중에는 비슷한 뜻의 질문이 여러 개 숨어 있는 경우가 많이 있다. 그 질문들은 피검사자의 솔직한 답변과, 심리적인 상태를 알아보기 위해 내포되어 있는 문항들이다. 가령 '나는 유년시절 타인의 물건을 훔친 적이 있다.'라는 질문에 '매우 그렇다.'라고 대답했는데, '나는 유년시절 타인의 물건을 훔쳐보고 싶은 충동을 느껴본 적이 있다.'라는 질문에는 '전혀 그렇지 않다.'라는 답을 기재한다면 어떻겠는가. 일관성 없이 '대충 기재하자'라는 식의 심리적 무성의성 답변이 되거나, 정신적으로 문제가 있는 사람으로 보일 수 있다.

인성검사는 많은 문항 수를 풀어나가기 때문에 피검사자들은 지루함과 따분함, 반복된 뜻의 질문에 의한 인내 상실 등이 나타날 수 있다. 인내를 가지고 솔직하게 내 생각을 대답하는 것이 무엇보다 중요한 요령이 될 것이다.

03 인성검사 시 유의사항

(1) 충분한 휴식으로 불안을 없애고 정서적인 안정을 취한다. 심신이 안정되어야 자신의 마음을 표현할 수 있다.

(2) 생각나는 대로 솔직하게 응답한다. 자신을 너무 과대포장하지도, 너무 비하하지도 마라. 답변을 꾸며서 하면 앞뒤가 맞지 않게끔 구성돼 있어 불리한 평가를 받게 되므로 솔직하게 답하도록 한다.

(3) 검사 문항에 대해 지나치게 골똘히 생각해서는 안 된다. 지나치게 몰두하면 엉뚱한 답변이 나올 수 있으므로 불필요한 생각은 삼간다.

(4) 검사시간에 너무 신경 쓸 필요는 없다. 인성검사는 시간제한이 없는 경우가 많으며 시간제한이 있다 해도 충분한 시간이다.

(5) 인성검사는 대개 문항 수가 많기에 자칫 건너뛰는 경우가 있는데, 가능한 한 모든 문항에 답해야 한다. 응답하지 않은 문항이 많을 경우 평가자가 정확한 평가를 내리지 못해 불리한 평가를 내릴 수 있기 때문이다.

04 인성검사 모의연습

※ 인성검사는 정답이 따로 없는 유형의 검사이므로 결과지를 제공하지 않습니다.

※ 각 문항을 읽고, ① ~ ⑤ 중 자신에게 맞는 것을 선택하시오. 그리고 4문항 중 자신의 성격과 가장 먼 문항(멀다)과 가까운 문항(가깝다)을 하나씩 선택하시오(① 전혀 그렇지 않다, ② 그렇지 않다, ③ 보통이다, ④ 그렇다, ⑤ 매우 그렇다). [1~114]

01

문항	답안 1					답안 2	
	①	②	③	④	⑤	멀다	가깝다
A. 컨디션에 따라 기분이 잘 변한다.	☐	☐	☐	☐	☐	☐	☐
B. 당혹감을 잘 느끼지 못하는 편이다.	☐	☐	☐	☐	☐	☐	☐
C. 정서적인 반응이 적고 무신경한 편이다.	☐	☐	☐	☐	☐	☐	☐
D. 자신에게 우울증, 불안장애가 있는지 의심하곤 한다.	☐	☐	☐	☐	☐	☐	☐

02

문항	답안 1					답안 2	
	①	②	③	④	⑤	멀다	가깝다
A. 자기주장이 강한 편이다.	☐	☐	☐	☐	☐	☐	☐
B. 인간관계에 거리를 두는 편이다.	☐	☐	☐	☐	☐	☐	☐
C. 어떠한 일이 있어도 출세하고 싶다.	☐	☐	☐	☐	☐	☐	☐
D. 별로 유쾌하지 않으며 내향적이지만 자신이 불행하다고 느끼지 않는다.	☐	☐	☐	☐	☐	☐	☐

03

문항	답안 1					답안 2	
	①	②	③	④	⑤	멀다	가깝다
A. 감수성이 풍부하다는 평가를 받곤 한다.	☐	☐	☐	☐	☐	☐	☐
B. 신기한 것보다는 익숙한 것에 눈길이 간다.	☐	☐	☐	☐	☐	☐	☐
C. 감정을 중시하지 않아 정서가 무딘 편이다.	☐	☐	☐	☐	☐	☐	☐
D. 권위와 전통은 윤리처럼 반드시 지켜야 하는 것이다.	☐	☐	☐	☐	☐	☐	☐

04

문항	답안 1					답안 2	
	①	②	③	④	⑤	멀다	가깝다
A. 다른 사람의 일에 관심이 거의 없다.	☐	☐	☐	☐	☐	☐	☐
B. 성격이 사근사근하고 솔직한 편이다.	☐	☐	☐	☐	☐	☐	☐
C. 너무 자만하지 말라는 핀잔을 받곤 한다.	☐	☐	☐	☐	☐	☐	☐
D. 다소 떳떳하지 않아도 치부(致富)하는 것이 먼저라고 생각한다.	☐	☐	☐	☐	☐	☐	☐

05

문항	답안 1					답안 2	
	①	②	③	④	⑤	멀다	가깝다
A. 노력의 여하보다 결과가 중요하다.	☐	☐	☐	☐	☐	☐	☐
B. 사물을 신중하게 생각하는 편이다.	☐	☐	☐	☐	☐	☐	☐
C. 자신의 준비성과 능력이 부족함을 느낀다.	☐	☐	☐	☐	☐	☐	☐
D. 과제를 반드시 완수해야 한다는 강박을 느끼곤 한다.	☐	☐	☐	☐	☐	☐	☐

06

문항	답안 1					답안 2	
	①	②	③	④	⑤	멀다	가깝다
A. 살다 보면 힘든 일이 너무 많다.	☐	☐	☐	☐	☐	☐	☐
B. 언짢은 감정을 금방 삭이는 편이다.	☐	☐	☐	☐	☐	☐	☐
C. 고민이 생겨도 심각하게 생각하지 않는다.	☐	☐	☐	☐	☐	☐	☐
D. 어떤 경우에도 상황을 절망적으로 보지 않는다.	☐	☐	☐	☐	☐	☐	☐

07

문항	답안 1					답안 2	
	①	②	③	④	⑤	멀다	가깝다
A. 몸으로 부딪쳐 도전하는 편이다.	☐	☐	☐	☐	☐	☐	☐
B. 어수선한 번화가에서 열정을 느끼곤 한다.	☐	☐	☐	☐	☐	☐	☐
C. 나서기보다는 남의 리드를 따르는 편이다.	☐	☐	☐	☐	☐	☐	☐
D. 권투처럼 격렬한 것보다는 바둑처럼 정적인 스포츠를 선호한다.	☐	☐	☐	☐	☐	☐	☐

08

문항	답안 1					답안 2	
	①	②	③	④	⑤	멀다	가깝다
A. 미지의 세계를 동경하는 편이다.	☐	☐	☐	☐	☐	☐	☐
B. 예술 작품에 별로 흥미를 느끼지 못한다.	☐	☐	☐	☐	☐	☐	☐
C. 검증을 거치지 않은 것은 받아들일 수 없다.	☐	☐	☐	☐	☐	☐	☐
D. 미완성작은 자유롭게 상상할 여지가 많아서 가치가 있다고 생각한다.	☐	☐	☐	☐	☐	☐	☐

09

문항	답안 1					답안 2	
	①	②	③	④	⑤	멀다	가깝다
A. 우월감을 자랑하곤 한다.	☐	☐	☐	☐	☐	☐	☐
B. 타인에게 간섭받는 것을 싫어한다.	☐	☐	☐	☐	☐	☐	☐
C. 남으로부터 배려심이 깊다는 말을 듣는다.	☐	☐	☐	☐	☐	☐	☐
D. 협상에서는 역지사지(易地思之)가 가장 중요하다.	☐	☐	☐	☐	☐	☐	☐

10

문항	답안 1					답안 2	
	①	②	③	④	⑤	멀다	가깝다
A. 맡겨진 일은 기필코 끝을 맺는다.	☐	☐	☐	☐	☐	☐	☐
B. 빨리 처리해야 할 일도 미루곤 한다.	☐	☐	☐	☐	☐	☐	☐
C. 자신이 준비된 인재라고 생각할 때가 많다.	☐	☐	☐	☐	☐	☐	☐
D. 기존의 계획을 엄수하기보다는 임기응변에 강하다고 생각한다.	☐	☐	☐	☐	☐	☐	☐

11

문항	답안 1					답안 2	
	①	②	③	④	⑤	멀다	가깝다
A. 지나치게 감상적일 때가 종종 있다.	☐	☐	☐	☐	☐	☐	☐
B. 대수롭지 않은 일로 눈물을 흘리곤 한다.	☐	☐	☐	☐	☐	☐	☐
C. 대개의 경우에는 상황을 낙관적으로 본다.	☐	☐	☐	☐	☐	☐	☐
D. 일을 성공시키지 못해도 낙담하거나 불평하지 않는다.	☐	☐	☐	☐	☐	☐	☐

12

문항	답안 1					답안 2	
	①	②	③	④	⑤	멀다	가깝다
A. 바쁜 생활에서 활력과 생동감을 느낀다.	☐	☐	☐	☐	☐	☐	☐
B. 친구들과 함께 단체경기를 즐기는 편이다.	☐	☐	☐	☐	☐	☐	☐
C. 혼자 있는 게 좋아 사회적 자극을 피한다.	☐	☐	☐	☐	☐	☐	☐
D. 남들보다 높은 위치에서 그들에게 영향을 끼치는 것에 관심이 없다.	☐	☐	☐	☐	☐	☐	☐

13

문항	답안 1					답안 2	
	①	②	③	④	⑤	멀다	가깝다
A. 지식욕이 많지 않다고 생각한다.	☐	☐	☐	☐	☐	☐	☐
B. 상상력은 별로 중요하지 않다고 생각한다.	☐	☐	☐	☐	☐	☐	☐
C. 자신만의 예술관으로 작품을 감상하려 한다.	☐	☐	☐	☐	☐	☐	☐
D. 독서할 때 미적 감성이 독특한 작품을 선호한다.	☐	☐	☐	☐	☐	☐	☐

14

문항	답안 1					답안 2	
	①	②	③	④	⑤	멀다	가깝다
A. 타인들을 좀처럼 의심하지 않는 편이다.	☐	☐	☐	☐	☐	☐	☐
B. 자신의 권익을 적극적으로 주장하는 편이다.	☐	☐	☐	☐	☐	☐	☐
C. 이재민 구호단체에 성금을 보내곤 한다.	☐	☐	☐	☐	☐	☐	☐
D. 지나친 겸손은 예의가 아니며 과시욕은 자연스러운 욕망이라고 생각한다.	☐	☐	☐	☐	☐	☐	☐

15

문항	답안 1					답안 2	
	①	②	③	④	⑤	멀다	가깝다
A. 일주일의 계획을 만드는 것을 좋아한다.	☐	☐	☐	☐	☐	☐	☐
B. 책임 의식이 부족하다는 평가를 받곤 한다.	☐	☐	☐	☐	☐	☐	☐
C. 공부를 열심히 하지 않아도 마음이 느긋하다.	☐	☐	☐	☐	☐	☐	☐
D. 공간을 효율적으로 활용하도록 가재도구를 깔끔하게 수납할 수 있다.	☐	☐	☐	☐	☐	☐	☐

16

문항	답안 1					답안 2	
	①	②	③	④	⑤	멀다	가깝다
A. 화가 나도 참아 넘길 때가 많다.	☐	☐	☐	☐	☐	☐	☐
B. 슬픈 일을 당해도 비참하지 않으려 한다.	☐	☐	☐	☐	☐	☐	☐
C. 구매욕을 잘 참지 못해 적자를 내곤 한다.	☐	☐	☐	☐	☐	☐	☐
D. 우울감, 열등감에 빠지면 쉽게 떨쳐버리지 못한다.	☐	☐	☐	☐	☐	☐	☐

17

문항	답안 1					답안 2	
	①	②	③	④	⑤	멀다	가깝다
A. 남들과 가깝게 왕래하지 않는 편이다.	☐	☐	☐	☐	☐	☐	☐
B. 크게 행복하진 않지만 불행하지도 않다.	☐	☐	☐	☐	☐	☐	☐
C. 위험을 무릅쓰는 스포츠를 즐기는 편이다.	☐	☐	☐	☐	☐	☐	☐
D. 함께 일할 사람을 1명만 뽑는다면 유쾌하고 명랑한 사람을 뽑겠다.	☐	☐	☐	☐	☐	☐	☐

18

문항	답안 1					답안 2	
	①	②	③	④	⑤	멀다	가깝다
A. 새로운 생각들의 영향을 잘 받는 편이다.	☐	☐	☐	☐	☐	☐	☐
B. 실험적인 것보다는 검증된 것을 선호한다.	☐	☐	☐	☐	☐	☐	☐
C. 검증되고 원금이 확실히 보장돼야 투자한다.	☐	☐	☐	☐	☐	☐	☐
D. 호기심을 강하게 느끼며 감정을 중시하는 편이다.	☐	☐	☐	☐	☐	☐	☐

19

문항	답안 1					답안 2	
	①	②	③	④	⑤	멀다	가깝다
A. 이윤 확대보다는 상생이 먼저라고 생각한다.	☐	☐	☐	☐	☐	☐	☐
B. 알력이 발생하면 자신의 입장을 고수한다.	☐	☐	☐	☐	☐	☐	☐
C. 갈등을 겪을 때 상대방에게 의존하곤 한다.	☐	☐	☐	☐	☐	☐	☐
D. 진정으로 신뢰하고 마음을 허락할 수 있는 사람은 없다.	☐	☐	☐	☐	☐	☐	☐

20

문항	답안 1					답안 2	
	①	②	③	④	⑤	멀다	가깝다
A. 자신이 경솔하다고 자주 느낀다.	☐	☐	☐	☐	☐	☐	☐
B. 돌다리는 두드리지 않고 건너는 편이다.	☐	☐	☐	☐	☐	☐	☐
C. 실패해도 성공할 때까지 계속 도전한다.	☐	☐	☐	☐	☐	☐	☐
D. 일의 다음 단계로 넘어가기 전에 반성과 피드백을 통해 완성도를 높이려 한다.	☐	☐	☐	☐	☐	☐	☐

21

문항	답안 1					답안 2	
	①	②	③	④	⑤	멀다	가깝다
A. 사는 것이 힘들다고 느낀 적은 없다.	☐	☐	☐	☐	☐	☐	☐
B. 사물의 밝은 면만을 보려고 노력한다.	☐	☐	☐	☐	☐	☐	☐
C. 오랜 번민으로 심한 괴로움을 느끼곤 한다.	☐	☐	☐	☐	☐	☐	☐
D. 긴장이 심해지면 일손이 도무지 잡히지 않는다.	☐	☐	☐	☐	☐	☐	☐

22

문항	답안 1					답안 2	
	①	②	③	④	⑤	멀다	가깝다
A. 혼자서 사색을 즐기는 편이다.	☐	☐	☐	☐	☐	☐	☐
B. 주기주장이 강해서 알력을 일으키곤 한다.	☐	☐	☐	☐	☐	☐	☐
C. 타인과의 관계에서 의구심이 들 때가 많다.	☐	☐	☐	☐	☐	☐	☐
D. 다른 사람이 나를 어떻게 생각하는지 궁금할 때가 많다.	☐	☐	☐	☐	☐	☐	☐

23

문항	답안 1					답안 2	
	①	②	③	④	⑤	멀다	가깝다
A. 방법이 정해진 일은 안심할 수 있다.	☐	☐	☐	☐	☐	☐	☐
B. 이론적 근거가 확증된 것만을 선호한다.	☐	☐	☐	☐	☐	☐	☐
C. 예술인이 된 자신의 모습을 상상하곤 한다.	☐	☐	☐	☐	☐	☐	☐
D. 마음의 소리를 듣기 위해 깊은 생각에 잠기곤 한다.	☐	☐	☐	☐	☐	☐	☐

24

문항	답안 1					답안 2	
	①	②	③	④	⑤	멀다	가깝다
A. 다른 사람의 의견에 귀를 기울인다.	☐	☐	☐	☐	☐	☐	☐
B. 싸운 후 화해하지 못해 친구를 잃곤 한다.	☐	☐	☐	☐	☐	☐	☐
C. 규범을 따르며 공평하려고 애쓰는 편이다.	☐	☐	☐	☐	☐	☐	☐
D. 협조적인 토의보다는 경쟁적인 토론에 능숙하다.	☐	☐	☐	☐	☐	☐	☐

25

문항	답안 1					답안 2	
	①	②	③	④	⑤	멀다	가깝다
A. 추진력은 부족해도 융통성은 높은 편이다.	☐	☐	☐	☐	☐	☐	☐
B. 성취감이 큰 일에서 동기부여를 받는 편이다.	☐	☐	☐	☐	☐	☐	☐
C. 묘안이 떠올라도 여러모로 검토해 실행한다.	☐	☐	☐	☐	☐	☐	☐
D. 일을 하면서도 능력 부족으로 목표를 달성할 수 없다고 생각하곤 한다.	☐	☐	☐	☐	☐	☐	☐

PART 3

26

문항	답안 1					답안 2	
	①	②	③	④	⑤	멀다	가깝다
A. 나는 내 욕구를 잘 억제하는 편이다.	☐	☐	☐	☐	☐	☐	☐
B. 때로는 암울한 기분에 휩싸이곤 한다.	☐	☐	☐	☐	☐	☐	☐
C. 쉽게 넌더리가 나서 공허하게 느껴진다.	☐	☐	☐	☐	☐	☐	☐
D. 성격이 강인하지만 정서 반응에 둔감한 편이다.	☐	☐	☐	☐	☐	☐	☐

27

문항	답안 1					답안 2	
	①	②	③	④	⑤	멀다	가깝다
A. 인맥을 유지 · 확대하는 일에 관심이 많다.	☐	☐	☐	☐	☐	☐	☐
B. 동문회에 가능한 한 참석하려고 노력한다.	☐	☐	☐	☐	☐	☐	☐
C. 남들의 주목을 받는 게 불쾌하게 느껴진다.	☐	☐	☐	☐	☐	☐	☐
D. 사생활을 침해당할 것 같아 유명해지고 싶지 않다.	☐	☐	☐	☐	☐	☐	☐

28

문항	답안 1					답안 2	
	①	②	③	④	⑤	멀다	가깝다
A. 꿈을 가진 사람에게 끌린다.	☐	☐	☐	☐	☐	☐	☐
B. 남의 의견에 수용적이지 않은 편이다.	☐	☐	☐	☐	☐	☐	☐
C. 굳이 나누자면 나는 보수적이라고 생각한다.	☐	☐	☐	☐	☐	☐	☐
D. 나와 관점이 다른 사람을 만나 신선한 충격을 받기를 선호한다.	☐	☐	☐	☐	☐	☐	☐

29

문항	답안 1					답안 2	
	①	②	③	④	⑤	멀다	가깝다
A. 이익의 공정한 배분을 위해 협조적이다.	☐	☐	☐	☐	☐	☐	☐
B. 겸손과 배려를 실천하려고 애쓰는 편이다.	☐	☐	☐	☐	☐	☐	☐
C. 잘 모르는 타인에 대한 불신감이 큰 편이다.	☐	☐	☐	☐	☐	☐	☐
D. 자신의 영리를 극대화하기 위해서 남을 복종시켜야 한다고 생각한다.	☐	☐	☐	☐	☐	☐	☐

30

문항	답안 1					답안 2	
	①	②	③	④	⑤	멀다	가깝다
A. 목표를 세워도 지키지 못하곤 한다.	☐	☐	☐	☐	☐	☐	☐
B. 자신이 유능하다고 믿지 못할 때가 많다.	☐	☐	☐	☐	☐	☐	☐
C. 계획을 실제로 행하기 전에 꼭 재확인한다.	☐	☐	☐	☐	☐	☐	☐
D. 사회적 규범을 준수하면서 책임을 다하려면 먼저 도덕적 인간이 되어야 한다.	☐	☐	☐	☐	☐	☐	☐

31

문항	답안 1					답안 2	
	①	②	③	④	⑤	멀다	가깝다
A. 스트레스를 받으면 자신감을 잃곤 한다.	☐	☐	☐	☐	☐	☐	☐
B. 흥분해도 마음을 잘 가라앉히는 편이다.	☐	☐	☐	☐	☐	☐	☐
C. 불행이 닥칠까봐 마음이 불안해지곤 한다.	☐	☐	☐	☐	☐	☐	☐
D. 안 좋은 일을 당하면 운이 나빴을 뿐이라며 심각하게 받아들이지 않는다.	☐	☐	☐	☐	☐	☐	☐

32

문항	답안 1					답안 2	
	①	②	③	④	⑤	멀다	가깝다
A. 남들보다 튀는 것을 싫어한다.	☐	☐	☐	☐	☐	☐	☐
B. 타인과 만났을 때 화제에 부족함이 없다.	☐	☐	☐	☐	☐	☐	☐
C. 명랑하고 유쾌하다는 평가를 받곤 한다.	☐	☐	☐	☐	☐	☐	☐
D. 연예인이 되면 삶이 불편해질 것이라 생각한다.	☐	☐	☐	☐	☐	☐	☐

33

문항	답안 1					답안 2	
	①	②	③	④	⑤	멀다	가깝다
A. 틀에 박힌 일은 몹시 싫다.	☐	☐	☐	☐	☐	☐	☐
B. 궁금증을 잘 느끼지 못하는 편이다.	☐	☐	☐	☐	☐	☐	☐
C. 새로운 것을 받아들이는 데 보수적이다.	☐	☐	☐	☐	☐	☐	☐
D. 단일민족 사회보다는 다문화사회를 지지한다.	☐	☐	☐	☐	☐	☐	☐

34

문항	답안 1					답안 2	
	①	②	③	④	⑤	멀다	가깝다
A. 자신의 이익보다 조직의 이익이 중요하다.	☐	☐	☐	☐	☐	☐	☐
B. 상대방과의 타협점을 찾는 일에 능숙하다.	☐	☐	☐	☐	☐	☐	☐
C. 필요하다면 남에게 위협조로 말할 수 있다.	☐	☐	☐	☐	☐	☐	☐
D. 남들이 반대해도 자신의 의견을 결코 고치지 않는다.	☐	☐	☐	☐	☐	☐	☐

35

문항	답안 1					답안 2	
	①	②	③	④	⑤	멀다	가깝다
A. 동기부여를 받지 못하는 편이다.	☐	☐	☐	☐	☐	☐	☐
B. 사전에 계획을 세워 행동하는 편이다.	☐	☐	☐	☐	☐	☐	☐
C. 목표가 확실하지 않으면 행동하지 않는다.	☐	☐	☐	☐	☐	☐	☐
D. 자신의 입장을 망각하고 지나치게 가볍게 행동하곤 한다.	☐	☐	☐	☐	☐	☐	☐

36

문항	답안 1					답안 2	
	①	②	③	④	⑤	멀다	가깝다
A. 자신의 삶이 덧없다고 느껴지곤 한다.	☐	☐	☐	☐	☐	☐	☐
B. 자신이 번아웃되어 껍데기만 남은 것 같다.	☐	☐	☐	☐	☐	☐	☐
C. 자질구레한 것은 별로 걱정하지 않는다.	☐	☐	☐	☐	☐	☐	☐
D. 욕망 · 욕구처럼 미움 · 절망도 절제할 수 있다고 생각한다.	☐	☐	☐	☐	☐	☐	☐

37

문항	답안 1					답안 2	
	①	②	③	④	⑤	멀다	가깝다
A. 사람들 앞에 잘 나서지 못한다.	☐	☐	☐	☐	☐	☐	☐
B. 정열은 내 삶을 움직이는 원동력이다.	☐	☐	☐	☐	☐	☐	☐
C. 사소한 일에도 즐거움을 잘 느끼곤 한다.	☐	☐	☐	☐	☐	☐	☐
D. 아는 사람과 우연히 만나도 굳이 알은척하지 않는다.	☐	☐	☐	☐	☐	☐	☐

38

문항	답안 1					답안 2	
	①	②	③	④	⑤	멀다	가깝다
A. 기발한 착상을 잘하는 편이다.	☐	☐	☐	☐	☐	☐	☐
B. 상상만으로 글의 줄거리를 지어낼 수 있다.	☐	☐	☐	☐	☐	☐	☐
C. 호기심이 적고 감정의 진폭이 좁은 편이다.	☐	☐	☐	☐	☐	☐	☐
D. 대개의 경우 감성적으로 접근하는 것은 바람직하지 않다.	☐	☐	☐	☐	☐	☐	☐

39

문항	답안 1					답안 2	
	①	②	③	④	⑤	멀다	가깝다
A. 남들의 문제에 개입하기를 꺼린다.	☐	☐	☐	☐	☐	☐	☐
B. 나는 남들보다 특별히 잘난 점이 없다.	☐	☐	☐	☐	☐	☐	☐
C. 인간은 원래 이기적인 동물이라고 여긴다.	☐	☐	☐	☐	☐	☐	☐
D. 협상할 때는 상호 이득을 이루는 것이 최선이다.	☐	☐	☐	☐	☐	☐	☐

40

문항	답안 1					답안 2	
	①	②	③	④	⑤	멀다	가깝다
A. 임시변통하는 일에 능숙한 편이다.	☐	☐	☐	☐	☐	☐	☐
B. 정돈을 잘하지 못해 주변이 어수선한 편이다.	☐	☐	☐	☐	☐	☐	☐
C. 일에 착수하면 반드시 성과를 거둬야 한다.	☐	☐	☐	☐	☐	☐	☐
D. 무리하게 일을 진행하지 않음으로써 완성도를 높이는 편이다.	☐	☐	☐	☐	☐	☐	☐

41

문항	답안 1					답안 2	
	①	②	③	④	⑤	멀다	가깝다
A. 충동적인 언행을 삼가는 편이다.	☐	☐	☐	☐	☐	☐	☐
B. 후회하느라 속을 썩이지 않는 편이다.	☐	☐	☐	☐	☐	☐	☐
C. 부질없는 심려 때문에 난감해지곤 한다.	☐	☐	☐	☐	☐	☐	☐
D. 어떤 선택을 해도 무의미하다는 생각 때문에 충동적이 되곤 한다.	☐	☐	☐	☐	☐	☐	☐

42

문항	답안 1					답안 2	
	①	②	③	④	⑤	멀다	가깝다
A. 흥분을 주는 자극적인 운동을 좋아한다.	☐	☐	☐	☐	☐	☐	☐
B. 리더들의 주장을 잘 수용해 따르는 편이다.	☐	☐	☐	☐	☐	☐	☐
C. 다른 사람의 시선을 끄는 것을 선호한다.	☐	☐	☐	☐	☐	☐	☐
D. 타인과의 만남을 회피하고 혼자 있기를 즐긴다.	☐	☐	☐	☐	☐	☐	☐

43

문항	답안 1					답안 2	
	①	②	③	④	⑤	멀다	가깝다
A. 예술은 나의 관심을 끌지 못한다.	☐	☐	☐	☐	☐	☐	☐
B. 때로는 비현실적인 공상을 하곤 한다.	☐	☐	☐	☐	☐	☐	☐
C. 학창 시절에 선생님의 지시를 어긴 적이 없다.	☐	☐	☐	☐	☐	☐	☐
D. 감수성과 통찰력에 의존해 직감적으로 판단하는 편이다.	☐	☐	☐	☐	☐	☐	☐

44

문항	답안 1					답안 2	
	①	②	③	④	⑤	멀다	가깝다
A. 낯선 이를 결코 쉽게 믿지 않는다.	☐	☐	☐	☐	☐	☐	☐
B. 다른 사람보다 고집이 세고 냉정하다.	☐	☐	☐	☐	☐	☐	☐
C. 인간들은 본래 선한 의도를 가지고 있다.	☐	☐	☐	☐	☐	☐	☐
D. 다수가 반대하면 나의 생각을 다수의 의견에 맞춰 수정한다.	☐	☐	☐	☐	☐	☐	☐

45

문항	답안 1					답안 2	
	①	②	③	④	⑤	멀다	가깝다
A. 스케줄을 짜고 행동하는 편이다.	☐	☐	☐	☐	☐	☐	☐
B. 계획에 얽매이는 것을 좋아하지 않는다.	☐	☐	☐	☐	☐	☐	☐
C. 어떤 일이 있어도 의욕을 가지고 노력한다.	☐	☐	☐	☐	☐	☐	☐
D. 한결같고 인내력이 있다는 말을 거의 듣지 못했다.	☐	☐	☐	☐	☐	☐	☐

46

문항	답안 1					답안 2	
	①	②	③	④	⑤	멀다	가깝다
A. 때로는 지나치게 성을 내곤 한다.	☐	☐	☐	☐	☐	☐	☐
B. 자잘한 일에도 흡족함을 느끼곤 한다.	☐	☐	☐	☐	☐	☐	☐
C. 따분함을 느끼면 몹시 무기력해지곤 한다.	☐	☐	☐	☐	☐	☐	☐
D. 현실적인 어려움에 부닥쳐도 차분하게 대처한다.	☐	☐	☐	☐	☐	☐	☐

47

문항	답안 1					답안 2	
	①	②	③	④	⑤	멀다	가깝다
A. 격렬한 운동을 하는 것을 싫어한다.	☐	☐	☐	☐	☐	☐	☐
B. 대인관계가 거추장스럽게 느껴지곤 한다.	☐	☐	☐	☐	☐	☐	☐
C. 타인에게 영향을 끼치는 위치에 서고 싶다.	☐	☐	☐	☐	☐	☐	☐
D. 남들보다 활기차며 무난하지 않은 것을 좋아한다.	☐	☐	☐	☐	☐	☐	☐

48

문항	답안 1					답안 2	
	①	②	③	④	⑤	멀다	가깝다
A. 언제나 익숙한 길로만 다니는 편이다.	☐	☐	☐	☐	☐	☐	☐
B. 마술쇼는 나의 흥미를 끌지 못한다.	☐	☐	☐	☐	☐	☐	☐
C. 지식을 쌓기 위해 꾸준히 독서하는 편이다.	☐	☐	☐	☐	☐	☐	☐
D. 이상을 실현하려면 개방성이 가장 중요하다고 생각한다.	☐	☐	☐	☐	☐	☐	☐

49

문항	답안 1					답안 2	
	①	②	③	④	⑤	멀다	가깝다
A. 경쟁자를 이기기 위해 선수를 치곤 한다.	☐	☐	☐	☐	☐	☐	☐
B. 타인을 이해하고 존중하려 애쓰는 편이다.	☐	☐	☐	☐	☐	☐	☐
C. 상대의 긍정적인 면을 찾으려 하는 편이다.	☐	☐	☐	☐	☐	☐	☐
D. 비협조적인 상대에게는 협박조로 응수하는 것이 적절하다고 생각한다.	☐	☐	☐	☐	☐	☐	☐

50

문항	답안 1					답안 2	
	①	②	③	④	⑤	멀다	가깝다
A. 욕구의 영향으로 변덕을 부리는 편이다.	☐	☐	☐	☐	☐	☐	☐
B. 무슨 일이든 수차례 검토하고 확인한다.	☐	☐	☐	☐	☐	☐	☐
C. 일이나 사물을 정리할 때 애를 먹곤 한다.	☐	☐	☐	☐	☐	☐	☐
D. 계획의 수립과 실천을 질서 있게 하려고 애쓴다.	☐	☐	☐	☐	☐	☐	☐

51

문항	답안 1					답안 2	
	①	②	③	④	⑤	멀다	가깝다
A. 화나면 안절부절 어쩔 줄을 모르곤 한다.	☐	☐	☐	☐	☐	☐	☐
B. 황당한 일을 겪어도 자신감을 잃지 않는다.	☐	☐	☐	☐	☐	☐	☐
C. 스트레스를 받아도 감정적 대응을 자제한다.	☐	☐	☐	☐	☐	☐	☐
D. 사고를 낼까 봐 마음이 조마조마해져 과속운전을 절대 하지 않는다.	☐	☐	☐	☐	☐	☐	☐

52

문항	답안 1					답안 2	
	①	②	③	④	⑤	멀다	가깝다
A. 공동 작업보다는 개인 작업을 선호한다.	☐	☐	☐	☐	☐	☐	☐
B. 넓은 인간관계는 나의 관심사가 아니다.	☐	☐	☐	☐	☐	☐	☐
C. 자신의 의견을 당차게 주장하는 편이다.	☐	☐	☐	☐	☐	☐	☐
D. 힘에 부치는 활동을 해도 피로를 잘 느끼지 않는다.	☐	☐	☐	☐	☐	☐	☐

53

문항	답안 1					답안 2	
	①	②	③	④	⑤	멀다	가깝다
A. 난해한 예술에 관심이 더욱 끌린다.	☐	☐	☐	☐	☐	☐	☐
B. 전통을 반드시 지켜야 한다고 생각한다.	☐	☐	☐	☐	☐	☐	☐
C. 모르는 것을 배우는 일에 적극적인 편이다.	☐	☐	☐	☐	☐	☐	☐
D. 경험하지 않은 것은 마음속으로 잘 구상하지 못한다.	☐	☐	☐	☐	☐	☐	☐

54

문항	답안 1 ① ② ③ ④ ⑤		답안 2 멀다	가깝다
A. 자신을 내세우지 않는 편이다.	☐ ☐ ☐ ☐ ☐		☐	☐
B. 성악설보다는 성선설을 지지한다.	☐ ☐ ☐ ☐ ☐		☐	☐
C. 지나친 승부욕 때문에 갈등을 빚곤 한다.	☐ ☐ ☐ ☐ ☐		☐	☐
D. 타인의 곤란한 요구는 단칼에 거절하는 편이다.	☐ ☐ ☐ ☐ ☐		☐	☐

55

문항	답안 1 ① ② ③ ④ ⑤		답안 2 멀다	가깝다
A. 혼자서도 꾸준히 하는 것을 좋아한다.	☐ ☐ ☐ ☐ ☐		☐	☐
B. 학창 시절에 밤새워 공부한 적이 별로 없다.	☐ ☐ ☐ ☐ ☐		☐	☐
C. 원칙의 준수보다는 변칙적 활용에 능하다.	☐ ☐ ☐ ☐ ☐		☐	☐
D. 공부할 때는 주요 내용만을 정리해 암기하곤 한다.	☐ ☐ ☐ ☐ ☐		☐	☐

56

문항	답안 1 ① ② ③ ④ ⑤		답안 2 멀다	가깝다
A. 기가 죽거나 실망하지 않는 편이다.	☐ ☐ ☐ ☐ ☐		☐	☐
B. 작은 상처에도 수선을 피우곤 한다.	☐ ☐ ☐ ☐ ☐		☐	☐
C. 성격이 밝아 스트레스를 잘 느끼지 않는다.	☐ ☐ ☐ ☐ ☐		☐	☐
D. 미래를 확신할 수 없어 불안해질 때가 많다.	☐ ☐ ☐ ☐ ☐		☐	☐

57

문항	답안 1 ① ② ③ ④ ⑤		답안 2 멀다	가깝다
A. 군중 앞에 나서기가 꺼려진다.	☐ ☐ ☐ ☐ ☐		☐	☐
B. 다른 사람과 대화하는 것을 좋아한다.	☐ ☐ ☐ ☐ ☐		☐	☐
C. 혼자 깊은 생각에 잠기는 것을 좋아한다.	☐ ☐ ☐ ☐ ☐		☐	☐
D. 수많은 사람들에게 영향을 끼칠 수 있는 큰일을 해보고 싶다.	☐ ☐ ☐ ☐ ☐		☐	☐

58

문항	답안 1					답안 2	
	①	②	③	④	⑤	멀다	가깝다
A. 변화가 주는 다양성을 선호한다.	☐	☐	☐	☐	☐	☐	☐
B. 통찰력보다는 익숙한 경험으로 판단한다.	☐	☐	☐	☐	☐	☐	☐
C. 도전적인 직업보다는 안정된 직업이 좋다.	☐	☐	☐	☐	☐	☐	☐
D. 감수성은 자신의 삶을 다채롭게 하는 데 도움이 된다고 생각한다.	☐	☐	☐	☐	☐	☐	☐

59

문항	답안 1					답안 2	
	①	②	③	④	⑤	멀다	가깝다
A. 친절하다는 평가를 받곤 한다.	☐	☐	☐	☐	☐	☐	☐
B. 약삭빠르다는 핀잔을 듣곤 한다.	☐	☐	☐	☐	☐	☐	☐
C. 타인의 충고나 의견을 호의적으로 듣는다.	☐	☐	☐	☐	☐	☐	☐
D. 곤경에 처한 사람을 도와주는 일에 인색한 편이다.	☐	☐	☐	☐	☐	☐	☐

60

문항	답안 1					답안 2	
	①	②	③	④	⑤	멀다	가깝다
A. 됨됨이가 진중하다는 평가를 받곤 한다.	☐	☐	☐	☐	☐	☐	☐
B. 스케줄 없이 즉흥적으로 행동하는 편이다.	☐	☐	☐	☐	☐	☐	☐
C. 의지가 굳고 착실하다는 평가를 받곤 한다.	☐	☐	☐	☐	☐	☐	☐
D. 생각이 짧아 앞뒤를 헤아리지 못한다는 비판을 받곤 한다.	☐	☐	☐	☐	☐	☐	☐

61

문항	답안 1					답안 2	
	①	②	③	④	⑤	멀다	가깝다
A. 별것 아닌 일로 안달복달하곤 한다.	☐	☐	☐	☐	☐	☐	☐
B. 어려운 상황에서도 마음이 굳센 편이다.	☐	☐	☐	☐	☐	☐	☐
C. 어떤 상황에서도 희망이 있다고 확신한다.	☐	☐	☐	☐	☐	☐	☐
D. 이성보다는 감정의 영향을 더 많이 받는 편이다.	☐	☐	☐	☐	☐	☐	☐

62

문항	답안 1					답안 2	
	①	②	③	④	⑤	멀다	가깝다
A. 에너지가 넘치고 몸놀림이 재빠른 편이다.	☐	☐	☐	☐	☐	☐	☐
B. 일찍 기상해 외출준비를 서두르는 편이다.	☐	☐	☐	☐	☐	☐	☐
C. 인간관계에 지쳐 혼자 여행을 떠나곤 한다.	☐	☐	☐	☐	☐	☐	☐
D. 같이 일할 사람을 1명만 택한다면 차분하고 진지한 사람을 뽑겠다.	☐	☐	☐	☐	☐	☐	☐

63

문항	답안 1					답안 2	
	①	②	③	④	⑤	멀다	가깝다
A. 변화는 나를 힘들게 만든다.	☐	☐	☐	☐	☐	☐	☐
B. 새로운 가게보다는 단골가게만 간다.	☐	☐	☐	☐	☐	☐	☐
C. 혁신이 이끄는 변화의 다양성을 선호한다.	☐	☐	☐	☐	☐	☐	☐
D. 설계도를 보고 기계의 작동 과정을 머릿속으로 그릴 수 있다.	☐	☐	☐	☐	☐	☐	☐

64

문항	답안 1					답안 2	
	①	②	③	④	⑤	멀다	가깝다
A. 언쟁을 별로 마다하지 않는 편이다.	☐	☐	☐	☐	☐	☐	☐
B. 아랫사람의 말도 귀담아듣는 편이다.	☐	☐	☐	☐	☐	☐	☐
C. 이익을 위해 때로는 규율을 어기곤 한다.	☐	☐	☐	☐	☐	☐	☐
D. 협상에서는 양보와 타협이 기본 원칙이라고 생각한다.	☐	☐	☐	☐	☐	☐	☐

65

문항	답안 1					답안 2	
	①	②	③	④	⑤	멀다	가깝다
A. 경우에 맞춰 다르게 행동하곤 한다.	☐	☐	☐	☐	☐	☐	☐
B. 책임감 때문에 압박감을 느끼곤 한다.	☐	☐	☐	☐	☐	☐	☐
C. 운명이라면 노력해도 성공할 수 없다.	☐	☐	☐	☐	☐	☐	☐
D. 자율성과 준법정신이 확고하다는 평가를 받곤 한다.	☐	☐	☐	☐	☐	☐	☐

66

문항	답안 1					답안 2	
	①	②	③	④	⑤	멀다	가깝다
A. 푸념을 거의 하지 않는다.	☐	☐	☐	☐	☐	☐	☐
B. 문젯거리로 좌불안석할 때가 종종 있다.	☐	☐	☐	☐	☐	☐	☐
C. 마음이 거북할 때는 식은땀을 쏟곤 한다.	☐	☐	☐	☐	☐	☐	☐
D. 자신감이 있어 타인의 비난에 휘둘리지 않는다.	☐	☐	☐	☐	☐	☐	☐

67

문항	답안 1					답안 2	
	①	②	③	④	⑤	멀다	가깝다
A. 조용한 분위기를 선호한다.	☐	☐	☐	☐	☐	☐	☐
B. 언제나 활기가 넘치는 편이다.	☐	☐	☐	☐	☐	☐	☐
C. 사람들 앞에 나서는 데 어려움이 없다.	☐	☐	☐	☐	☐	☐	☐
D. 여행을 한다면 번잡한 도시보다는 목가적인 농촌으로 가고 싶다.	☐	☐	☐	☐	☐	☐	☐

68

문항	답안 1					답안 2	
	①	②	③	④	⑤	멀다	가깝다
A. 변화에서 즐거움을 느끼는 편이다.	☐	☐	☐	☐	☐	☐	☐
B. 정해진 절차가 바뀌는 것을 싫어한다.	☐	☐	☐	☐	☐	☐	☐
C. 독창적인 발상을 하는 것에 능숙하지 않다.	☐	☐	☐	☐	☐	☐	☐
D. 디자인만 따지다가 비실용적인 물건을 사곤 한다.	☐	☐	☐	☐	☐	☐	☐

69

문항	답안 1					답안 2	
	①	②	③	④	⑤	멀다	가깝다
A. 조직 내에서 우등생 부류라고 생각한다.	☐	☐	☐	☐	☐	☐	☐
B. 집단의 명령을 받는 것이 별로 달갑지 않다.	☐	☐	☐	☐	☐	☐	☐
C. 사교적이고 활달하다는 평가를 받곤 한다.	☐	☐	☐	☐	☐	☐	☐
D. 조직 구성원의 첫 번째 덕목은 조화성이라고 생각한다.	☐	☐	☐	☐	☐	☐	☐

70

문항	답안 1					답안 2	
	①	②	③	④	⑤	멀다	가깝다
A. 성취욕을 잘 느끼지 못하는 편이다.	☐	☐	☐	☐	☐	☐	☐
B. 주체성, 자주성이 높다고 평가받곤 한다.	☐	☐	☐	☐	☐	☐	☐
C. 목표를 고집하기보다는 융통성을 중시한다.	☐	☐	☐	☐	☐	☐	☐
D. 높은 목표는 자신을 이끄는 에너지라고 생각한다.	☐	☐	☐	☐	☐	☐	☐

71

문항	답안 1					답안 2	
	①	②	③	④	⑤	멀다	가깝다
A. 실패를 곱씹으며 자책하는 편이다.	☐	☐	☐	☐	☐	☐	☐
B. 사소한 실수에 얽매이는 것이 싫다.	☐	☐	☐	☐	☐	☐	☐
C. 사소한 일에도 신경을 많이 쓰는 편이다.	☐	☐	☐	☐	☐	☐	☐
D. 자제력을 가지고 합리적으로 판단하려고 노력한다.	☐	☐	☐	☐	☐	☐	☐

72

문항	답안 1					답안 2	
	①	②	③	④	⑤	멀다	가깝다
A. 명령을 받기보다는 명령을 하고 싶다.	☐	☐	☐	☐	☐	☐	☐
B. 정적이고 사색적인 분위기를 선호한다.	☐	☐	☐	☐	☐	☐	☐
C. 타인과 관계를 이루고 대화하는 것이 좋다.	☐	☐	☐	☐	☐	☐	☐
D. 남들의 생각에는 별로 관심이 없고 내 의견을 내세우는 편이다.	☐	☐	☐	☐	☐	☐	☐

73

문항	답안 1					답안 2	
	①	②	③	④	⑤	멀다	가깝다
A. 새로운 것보다는 익숙한 것이 좋다.	☐	☐	☐	☐	☐	☐	☐
B. 새로운 변화를 별로 좋아하지 않는다.	☐	☐	☐	☐	☐	☐	☐
C. 굳이 말하자면 혁신적이라고 생각한다.	☐	☐	☐	☐	☐	☐	☐
D. 위트 있는 글로 자신의 감수성을 표현할 수 있다.	☐	☐	☐	☐	☐	☐	☐

74

문항	답안 1					답안 2	
	①	②	③	④	⑤	멀다	가깝다
A. 조직 내에서 독단적으로 움직이곤 한다.	☐	☐	☐	☐	☐	☐	☐
B. 이해득실을 과하게 따지는 사람은 꺼려진다.	☐	☐	☐	☐	☐	☐	☐
C. 협력과 공정성을 매우 중요하게 여긴다.	☐	☐	☐	☐	☐	☐	☐
D. 조직을 따르기보다는 자신의 의견을 밀어붙이는 편이다.	☐	☐	☐	☐	☐	☐	☐

75

문항	답안 1					답안 2	
	①	②	③	④	⑤	멀다	가깝다
A. 명확한 장래의 목표가 없다.	☐	☐	☐	☐	☐	☐	☐
B. 자신의 단점을 잘 고치지 못한다.	☐	☐	☐	☐	☐	☐	☐
C. 체념하지 않고 끝까지 견디는 편이다.	☐	☐	☐	☐	☐	☐	☐
D. 수차례 검토하느라 일의 진척이 느릴 때가 있다.	☐	☐	☐	☐	☐	☐	☐

76

문항	답안 1					답안 2	
	①	②	③	④	⑤	멀다	가깝다
A. 과거의 일에 괘념하지 않는다.	☐	☐	☐	☐	☐	☐	☐
B. 상심했던 경험을 쉽게 극복하지 못한다.	☐	☐	☐	☐	☐	☐	☐
C. 중병에 걸린 것은 아닌지 걱정하곤 한다.	☐	☐	☐	☐	☐	☐	☐
D. 예측할 수 없는 미래에 대해 별로 염려하지 않는다.	☐	☐	☐	☐	☐	☐	☐

77

문항	답안 1					답안 2	
	①	②	③	④	⑤	멀다	가깝다
A. 함께보다는 혼자서 일하는 것을 선호한다.	☐	☐	☐	☐	☐	☐	☐
B. 타인들 사이에서 그들을 소개하는 편이다.	☐	☐	☐	☐	☐	☐	☐
C. 새로운 사람을 소개받는 것이 달갑지 않다.	☐	☐	☐	☐	☐	☐	☐
D. 단체로 야외 활동을 할 때는 선두에 서서 인솔하는 편이다.	☐	☐	☐	☐	☐	☐	☐

78

문항	답안 1					답안 2	
	①	②	③	④	⑤	멀다	가깝다
A. 빠른 변화는 별로 달갑지 않다.	☐	☐	☐	☐	☐	☐	☐
B. 기지가 넘치는 글을 쓸 수 있다.	☐	☐	☐	☐	☐	☐	☐
C. 변화수용에 적극적인 상사와 일하고 싶다.	☐	☐	☐	☐	☐	☐	☐
D. 지적 도전을 즐기지 않으며 사실지향적인 사고를 선호한다.	☐	☐	☐	☐	☐	☐	☐

79

문항	답안 1					답안 2	
	①	②	③	④	⑤	멀다	가깝다
A. 남과 다투어도 빨리 화해할 수 있다.	☐	☐	☐	☐	☐	☐	☐
B. 남들보다 우수한 편이라고 생각한다.	☐	☐	☐	☐	☐	☐	☐
C. 지나치게 온정을 표시하는 것은 좋지 않다.	☐	☐	☐	☐	☐	☐	☐
D. 협상할 때는 개방된 질문으로 상대에게 가능성을 열어줘야 한다.	☐	☐	☐	☐	☐	☐	☐

80

문항	답안 1					답안 2	
	①	②	③	④	⑤	멀다	가깝다
A. 시간을 성실히 지키는 편이다.	☐	☐	☐	☐	☐	☐	☐
B. 계획적인 행동을 중요하게 여긴다.	☐	☐	☐	☐	☐	☐	☐
C. 성취욕, 자율성이 낮다는 평가를 받곤 한다.	☐	☐	☐	☐	☐	☐	☐
D. 일의 밑그림을 작성하는 것에 소질이 없다고 생각한다.	☐	☐	☐	☐	☐	☐	☐

81

문항	답안 1					답안 2	
	①	②	③	④	⑤	멀다	가깝다
A. 슬픈 일은 빨리 잊는 편이다.	☐	☐	☐	☐	☐	☐	☐
B. 당황하면 쓸데없는 말이 많아진다.	☐	☐	☐	☐	☐	☐	☐
C. 실패를 심기일전의 기회로 삼는 편이다.	☐	☐	☐	☐	☐	☐	☐
D. 욕구를 충족하지 못하면 강박감을 느끼곤 한다.	☐	☐	☐	☐	☐	☐	☐

82

문항	답안 1					답안 2	
	①	②	③	④	⑤	멀다	가깝다
A. 친구들과 함께보다는 혼자 노는 편이다.	☐	☐	☐	☐	☐	☐	☐
B. 다른 사람들과 함께 하는 것이 거북하다.	☐	☐	☐	☐	☐	☐	☐
C. 일을 선택할 때에는 인간관계를 중시한다.	☐	☐	☐	☐	☐	☐	☐
D. 긴밀한 관계 형성을 위해 사람들의 이름을 외우려고 하는 편이다.	☐	☐	☐	☐	☐	☐	☐

83

문항	답안 1					답안 2	
	①	②	③	④	⑤	멀다	가깝다
A. 새것보다는 옛것에서 배울 게 더 많다.	☐	☐	☐	☐	☐	☐	☐
B. 익숙한 것에서 매너리즘을 느끼곤 한다.	☐	☐	☐	☐	☐	☐	☐
C. 검증되지 않은 이론은 결코 수용할 수 없다.	☐	☐	☐	☐	☐	☐	☐
D. 함께 일할 사람을 1명만 뽑는다면 상상력·창의력이 높은 사람을 택하겠다.	☐	☐	☐	☐	☐	☐	☐

84

문항	답안 1					답안 2	
	①	②	③	④	⑤	멀다	가깝다
A. 남의 의견을 절대 참고하지 않는다.	☐	☐	☐	☐	☐	☐	☐
B. 누구하고나 허물없이 지내는 편이다.	☐	☐	☐	☐	☐	☐	☐
C. 남들의 썰렁한 농담도 웃어주는 편이다.	☐	☐	☐	☐	☐	☐	☐
D. 자신이 가장 잘 알고 있다고 생각해 남의 지적을 거의 수용하지 않는다.	☐	☐	☐	☐	☐	☐	☐

85

문항	답안 1					답안 2	
	①	②	③	④	⑤	멀다	가깝다
A. 일을 선택할 때는 일의 보람을 중시한다.	☐	☐	☐	☐	☐	☐	☐
B. 신중하게 생각하지 않고 행동으로 옮긴다.	☐	☐	☐	☐	☐	☐	☐
C. 일정을 세울 때 시간 낭비 없게 잡곤 한다.	☐	☐	☐	☐	☐	☐	☐
D. 자신은 능력이 부족하므로 많이 뜯어고쳐야 한다고 생각한다.	☐	☐	☐	☐	☐	☐	☐

86

문항	답안 1					답안 2	
	①	②	③	④	⑤	멀다	가깝다
A. 스트레스 관리를 잘하는 편이다.	☐	☐	☐	☐	☐	☐	☐
B. 망설이다가 결정을 내리지 못하곤 한다.	☐	☐	☐	☐	☐	☐	☐
C. 스트레스 받아도 남에게 화를 내지 않는다.	☐	☐	☐	☐	☐	☐	☐
D. 하찮은 일에도 신경질적으로 반응할 때가 많다.	☐	☐	☐	☐	☐	☐	☐

87

문항	답안 1					답안 2	
	①	②	③	④	⑤	멀다	가깝다
A. 자신의 존재를 과시해 주목받고 싶다.	☐	☐	☐	☐	☐	☐	☐
B. 매사에 유쾌와 재미를 찾으려 노력한다.	☐	☐	☐	☐	☐	☐	☐
C. 소극적이어서 자신을 잘 표현하지 못한다.	☐	☐	☐	☐	☐	☐	☐
D. 회의할 때 상급자의 의견을 최우선시하는 편이다.	☐	☐	☐	☐	☐	☐	☐

88

문항	답안 1					답안 2	
	①	②	③	④	⑤	멀다	가깝다
A. 예술은 내 삶에 영향을 끼치지 못한다.	☐	☐	☐	☐	☐	☐	☐
B. 특정 양식에 얽매이는 것은 진부해서 싫다.	☐	☐	☐	☐	☐	☐	☐
C. 권위에 의존하면 타성에 빠진다고 생각한다.	☐	☐	☐	☐	☐	☐	☐
D. 타인의 별것 아닌 행동에서는 깨달음을 얻을 수 없다고 생각한다.	☐	☐	☐	☐	☐	☐	☐

89

문항	답안 1					답안 2	
	①	②	③	④	⑤	멀다	가깝다
A. 성장과 분배 중에서는 분배가 우선이다.	☐	☐	☐	☐	☐	☐	☐
B. 타인의 칭찬이 아첨처럼 들릴 때가 있다.	☐	☐	☐	☐	☐	☐	☐
C. 붙임성이 없고 고집스럽다는 핀잔을 듣는다.	☐	☐	☐	☐	☐	☐	☐
D. 지나친 예절은 오히려 인간관계를 방해한다고 생각한다.	☐	☐	☐	☐	☐	☐	☐

90

문항	답안 1					답안 2	
	①	②	③	④	⑤	멀다	가깝다
A. 행동이 부주의하고 가볍다는 소리를 듣곤 한다.	☐	☐	☐	☐	☐	☐	☐
B. 어려운 일을 만나면 빨리 단념하는 편이다.	☐	☐	☐	☐	☐	☐	☐
C. 하늘은 스스로 돕는 자를 돕는다고 믿는다.	☐	☐	☐	☐	☐	☐	☐
D. 성공의 근본적 비결은 정성과 참됨, 꾸준함이라고 생각한다.	☐	☐	☐	☐	☐	☐	☐

91

문항	답안 1					답안 2	
	①	②	③	④	⑤	멀다	가깝다
A. 자신의 신세를 한탄하지 않는다.	☐	☐	☐	☐	☐	☐	☐
B. 평정심을 잃고 안절부절못하곤 한다.	☐	☐	☐	☐	☐	☐	☐
C. 스트레스를 받아도 잘 참는 편이다.	☐	☐	☐	☐	☐	☐	☐
D. 먼 미래에 대한 걱정으로 진정하지 못할 때가 종종 있다.	☐	☐	☐	☐	☐	☐	☐

92

문항	답안 1					답안 2	
	①	②	③	④	⑤	멀다	가깝다
A. 놀 때도 열정적으로 노는 편이다.	☐	☐	☐	☐	☐	☐	☐
B. 무인도에서 살고 싶을 때가 종종 있다.	☐	☐	☐	☐	☐	☐	☐
C. 여럿의 대표가 되는 일이 몹시 부담스럽다.	☐	☐	☐	☐	☐	☐	☐
D. 남들과 인사하는 것이 불필요하다고 생각하곤 한다.	☐	☐	☐	☐	☐	☐	☐

93

문항	답안 1					답안 2	
	①	②	③	④	⑤	멀다	가깝다
A. 창의적인 일을 좋아한다.	☐	☐	☐	☐	☐	☐	☐
B. 글솜씨가 별로 없는 편이다.	☐	☐	☐	☐	☐	☐	☐
C. 유머 코드가 진부하다는 핀잔을 듣곤 한다.	☐	☐	☐	☐	☐	☐	☐
D. 정해진 절차를 따르는 것보다는 자유로운 사고방식을 선호한다.	☐	☐	☐	☐	☐	☐	☐

94

문항	답안 1					답안 2	
	①	②	③	④	⑤	멀다	가깝다
A. 도덕과 윤리, 공정성 등을 몹시 중시한다.	☐	☐	☐	☐	☐	☐	☐
B. 남들과 시비를 가리기를 마다하지 않는다.	☐	☐	☐	☐	☐	☐	☐
C. 타인의 불행을 보면 애통함을 크게 느낀다.	☐	☐	☐	☐	☐	☐	☐
D. 협상에서는 상대를 굴복시키려면 주장을 강하게 전달해야 한다.	☐	☐	☐	☐	☐	☐	☐

95

문항	답안 1					답안 2	
	①	②	③	④	⑤	멀다	가깝다
A. 매사를 태평하게 보아 넘기는 편이다.	☐	☐	☐	☐	☐	☐	☐
B. 결심을 해도 생각을 바꾸는 일이 많다.	☐	☐	☐	☐	☐	☐	☐
C. 비교적 손재주가 있다는 평가를 받곤 한다.	☐	☐	☐	☐	☐	☐	☐
D. 성공한 사람의 첫 번째 덕목은 성실성이라고 생각한다.	☐	☐	☐	☐	☐	☐	☐

96

문항	답안 1					답안 2	
	①	②	③	④	⑤	멀다	가깝다
A. 때로는 공연한 불안에 휩싸이곤 한다.	☐	☐	☐	☐	☐	☐	☐
B. 낙담해도 금세 딛고 일어서는 편이다.	☐	☐	☐	☐	☐	☐	☐
C. 자신의 처지가 서럽다고 느낀 적이 없다.	☐	☐	☐	☐	☐	☐	☐
D. 예상하지 못한 상황과 맞닥뜨리면 잘 대처할 수 없을 것 같아 불안하다.	☐	☐	☐	☐	☐	☐	☐

97

문항	답안 1					답안 2	
	①	②	③	④	⑤	멀다	가깝다
A. 영향력이 보다 높은 사람이 되고 싶다.	☐	☐	☐	☐	☐	☐	☐
B. 부모님의 친구분을 접대하는 것이 귀찮다.	☐	☐	☐	☐	☐	☐	☐
C. 휴일에는 거의 집에만 틀어박혀 있곤 한다.	☐	☐	☐	☐	☐	☐	☐
D. 영화를 고를 때 액션이나 코미디 장르를 선호한다.	☐	☐	☐	☐	☐	☐	☐

98

문항	답안 1					답안 2	
	①	②	③	④	⑤	멀다	가깝다
A. 신선하고 독창적인 것을 선호한다.	☐	☐	☐	☐	☐	☐	☐
B. 지식과 교훈은 나의 흥미를 끌지 못한다.	☐	☐	☐	☐	☐	☐	☐
C. 독창적인 발상이 필요한 작업을 선호한다.	☐	☐	☐	☐	☐	☐	☐
D. 격식을 따르는 것에서 매너리즘을 느끼지 않는다.	☐	☐	☐	☐	☐	☐	☐

99

문항	답안 1					답안 2	
	①	②	③	④	⑤	멀다	가깝다
A. 윗사람을 대하는 태도가 자연스럽다.	☐	☐	☐	☐	☐	☐	☐
B. 나를 비난하는 사람은 피하는 편이다.	☐	☐	☐	☐	☐	☐	☐
C. 타인의 입에 발린 소리가 몹시 거슬린다.	☐	☐	☐	☐	☐	☐	☐
D. 타인과의 조화를 위해 남의 쓴소리를 겸허히 수용한다.	☐	☐	☐	☐	☐	☐	☐

100

문항	답안 1					답안 2	
	①	②	③	④	⑤	멀다	가깝다
A. 계획은 실천에 의해 검증된다고 생각한다.	☐	☐	☐	☐	☐	☐	☐
B. 계획을 세우지만 대부분 수포로 돌아간다.	☐	☐	☐	☐	☐	☐	☐
C. 주관과 의지가 부족하다는 평가를 받는다.	☐	☐	☐	☐	☐	☐	☐
D. 계획을 도중에 수정하지 않도록 미리 치밀한 계획을 세우는 편이다.	☐	☐	☐	☐	☐	☐	☐

101

문항	답안 1					답안 2	
	①	②	③	④	⑤	멀다	가깝다
A. 기분이 상해도 오래가지 않는다.	☐	☐	☐	☐	☐	☐	☐
B. 근거 없는 박탈감, 소외감을 느끼곤 한다.	☐	☐	☐	☐	☐	☐	☐
C. 조바심내지 않고 진득하게 기다릴 수 있다.	☐	☐	☐	☐	☐	☐	☐
D. 곤란한 상황에 처하면 시간을 돌리고 싶을 때가 많다.	☐	☐	☐	☐	☐	☐	☐

102

문항	답안 1					답안 2	
	①	②	③	④	⑤	멀다	가깝다
A. 모임에서 여론을 주도하는 편이다.	☐	☐	☐	☐	☐	☐	☐
B. 휴일에는 아무것도 하고 싶지 않다.	☐	☐	☐	☐	☐	☐	☐
C. 친구와 싸우면 낯설어져 거리를 두곤 한다.	☐	☐	☐	☐	☐	☐	☐
D. 반복적·규칙적 생활은 나에게 자극을 주지 못한다.	☐	☐	☐	☐	☐	☐	☐

103

문항	답안 1					답안 2	
	①	②	③	④	⑤	멀다	가깝다
A. 상상력이 있다는 말을 자주 듣는다.	☐	☐	☐	☐	☐	☐	☐
B. 액세서리에 맞춰 옷을 잘 골라 입는다.	☐	☐	☐	☐	☐	☐	☐
C. 슬픈 노래를 들어도 별다른 감흥이 없다.	☐	☐	☐	☐	☐	☐	☐
D. 착안하는 능력은 다소 부족해도 현실적인 사고에 능숙한 편이다.	☐	☐	☐	☐	☐	☐	☐

104

문항	답안 1					답안 2	
	①	②	③	④	⑤	멀다	가깝다
A. 타인의 충고를 기꺼이 받아들인다.	☐	☐	☐	☐	☐	☐	☐
B. 분란을 일으킨 상대와 금방 화해하곤 한다.	☐	☐	☐	☐	☐	☐	☐
C. 타인의 단점을 보면 우월감을 느끼곤 한다.	☐	☐	☐	☐	☐	☐	☐
D. 협상할 때는 상대와의 다툼이 불가피하다고 생각한다.	☐	☐	☐	☐	☐	☐	☐

105

문항	답안 1					답안 2	
	①	②	③	④	⑤	멀다	가깝다
A. 착수한 일은 어김없이 끝까지 추진한다.	☐	☐	☐	☐	☐	☐	☐
B. 융통성을 위해 업무 수칙을 어길 수 있다.	☐	☐	☐	☐	☐	☐	☐
C. 조직 내에서 행동파라는 평가를 받고 싶다.	☐	☐	☐	☐	☐	☐	☐
D. 성취를 위해 자신의 부족한 점은 반드시 고친다.	☐	☐	☐	☐	☐	☐	☐

106

문항	답안 1					답안 2	
	①	②	③	④	⑤	멀다	가깝다
A. 상심해도 금세 기운을 차리는 편이다.	☐	☐	☐	☐	☐	☐	☐
B. 예사로운 일에도 신경이 곤두서곤 한다.	☐	☐	☐	☐	☐	☐	☐
C. 광고를 보면 구매욕을 느껴 즉시 사곤 한다.	☐	☐	☐	☐	☐	☐	☐
D. 곤란한 문제를 만나도 합리적으로 대응할 수 있다고 생각한다.	☐	☐	☐	☐	☐	☐	☐

107

문항	답안 1					답안 2	
	①	②	③	④	⑤	멀다	가깝다
A. 작은 일에도 유쾌함을 크게 느낀다.	☐	☐	☐	☐	☐	☐	☐
B. 아무것도 하지 않고 오랫동안 가만히 있을 수 있다.	☐	☐	☐	☐	☐	☐	☐
C. 남들이 나를 추켜올리면 기분이 몹시 좋다.	☐	☐	☐	☐	☐	☐	☐
D. 평온하고 무난한 삶에서 깊은 사색을 즐기는 편이다.	☐	☐	☐	☐	☐	☐	☐

108

문항	답안 1					답안 2	
	①	②	③	④	⑤	멀다	가깝다
A. 포기하지 않고 노력하는 것이 중요하다.	☐	☐	☐	☐	☐	☐	☐
B. 자신의 권리를 주장하는 편이다.	☐	☐	☐	☐	☐	☐	☐
C. 진정으로 마음을 허락할 수 있는 사람은 없다.	☐	☐	☐	☐	☐	☐	☐
D. 친구들과 남의 이야기를 하는 것을 좋아한다.	☐	☐	☐	☐	☐	☐	☐

109

문항	답안 1					답안 2	
	①	②	③	④	⑤	멀다	가깝다
A. 자신의 소문에 관심을 기울인다.	☐	☐	☐	☐	☐	☐	☐
B. 옆에 사람이 있으면 싫다.	☐	☐	☐	☐	☐	☐	☐
C. 다른 사람에게 항상 움직이고 있다는 말을 듣는다.	☐	☐	☐	☐	☐	☐	☐
D. 모두가 싫증을 내는 일에도 혼자서 열심히 한다.	☐	☐	☐	☐	☐	☐	☐

110

문항	답안 1					답안 2	
	①	②	③	④	⑤	멀다	가깝다
A. 번화한 곳에 외출하는 것을 좋아한다.	☐	☐	☐	☐	☐	☐	☐
B. 여간해서 흥분하지 않는 편이다.	☐	☐	☐	☐	☐	☐	☐
C. 다른 사람보다 쉽게 우쭐해진다.	☐	☐	☐	☐	☐	☐	☐
D. 다른 사람의 감정에 민감하다.	☐	☐	☐	☐	☐	☐	☐

111

문항	답안 1					답안 2	
	①	②	③	④	⑤	멀다	가깝다
A. 사소한 일로 우는 일이 많다.	☐	☐	☐	☐	☐	☐	☐
B. 남을 배려하는 마음씨가 있다는 말을 듣는다.	☐	☐	☐	☐	☐	☐	☐
C. 매일 힘든 일이 너무 많다.	☐	☐	☐	☐	☐	☐	☐
D. 걱정거리가 생기면 머릿속에서 떠나지 않는 편이다.	☐	☐	☐	☐	☐	☐	☐

112

문항	답안 1					답안 2	
	①	②	③	④	⑤	멀다	가깝다
A. 난관에 봉착해도 포기하지 않고 열심히 한다.	☐	☐	☐	☐	☐	☐	☐
B. 휴식시간에도 일하고 싶다.	☐	☐	☐	☐	☐	☐	☐
C. 신경이 예민한 편이라고 생각한다.	☐	☐	☐	☐	☐	☐	☐
D. 해야 할 일은 신속하게 처리한다.	☐	☐	☐	☐	☐	☐	☐

113

문항	답안 1					답안 2	
	①	②	③	④	⑤	멀다	가깝다
A. 매사에 느긋하고 차분하다.	☐	☐	☐	☐	☐	☐	☐
B. 끙끙거리며 생각할 때가 있다.	☐	☐	☐	☐	☐	☐	☐
C. 하나의 취미를 오래 지속하는 편이다.	☐	☐	☐	☐	☐	☐	☐
D. 낙천가라고 생각한다.	☐	☐	☐	☐	☐	☐	☐

114

문항	답안 1					답안 2	
	①	②	③	④	⑤	멀다	가깝다
A. 시험 전에도 노는 계획이 세워진다.	☐	☐	☐	☐	☐	☐	☐
B. 돌다리도 두드리며 건너는 타입이라고 생각한다.	☐	☐	☐	☐	☐	☐	☐
C. 남보다 쉽게 우위에 서는 편이다.	☐	☐	☐	☐	☐	☐	☐
D. 토론에서 이길 자신이 있다.	☐	☐	☐	☐	☐	☐	☐

PART 4

면접

면접 유형 및 실전 대책

01   면접 주요사항

면접의 사전적 정의는 면접관이 지원자를 직접 만나보고 인품(人品)이나 언행(言行) 따위를 시험하는 일로, 흔히 필기시험 후에 최종적으로 심사하는 방법이다.

최근 주요 기업의 인사담당자들을 대상으로 채용 시 면접이 차지하는 비중을 설문조사했을 때, 50 ~ 80% 이상이라고 답한 사람이 전체 응답자의 80%를 넘었다. 이와 대조적으로 지원자들을 대상으로 취업 시험에서 면접을 준비하는 기간을 물었을 때, 대부분의 응답자가 2 ~ 3일 정도라고 대답했다.

지원자가 일정 수준의 스펙을 갖추기 위해 자격증 시험과 토익을 치르고 이력서와 자기소개서까지 쓰다 보면 면접까지 챙길 여유가 없는 것이 사실이다. 그리고 서류전형과 인적성검사를 통과해야만 면접을 볼 수 있기 때문에 자연스럽게 면접은 취업시험 과정에서 그 비중이 작아질 수밖에 없다. 하지만 아이러니하게도 실제 채용 과정에서 면접이 차지하는 비중은 절대적이라고 해도 과언이 아니다.

기업들은 채용 과정에서 토론 면접, 인성 면접, 프레젠테이션 면접, 역량 면접 등의 다양한 면접을 실시한다. 1차 커트라인이라고 할 수 있는 서류전형을 통과한 지원자들의 스펙이나 능력은 서로 엇비슷하다고 판단되기 때문에 서류상 보이는 자격증이나 토익 성적보다는 지원자의 인성을 파악하기 위해 면접을 더욱 강화하는 것이다. 일부 기업은 의도적으로 압박 면접을 실시하기도 한다. 지원자가 당황할 수 있는 질문을 던져서 그것에 대한 지원자의 반응을 살펴보는 것이다.

면접은 다르게 생각한다면 '나는 누구인가'에 대한 물음에 해답을 줄 수 있는 가장 현실적이고 미래적인 경험이 될 수 있다. 취업난 속에서 자격증을 취득하고 토익 성적을 올리기 위해 앞만 보고 달려온 지원자들은 자신에 대해서 고민하고 탐구할 수 있는 시간을 평소 쉽게 가질 수 없었을 것이다. 자신을 잘 알고 있어야 자신에 대해서 자신감 있게 말할 수 있다. 대체로 사람들은 자신에게 관대한 편이기 때문에 자신에 대해서 어떤 기대와 환상을 가지고 있는 경우가 많다. 하지만 면접은 제삼자에 의해 개인의 능력을 객관적으로 평가받는 시험이다. 어떤 지원자들은 다른 사람에게 자신을 표현하는 것을 어려워한다. 평소에 잘 사용하지 않는 용어를 내뱉으면서 거창하게 자신을 포장하는 지원자도 많다. 면접에서 가장 기본은 자기 자신을 면접관에게 알기 쉽게 표현하는 것이다.

이러한 표현을 바탕으로 자신이 앞으로 하고자 하는 것과 그에 대한 이유를 설명해야 한다. 최근에는 자신감을 향상시키거나 말하는 능력을 높이는 학원도 많기 때문에 얼마든지 자신의 단점을 극복할 수 있다.

1. 자기소개의 기술

자기소개를 시키는 이유는 면접자가 지원자의 자기소개서를 압축해서 듣고, 지원자의 첫인상을 평가할 시간을 가질 수 있기 때문이다. 면접을 위한 워밍업이라고 할 수 있으며, 첫인상을 결정하는 과정이므로 매우 중요한 순간이다.

(1) 정해진 시간에 자기소개를 마쳐야 한다.

쉬워 보이지만 의외로 지원자들이 정해진 시간을 넘기거나 혹은 빨리 끝내서 면접관에게 지적을 받는 경우가 많다. 본인이 면접을 받는 마지막 지원자가 아닌 이상, 정해진 시간을 지키지 않는 것은 수많은 지원자를 상대하기에 바쁜 면접관과 대기 시간에 지친 다른 지원자들에게 불쾌감을 줄 수 있다.

또한 회사에서 시간관념은 절대적인 것이므로 반드시 자기소개 시간을 지켜야 한다. 말하기는 1분에 200자 원고지 2장 분량의 글을 읽는 만큼의 속도가 가장 적당하다. 이를 A4 용지에 10point 글자 크기로 작성하면 반 장 분량이 된다.

(2) 간단하지만 신선한 문구로 자기소개를 시작하자.

요즈음 많은 지원자가 이 방법을 사용하고 있기 때문에 웬만한 소재의 문구가 아니면 면접관의 관심을 받을 수 없다. 이러한 문구는 시대적으로 유행하는 광고 카피를 패러디하는 경우와 격언 등을 인용하는 경우, 그리고 지원한 회사의 CI나 경영이념, 인재상 등을 사용하는 경우 등이 있다. 지원자는 이러한 여러 문구 중에 자신의 첫인상을 북돋아 줄 수 있는 것을 선택해서 말해야 한다. 자신의 이름을 문구 속에 적절하게 넣어서 말한다면 좀 더 효과적인 자기소개가 될 것이다.

(3) 무엇을 먼저 말할 것인지 고민하자.

면접관이 많이 던지는 질문 중 하나가 지원동기이다. 그래서 성장기를 바로 건너뛰고, 지원한 회사에 들어오기 위해 대학에서 어떻게 준비했는지를 설명하는 자기소개가 대세이다.

(4) 면접관의 호기심을 자극해 관심을 불러일으킬 수 있게 말하라.

면접관에게 질문을 많이 받는 지원자의 합격률이 반드시 높은 것은 아니지만, 질문을 전혀 안 받는 것보다는 좋은 평가를 기대할 수 있다. 질문을 받기 위해 면접관의 호기심을 자극할 수 있는 가장 좋은 방법은 대학생활을 이야기하면서 자신의 장기를 잠깐 넣는 것이다.

지원한 분야와 관련된 수상 경력이나 프로젝트 등을 말하는 것도 좋다. 이는 지원자의 업무 능력과 직접 연결되는 것이므로 효과적인 자기 홍보가 될 수 있다. 일부 지원자들은 자신만의 특별한 경험을 이야기하는데, 이때는 그 경험이 보편적으로 사람들의 공감대를 얻을 수 있는 것인지 다시 생각해봐야 한다.

(5) 마지막 고개를 넘기가 가장 힘들다.

첫 단추도 중요하지만, 마지막 단추도 중요하다. 하지만 왠지 격식을 따지는 인사말은 지나가는 인사말 같고, 다르게 하자니 예의에 어긋나는 것 같은 기분이 든다. 이때는 처음에 했던 자신만의 문구를 다시 한 번 말하는 것도 좋은 방법이다. 자연스러운 끝맺음이 될 수 있도록 적절한 연습이 필요하다.

2. 1분 자기소개 시 주의사항

(1) 자기소개서와 자기소개가 똑같다면 감점일까?

아무리 자기소개서를 외워서 말한다 해도 자기소개가 자기소개서와 완전히 똑같을 수는 없다. 자기소개서의 분량이 더 많고 회사마다 요구하는 필수 항목들이 있기 때문에 굳이 고민할 필요는 없다. 오히려 자기소개서의 내용을 잘 정리한 자기소개가 더 좋은 결과를 만들 수 있다. 하지만 자기소개서와 상반된 내용을 말하는 것은 적절하지 않다. 지원자의 신뢰성이 떨어진다는 것은 곧 불합격을 의미하기 때문이다.

(2) 말하는 자세를 바르게 익혀라.

지원자가 자기소개를 하는 동안 면접관은 지원자의 동작 하나하나를 관찰한다. 그렇기 때문에 바른 자세가 중요하다는 것은 우리가 익히 알고 있다. 하지만 문제는 무의식적으로 나오는 습관 때문에 자세가 흐트러져 나쁜 인상을 줄 수 있다는 것이다. 이러한 습관을 고칠 수 있는 가장 좋은 방법은 캠코더 등으로 자신의 모습을 담는 것이다. 거울을 사용할 경우에는 시선이 자꾸 자기 눈과 마주치기 때문에 집중하기 힘들다. 하지만 촬영된 동영상은 제삼자의 입장에서 자신을 볼 수 있기 때문에 많은 도움이 된다.

(3) 정확한 발음과 억양으로 자신 있게 말하라.

지원자의 모양새가 아무리 뛰어나도, 목소리가 작고 발음이 부정확하면 큰 감점을 받는다. 이러한 모습은 지원자의 좋은 점에까지 악영향을 끼칠 수 있다. 직장을 흔히 사회생활의 시작이라고 말하는 시대적 정서에서 사람들과 의사소통을 하는 데 문제가 있다고 판단되는 지원자는 부적절한 인재로 평가될 수밖에 없다.

3. 대화법

전문가들이 말하는 대화법의 핵심은 '상대방을 배려하면서 이야기하라.'는 것이다. 대화는 나와 다른 사람의 소통이다. 내용에 대한 공감이나 이해가 없다면 대화는 더 진전되지 않는다.

『카네기 인간관계론』이라는 베스트셀러의 작가인 철학자 카네기가 말하는 최상의 대화법은 자신의 경험을 토대로 이야기하는 것이다. 즉, 살아오면서 직접 겪은 경험이 상대방의 관심을 끌 수 있는 가장 좋은 이야깃거리인 것이다. 특히, 어떤 일을 이루기 위해 노력하는 과정에서 겪은 실패나 희망에 대해 진솔하게 얘기한다면 상대방은 어느새 당신의 편에 서서 그 이야기에 동조할 것이다.

독일의 사업가이자, 동기부여 트레이너인 위르겐 힐러의 연설법 중 가장 유명한 것은 '시즐(Sizzle)'을 잡는 것이다. 시즐이란, 새우튀김이나 돈가스가 기름에서 지글지글 튀겨질 때 나는 소리이다. 즉, 자신의 말을 듣고 시즐처럼 반응하는 상대방의 감정에 적절하게 대응하라는 것이다.

말을 시작한 지 10 ~ 15초 안에 상대방의 '시즐'을 알아차려야 한다. 자신의 이야기에 대한 상대방의 첫 반응에 따라 말하기 전략도 달라져야 한다. 첫 이야기의 반응이 미지근하다면 가능한 한 그 이야기를 빨리 마무리하고 새로운 이야깃거리를 생각해내야 한다. 길지 않은 면접 시간 내에 몇 번 오지 않는 대답의 기회를 살리기 위해서 보다 전략적이고 냉철해야 하는 것이다.

4. 차림새

(1) 구두

면접에 어떤 옷을 입어야 할지를 며칠 동안 고민하면서 정작 구두는 면접 보는 날 현관을 나서면서 즉흥적으로 신고 가는 지원자들이 많다. 특히, 남자 지원자들이 이러한 실수를 많이 한다. 구두를 보면 그 사람의 됨됨이를 알 수 있다고 한다. 면접관 역시 이러한 것을 놓치지 않기 때문에 지원자는 자신의 구두에 더욱 신경을 써야 한다. 스타일의 마무리는 발끝에서 이루어지는 것이다. 아무리 멋진 옷을 입고 있어도 구두가 어울리지 않는다면 전체 스타일이 흐트러지기 때문이다.

정장용 구두는 디자인이 깔끔하고, 에나멜 가공처리를 하여 광택이 도는 페이턴트 가죽 소재 제품이 무난하다. 검정 계열 구두는 회색과 감색 정장에, 브라운 계열의 구두는 베이지나 갈색 정장에 어울린다. 참고로 구두는 오전에 사는 것보다 발이 충분히 부은 상태인 저녁에 사는 것이 좋다. 마지막으로 당연한 일이지만 반드시 면접을 보는 전날 구두 뒤축이 닳지는 않았는지 확인하고 구두에 광을 내 둔다.

(2) 양말

양말은 정장과 구두의 색상을 비교해서 골라야 한다. 특히 검정이나 감색의 진한 색상의 바지에 흰 양말을 신는 것은 시대에 뒤처지는 일이다. 일반적으로 양말의 색깔은 바지의 색깔과 같아야 한다. 또한 양말의 길이도 신경 써야 한다. 남성의 경우에 의자에 바르게 앉거나 다리를 꼬아서 앉을 때 다리털이 보여서는 안 된다. 반드시 긴 정장 양말을 신어야 한다.

(3) 정장

지원자는 평소에 정장을 입을 기회가 많지 않기 때문에 면접을 볼 때 본인 스스로도 옷을 어색하게 느끼는 경우가 많다. 옷을 불편하게 느끼기 때문에 자세마저 불안정한 지원자도 볼 수 있다. 그러므로 면접 전에 정장을 입고 생활해 보는 것도 나쁘지는 않다.

일반적으로 면접을 볼 때는 상대방에게 신뢰감을 줄 수 있는 남색 계열의 옷이나 어떤 계절이든 무난하고 깔끔해 보이는 회색 계열의 정장을 많이 입는다. 정장은 유행에 따라서 재킷의 디자인이나 버튼의 개수가 바뀌기 때문에 특히 남성 지원자의 경우, 너무 오래된 옷을 입어서 아버지 옷을 빌려 입고 나온 듯한 인상을 주어서는 안 된다.

(4) 헤어스타일과 메이크업

헤어스타일에 자신이 없다면 미용실에 다녀오는 것도 좋은 방법이다. 지나치게 화려한 메이크업이 아니라면 보다 준비된 지원자처럼 보일 수 있다.

5. 첫인상

취업을 위해 성형수술을 받는 사람들에 대한 이야기는 더 이상 뉴스거리가 되지 않는다. 그만큼 많은 사람이 좁은 취업문을 뚫기 위해 이미지 향상에 신경을 쓰고 있다. 이는 면접관에게 좋은 첫인상을 주기 위한 것으로, 지원서에 올리는 증명사진을 이미지 프로그램을 통해 수정하는 이른바 '사이버 성형'이 유행하는 것과 같은 맥락이다. 실제로 외모가 채용 과정에서 영향을 끼치는가에 대한 설문조사에서도 60% 이상의 인사담당자들이 그렇다고 답변했다.

하지만 외모와 첫인상을 절대적인 관계로 이해하는 것은 잘못된 판단이다. 외모가 첫인상에서 많은 부분을 차지하지만, 외모 외에 다른 결점이 발견된다면 그로 인해 장점들이 가려질 수도 있다. 이러한 현상은 아래에서 다시 논하겠다.

첫인상은 말 그대로 한 번밖에 기회가 주어지지 않으며 몇 초 안에 결정된다. 첫인상을 결정짓는 요소 중 시각적인 요소가 80% 이상을 차지한다. 첫눈에 들어오는 생김새나 복장, 표정 등에 의해서 결정되는 것이다. 면접을 시작할 때 자기소개를 시키는 것도 지원자별로 첫인상을 평가하기 위해서이다. 첫인상이 중요한 이유는 만약 첫인상이 부정적으로 인지될 경우, 지원자의 다른 좋은 면까지 거부당하기 때문이다. 이러한 현상을 심리학에서는 초두효과(Primacy Effect)라고 한다.

한 번 형성된 첫인상은 여간해서 바꾸기 힘들다. 이는 첫인상이 나중에 들어오는 정보까지 영향을 주기 때문이다. 첫인상의 정보가 나중에 들어오는 정보 처리의 지침이 되는 것을 심리학에서는 맥락효과(Context Effect)라고 한다. 따라서 평소에 첫인상을 좋게 만들기 위한 노력을 꾸준히 해야만 하는 것이다.

좋은 첫인상이 반드시 외모에만 집중되는 것은 아니다. 오히려 깔끔한 옷차림과 부드러운 표정 그리고 말과 행동 등에 의해 전반적인 이미지가 만들어진다. 누구나 이러한 것 중에 한두 가지 단점을 가지고 있다. 요즘은 이미지 컨설팅을 통해서 자신의 단점들을 보완하는 지원자도 있다. 특히, 표정이 밝지 않은 지원자는 평소 웃는 연습을 의식적으로 하여 면접을 받는 동안 계속해서 여유 있는 표정을 짓는 것이 중요하다. 성공한 사람들은 인상이 좋다는 것을 명심하자.

1. 면접의 유형

과거 천편일률적인 일대일 면접과 달리 면접에는 다양한 유형이 도입되어 현재는 "면접은 이렇게 보는 것이다." 라고 말할 수 있는 정해진 유형이 없어졌다. 따라서 면접별로 어느 정도 유형을 파악하면 사전에 대비가 가능하다. 면접의 기본인 단독 면접부터, 다대일 면접, 집단 면접의 유형과 그 대책에 대해 알아보자.

(1) 단독 면접

단독 면접이란 응시자와 면접관이 1대1로 마주하는 형식을 말한다. 면접 위원 한 사람과 응시자 한 사람이 마주 앉아 자유로운 화제를 가지고 질의응답을 되풀이하는 방식이다. 이 방식은 면접의 가장 기본적인 방법으로 소요시간은 10 ~ 20분 정도가 일반적이다.

① 장점

필기시험 등으로 판단할 수 없는 성품이나 능력을 알아내는 데 가장 적합하다고 평가받아 온 면접방식으로 응시자 한 사람 한 사람에 대해 여러 면에서 비교적 폭넓게 파악할 수 있다. 응시자의 입장에서는 한 사람의 면접관만을 대하는 것이므로 상대방에게 집중할 수 있으며, 긴장감도 다른 면접방식에 비해서는 적은 편이다.

② 단점

면접관의 주관이 강하게 작용해 객관성을 저해할 소지가 있으며, 면접 평가표를 활용한다 하더라도 일면적인 평가에 그칠 가능성을 배제할 수 없다. 또한 시간이 많이 소요되는 것도 단점이다.

> **단독 면접 준비 Point**
>
> 단독 면접에 대비하기 위해서는 평소 1대1로 논리 정연하게 대화를 나눌 수 있는 능력을 기르는 것이 중요하다. 그리고 면접장에서는 면접관을 선배나 선생님 혹은 아버지를 대하는 기분으로 면접에 임하는 것이 부담도 훨씬 적고 실력을 발휘할 수 있는 방법이 될 것이다.

(2) 다대일 면접

다대일 면접은 일반적으로 가장 많이 사용되는 면접방법으로 보통 2 ~ 5명의 면접관이 1명의 응시자에게 질문하는 형태의 면접방법이다. 면접관이 여러 명이므로 다각도에서 질문을 하여 응시자에 대한 정보를 많이 알아낼 수 있다는 점 때문에 선호하는 면접방법이다.

하지만 응시자의 입장에서는 질문도 면접관에 따라 각양각색이고 동료 응시자가 없으므로 숨 돌릴 틈도 없게 느껴진다. 또한 관찰하는 눈도 많아서 조그만 실수라도 지나치는 법이 없기 때문에 정신적 압박과 긴장감이 높은 면접방법이다. 따라서 응시자는 긴장을 풀고 한 시험관이 묻더라도 면접관 전원을 향해 대답한다는 느낌으로 또박또박 대답하는 자세가 필요하다.

① 장점

면접관이 집중적인 질문과 다양한 관찰을 통해 응시자가 과연 조직에 필요한 인물인가를 완벽히 검증할 수 있다.

② 단점

면접 시간이 보통 10~30분 정도로 좀 긴 편이고 응시자에게 지나친 긴장감을 조성하는 면접방법이다.

(3) 집단 면접

집단 면접은 다수의 면접관이 여러 명의 응시자를 한꺼번에 평가하는 방식으로 짧은 시간에 능률적으로 면접을 진행할 수 있다. 각 응시자에 대한 질문내용, 질문횟수, 시간배분이 똑같지는 않으며, 모두에게 같은 질문이 주어지기도 하고, 각각 다른 질문을 받기도 한다.

또한 어떤 응시자가 한 대답에 대한 의견을 묻는 등 그때그때의 분위기나 면접관의 의향에 따라 변수가 많다. 집단 면접은 응시자의 입장에서는 개별 면접에 비해 긴장감은 다소 덜한 반면에 다른 응시자들과의 비교가 확실하게 나타나므로 응시자는 몸가짐이나 표현력·논리성 등이 결여되지 않도록 자신의 생각이나 의견을 솔직하게 발표하여 집단 속에 묻히거나 밀려나지 않도록 주의해야 한다.

① 장점

집단 면접의 장점은 면접관이 응시자 한 사람에 대한 관찰시간이 상대적으로 길고, 비교 평가가 가능하기 때문에 결과적으로 평가의 객관성과 신뢰성을 높일 수 있다는 점이며, 응시자는 동료들과 함께 면접을 받기 때문에 긴장감이 다소 덜하다는 것을 들 수 있다. 또한 동료가 답변하는 것을 들으며, 자신의 답변 방식이나 자세를 조정할 수 있다는 것도 큰 이점이다.

② 단점

응답하는 순서에 따라 응시자마다 유리하고 불리한 점이 있고, 면접 위원의 입장에서는 각각의 개인적인 문제를 깊게 다루기가 곤란하다는 것이 단점이다.

(4) 집단 토론식 면접

집단 토론식 면접은 집단 면접과 형태는 유사하지만 질의응답이 아니라 응시자들끼리의 토론이 중심이 되는 면접방법으로 최근 들어 급증세를 보이고 있다. 이는 공통의 주제에 대해 다양한 견해들이 개진되고 결론을 도출하는 과정, 즉 토론을 통해 응시자의 다양한 면에 대한 평가가 가능하다는 집단 토론식 면접의 장점이 널리 확산된 데 따른 것으로 보인다. 사실 집단 토론식 면접을 활용하면 주제와 관련된 지식 정도와 이해력, 판단력, 설득력, 협동성은 물론 리더십, 조직 적응력, 적극성과 대인관계 능력 등을 쉽게 파악할 수 있다.

토론식 면접에서는 자신의 의견을 명확히 제시하면서도 상대방의 의견을 경청하는 토론의 기본자세가 필수적이며, 지나친 경쟁심이나 자기 과시욕은 접어두는 것이 좋다. 또한 집단 토론의 목적이 결론을 도출해 나가는 과정에 있다는 것을 감안하여 무리하게 자신의 주장을 관철시키기보다 오히려 토론의 질을 높이는 데 기여하는 것이 좋은 인상을 줄 수 있다는 점을 알아야 한다. 취업 희망자들은 토론식 면접이 급속도로 확산되는 추세임을 감안해 특히 철저한 준비를 해야 한다. 평소에 신문의 사설이나 매스컴 등의 토론 프로그램을 주의 깊게 보면서 논리 전개방식을 비롯한 토론 과정을 익히도록 하고, 친구들과 함께 간단한 주제를 놓고 토론을 진행해 볼 필요가 있다. 또한 사회·시사문제에 대해 자기 나름대로의 관점을 정립해두는 것도 꼭 필요하다.

(5) PT 면접

PT 면접, 즉 프레젠테이션 면접은 최근 들어 집단 토론 면접과 더불어 그 활용도가 점차 커지고 있다. PT 면접은 기업마다 특성이 다르고 인재상이 다른 만큼 인성 면접만으로는 알 수 없는 지원자의 문제해결 능력, 전문성, 창의성, 기본 실무능력, 논리성 등을 관찰하는 데 중점을 두는 면접으로, 지원자 간의 변별력이 높아 대부분의 기업에서 적용하고 있으며, 확산되는 추세이다.

면접 시간은 기업별로 차이가 있지만, 전문지식, 시사성 관련 주제를 제시한 다음, 보통 20~50분 정도 준비하여 5분가량 발표할 시간을 준다. 면접관과 지원자의 단순한 질의응답식이 아닌, 주제에 대해 일정 시간 동안 지원자의 발언과 발표하는 모습 등을 관찰하게 된다. 정확한 답이나 지식보다는 논리적 사고와 의사표현력이 더 중시되기 때문에 자신의 생각을 어떻게 설명하느냐가 매우 중요하다.

PT 면접에서 같은 주제라도 직무별로 평가요소가 달리 나타난다. 예를 들어, 영업직은 설득력과 의사소통 능력에 중점을 둘 수 있겠고, 관리직은 신뢰성과 창의성 등을 더 중요하게 평가한다.

PT 면접 준비 Point

- 면접관의 관심과 주의를 집중시키고, 발표 태도에 유의한다.
- 모의 면접이나 거울 면접으로 미리 점검한다.
- PT 내용은 세 가지 정도로 정리해서 말한다.
- PT 내용에는 자신의 생각이 담겨 있어야 한다.
- PT 중간에 자문자답 방식을 활용한다.
- 평소 지원하는 업계의 동향이나 직무에 대한 전문지식을 쌓아둔다.
- 부적절한 용어 사용이나 무리한 주장 등은 하지 않는다.

(6) 합숙 면접

합숙 면접은 대체로 1박 2일이나 2박 3일 동안 해당 기업의 연수원이나 수련원 등에서 이루어지는 면접으로, 평가 항목으로는 PT 면접, 토론 면접, 인성 면접 등을 기본으로 새벽등산, 레크리에이션, 게임 등 다양한 형태로 진행된다. 경쟁자들과 함께 생활하고 협동해야 하는 만큼 스트레스도 많이 받는 경우가 허다하다.

모든 지원자를 하루 동안 평가하게 되므로 지원자 1명을 평가하는 데 걸리는 시간은 짧게는 5분에서 길게는 1시간 이상 정도인데, 이 시간으로는 지원자를 제대로 평가하기에는 한계가 있다. 합숙 면접은 24시간 이상을 지원자와 면접관이 함께 생활하면서 다양한 프로그램을 통해 지원자의 역량을 폭넓게 평가할 수 있기 때문에 기업에서는 합숙 면접을 선호한다. 대체로 은행, 증권 등 금융권에서 합숙 면접을 통해 지원자의 의도되고 꾸며진 모습 외에 창의력, 의사소통 능력, 협동심, 책임감, 리더십 등 다양한 모습을 평가하였지만, 최근에는 기업에서도 많이 실시되고 있다.

합숙 면접에서 좋은 점수를 얻기 위해서는 무엇보다 팀워크를 중시하는 모습을 보여야 한다. 합숙 면접은 일반 면접과는 달리 개인보다는 그룹별로 과제가 주어지고 해결해야 하므로 조원 또는 동료와 얼마나 잘 어울리느냐가 중요한 평가기준이 된다. 장시간에 걸쳐 평가하기 때문에 힘든 부분도 있지만, 지원자들이 지쳐 있거나 당황하고 있는 사이에도 면접관들은 지원자들의 조직 적응력, 적극성, 사회성, 친화력 등을 꼼꼼하게 체크하기 때문에 잠시도 긴장을 늦춰서는 안 된다.

2. 면접의 실전 대책

(1) 면접 대비사항

① 지원 회사에 대한 사전지식을 충분히 준비한다.

필기시험에서 합격 또는 서류전형에서의 합격통지가 온 후 면접시험 날짜가 정해지는 것이 보통이다. 이때 수험자는 면접시험을 대비해 사전에 자기가 지원한 계열사 또는 부서에 대해 폭넓은 지식을 준비할 필요가 있다.

> **지원 회사에 대해 알아두어야 할 사항**
>
> • 회사의 연혁
> • 회장 또는 사장의 이름, 출신학교, 관심사
> • 회장 또는 사장이 요구하는 신입사원의 인재상
> • 회사의 사훈, 사시, 경영이념, 창업정신
> • 회사의 대표적 상품, 특색
> • 업종별 계열회사의 수
> • 해외지사의 수와 그 위치
> • 신 개발품에 대한 기획 여부
> • 자기가 생각하는 회사의 장·단점
> • 회사의 잠재적 능력개발에 대한 제언

② 충분한 수면을 취한다.

충분한 수면으로 안정감을 유지하고 첫 출발의 상쾌한 마음가짐을 갖는다.

③ 얼굴을 생기 있게 한다.

첫인상은 면접에 있어서 가장 결정적인 당락요인이다. 면접관에게 좋은 인상을 줄 수 있도록 화장하는 것도 필요하다. 면접관들이 가장 좋아하는 인상은 얼굴에 생기가 있고 눈동자가 살아 있는 사람, 즉 기가 살아 있는 사람이다.

④ 아침에 인터넷 뉴스를 읽고 간다.

그날의 뉴스가 질문 대상에 오를 수가 있다. 특히 경제면, 정치면, 문화면 등을 유의해서 볼 필요가 있다.

출발 전 확인할 사항

이력서, 자기소개서, 지갑, 신분증(주민등록증), 손수건, 휴지, 노트, 볼펜, 예비스타킹 등을 준비하자.

(2) 면접 시 옷차림

면접에서 옷차림은 간결하고 단정한 느낌을 주는 것이 가장 중요하다. 색상과 디자인 면에서 지나치게 화려한 색상이나, 노출이 심한 디자인은 자칫 면접관의 눈살을 찌푸리게 할 수 있다. 단정한 차림을 유지하면서 자신만의 독특한 멋을 연출하는 것, 지원하는 회사의 분위기를 파악했다는 센스를 보여주는 것 또한 코디네이션의 포인트이다.

복장 점검

• 구두는 잘 닦여 있는가?
• 옷은 깨끗이 다려져 있으며 스커트 길이는 적당한가?
• 손톱은 길지 않고 깨끗한가?
• 머리는 흐트러짐 없이 단정한가?

(3) 면접 요령

① 첫인상을 중요시한다.

상대에게 인상을 좋게 주지 않으면 어떠한 얘기를 해도 이쪽의 기분이 충분히 전달되지 않을 수 있다. 예를 들어, '저 친구는 표정이 없고 무엇을 생각하고 있는지 전혀 알 길이 없다.'처럼 생각되면 최악의 상태이다. 우선 청결한 복장, 바른 자세로 침착하게 들어가야 한다. 건강하고 신선한 이미지를 주어야 하기 때문이다.

② 좋은 표정을 짓는다.

얘기를 할 때의 표정은 중요한 사항의 하나다. 거울 앞에서 웃는 연습을 해본다. 웃는 얼굴은 상대를 편안하게 하고, 특히 면접 등 긴박한 분위기에서는 천금의 값이 있다 할 것이다. 그렇다고 하여 항상 웃고만 있어서는 안 된다. 자기의 할 얘기를 진정으로 전하고 싶을 때는 진지한 얼굴로 상대의 눈을 바라보며 얘기한다. 면접을 볼 때 눈을 감고 있으면 마이너스 이미지를 주게 된다.

③ 결론부터 이야기한다.

자기의 의사나 생각을 상대에게 정확하게 전달하기 위해서 먼저 무엇을 말하고자 하는가를 명확히 결정해 두어야 한다. 대답을 할 경우에는 결론을 먼저 이야기하고 나서 그에 따른 설명과 이유를 덧붙이면 논지(論旨)가 명확해지고 이야기가 깔끔하게 정리된다.

한 가지 사실을 이야기하거나 설명하는 데는 3분이면 충분하다. 복잡한 이야기라도 어느 정도의 길이로 요약해서 이야기하면 상대도 이해하기 쉽고 자기도 정리할 수 있다. 긴 이야기는 오히려 상대를 불쾌하게 할 수가 있다.

④ 질문의 요지를 파악한다.

면접 때의 이야기는 간결성만으로는 부족하다. 상대의 질문이나 이야기에 대해 적절하고 필요한 대답을 하지 않으면 대화는 끊어지고 자기의 생각도 제대로 표현하지 못하여 면접자로 하여금 수험생의 인품이나 사고방식 등을 명확히 파악할 수 없게 한다. 무엇을 묻고 있는지, 무슨 이야기를 하고 있는지 그 요점을 정확히 알아내야 한다.

면접에서 고득점을 받을 수 있는 성공요령

1. 자기 자신을 겸허하게 판단하라.
2. 지원한 회사에 대해 100% 이해하라.
3. 실전과 같은 연습으로 감각을 익히라.
4. 단답형 답변보다는 구체적으로 이야기를 풀어나가라.
5. 거짓말을 하지 말라.
6. 면접하는 동안 대화의 흐름을 유지하라.
7. 친밀감과 신뢰를 구축하라.
8. 상대방의 말을 성실하게 들으라.
9. 근로조건에 대한 이야기를 풀어나갈 준비를 하라.
10. 끝까지 긴장을 풀지 말라.

삼양그룹 실제 면접

1. 삼양그룹 면접 기출

(1) 1차 면접

실무진과 함께하는 면접으로 PT 면접, 직무적성 면접으로 구성된다.

① PT 면접 : 두 가지의 주제 중 본인이 하고 싶은 하나의 주제를 택할 수 있으며 입실 1시간 전에 문제지가 배부된다. 60분의 준비시간과 5분의 발표시간이 주어진다.

② 직무적성 면접 : PT 면접 후에 바로 이어지는 면접으로 실무진들이 개인이력과 자기소개를 바탕으로 기술 및 인성에 대해 질문하는 방식으로 진행된다.

(2) 2차 면접(다대일)

임원 면접으로 10분간 진행된다. 직무적성 면접과 마찬가지로 기술 및 인성에 대해 질문하는 방식

(3) 삼양 MY WAY

입사지원서에 없는 지원자의 가치관을 평가하는 것으로 1차 면접 직전이나 종료 후에 작성시간이 주어진다.

- 대인관계에서 가장 불행했던 경험 / 행복했던 경험을 작성하시오.
- 인생에서 가장 불행했던 기억 / 행복했던 기억을 작성하시오.
- 힘들었던 기억을 작성하시오.
- 버킷리스트 5가지를 작성하시오.
- 나의 가치관 3가지를 작성하시오.
- 직무수행에 필요한 나의 역량 3가지를 작성하시오.
- 직무수행에 있어 부족한 점 3가지와 보완 계획을 작성하시오.
- 우리나라 역사 중 가장 중요하다고 생각하는 사건 한 가지와 선정 이유, 의의 결과를 작성하시오.
- 해당 직무에서 가장 중요하다고 생각하는 역량을 작성하시오.

(4) 면접 기출 질문

- 당사 제품 및 서비스를 이용해 본 적이 있는지 말해보시오.
- 삼양그룹은 구체적으로 어떤 사업을 하는 회사인지 말해보시오.
- 삼양그룹의 경쟁사에 대하여 말해보시오.
- 삼양그룹의 가치 중 자신과 가장 부합하다고 생각하는 가치에 대하여 말해보시오.
- 삼양그룹에 지원하게 된 동기와 지원한 분야에 본인이 적합하다고 판단할 수 있는 이유를 말해보시오.
- 4차 산업혁명으로 인해 가장 먼저 타격을 입을 우리 회사 사업은 무엇이라고 생각하는가?
- 삼양그룹의 지주회사와 계열사에 대하여 아는 대로 말해보시오.
- MZ세대에게 인상 깊은 회사가 되기 위해서 갖춰야 할 역량에는 무엇이 있는지 말해보시오.
- 한국의 노사관계에 대해 어떻게 생각하는지 말해 보시오.
- 베르누이 법칙에 대해서 설명해 보시오.
- 가장 최근에 구매했거나 접해본 제품 또는 서비스가 있는지 말해보시오..
- 보일 – 샤를의 법칙에 대해서 설명해 보시오.
- 자신의 장단점을 말해보시오.
- 열경화성 고분자와 열가소성 고분자를 정의하고 종류를 말해보시오.
- 밀가루 공장에서 분진폭발이 일어났다. 왜 일어났으며 어떻게 하면 막을 수 있겠는가?
- 사회적 환원을 위해 삼양그룹이 할 수 있는 사업에는 무엇이 있을지 말해보시오.
- 석유화학의 계통도를 설명해 보시오.
- 실제로 우리 회사 제품을 마트에서 보고 느낀 점에 대해서 말해보시오.
- 생산관리라는 직무는 실제로 같은 일을 반복하는 경우가 많다. 오랜 기간 일하면 지겹지 않겠는가?

※ 면접전형과 방법 등은 공고 및 계열사의 전형 방법에 따라 달라질 수 있으니 반드시 해당 공고를 확인하기 바랍니다.

앞선 정보 제공! 도서 업데이트

언제, 왜 업데이트될까?

도서의 학습 효율을 높이기 위해 자료를 추가로 제공할 때!
공기업 · 대기업 필기시험에 변동사항 발생 시 정보 공유를 위해!
공기업 · 대기업 채용 및 시험 관련 중요 이슈가 생겼을 때!

01 시대에듀 도서
www.sdedu.co.kr/book
홈페이지 접속

02 상단 카테고리
「도서업데이트」
클릭

03 해당
기업명으로
검색

참고자료, 시험 개정사항 등 정보 제공으로 학습효율을 높여 드립니다.

시대에듀
대기업 인적성검사
시리즈

신뢰와 책임의 마음으로 수험생 여러분에게 다가갑니다.

대기업 인적성 "기본서" 시리즈

대기업 취업 기초부터 합격까지! 취업의 문을 여는
Master Key!

2025
최신판

SDC

판매량
1위
YES24 삼양그룹
부문

삼양
그룹

온라인 인적성검사

정답 및 해설

최신기출유형＋모의고사 3회

편저 | SDC(Sidae Data Center)

유형분석 및 모의고사로
최종합격까지

한 권으로
마무리!

SDC

SDC는 시대에듀 데이터 센터의 약자로
약 30만 개의 NCS · 적성 문제 데이터를
바탕으로 최신 출제경향을 반영하여
문제를 출제합니다.

시대에듀

PART 1
대표기출유형

끝까지 책임진다! 시대에듀!

QR코드를 통해 도서 출간 이후 발견된 오류나 개정법령, 변경된 시험 정보, 최신기출문제, 도서 업데이트 자료 등이 있는지 확인해 보세요! **시대에듀 합격 스마트 앱**을 통해서도 알려 드리고 있으니 구글 플레이나 앱 스토어에서 다운받아 사용하세요. 또한, 파본 도서인 경우에는 구입하신 곳에서 교환해 드립니다.

CHAPTER

01 언어비평

대표기출유형 01 | 기출응용문제

01

매출액이 가장 많은 것은 샌드위치이다. 나머지 세 가지 중에서는 와플이 가장 적게 팔리고, 가격이 가장 낮으므로 매출액이 가장 적은 것은 와플이다. 남은 것은 커피와 주스인데 가격은 같고 커피가 더 많이 팔리므로 커피는 두 번째로, 주스는 세 번째로 매출액이 많다. 따라서 참이다.

02

와플은 가격이 가장 낮고 팔리는 개수는 두 번째로 적지만 팔리는 개수가 제일 적은 샌드위치가 총매출액이 제일 높으므로 와플의 매출액이 가장 적다. 그에 반해 커피는 주스와 가격이 같지만 더 많이 팔리기 때문에 두 번째로 매출액이 높다. 따라서 커피와 와플의 매출액이 같을 수는 없다.

03

커피의 가격이 두 배로 오른다고 해도 샌드위치의 가격을 알지 못하기 때문에 알 수 없다.

04

두 번째 조건에 의해 A와 D는 1층과 6층에 입주할 수밖에 없다. 이때 A는 B보다 아래층에 있으므로 A는 1층이다.

05

A는 1층이고 D는 6층일 때, C가 4층이라면 B는 C보다 아래층이고 D는 E와 인접할 수 없으므로 5층에 입주할 수 있는 회사는 F뿐이다. 따라서 참이다.

06

A가 1층, F가 5층, D가 6층이고 B는 C보다 아래층이다. 따라서 C는 3층일 수도, 4층일 수도 있으므로 알 수 없다.

07

정답 ①

1등은 갑이고, 2등은 을이 아니며 병이 정과 무보다 빠르므로 병이다. 을은 3등, 4등 또는 5등이므로 2등인 병보다 늦게 들어왔다. 따라서 참이다.

08

정답 ③

1등은 갑이고, 2등은 병이다. 을과 정이 3등, 4등 또는 5등인데 누가 더 늦게 들어왔는지 알 수 없다.

09

정답 ②

이들의 달리기 순위는 갑 – 병 – 정 – 무 – 을, 갑 – 병 – 을 – 무 – 정, 갑 – 병 – 무 – 정 – 을, 갑 – 병 – 무 – 을 – 정 총 4가지가 나올 수 있고, 그중 3등은 정이 1번, 을이 1번, 무가 2번이다. 따라서 3등을 했을 확률이 가장 높은 사람은 무이다.

10

정답 ①

병은 감자를 받지 않았다. 이때 옥수수는 갑과 을에게 주어졌으므로 병은 고구마를 받았다. 두 개의 고구마는 병과 을 두 명에게 주어졌다. 따라서 아무것도 받지 못한 사람은 없으므로 정은 감자를 받았을 것이다.

11

정답 ①

두 개의 옥수수 중 하나는 갑이 받았고 나머지 하나는 을이나 정이 받게 된다. 그리고 병은 감자를 받지 않았기 때문에 병은 어떤 상황에서도 반드시 고구마를 받게 된다.

12

정답 ②

을이 옥수수를 받았다면 을은 이미 고구마와 옥수수 두 가지를 받은 상태이다. 정은 감자를 받았고 같은 작물을 두 개 받을 수는 없다. 이때 병은 감자를 받지 않았기 때문에 남은 갑이 감자를 받게 된다. 따라서 거짓이다.

13

정답 ①

'A카페에 간다.'를 p, '타르트를 주문한다.'를 q, '빙수를 주문한다.'를 r, '아메리카노를 주문한다.'를 s라고 하면, $p \rightarrow q \rightarrow \sim r$, $p \rightarrow q \rightarrow s$의 관계가 성립한다.
'A카페에 가면 아메리카노를 주문한다.'는 참인 명제이므로 그 대우인 '아메리카노를 주문하지 않으면 A카페에 가지 않았다는 것이다.'도 참이다.

14

정답 ③

$p \rightarrow s$의 역으로, 참인 명제의 역은 참일 수도, 거짓일 수도 있다. 따라서 알 수 없다.

15

정답 ③

$r \rightarrow \sim q$의 이이므로, 참인 명제의 이는 참일 수도, 거짓일 수도 있다. 따라서 알 수 없다.

16

첫 번째, 두 번째 조건에 따라 서영이가 좋아하는 순서대로 과목을 나열하면 국어 – 사회 – 수학이다. 나머지 조건을 이용하여 정리하면 다음과 같다.

구분	1	2	3	4	5
경우 1	국어	사회	과학	수학	영어
경우 2	국어	사회	과학	영어	수학
경우 3	국어	사회	영어	과학	수학

따라서 서영이는 영어보다 수학을 좋아할 수도, 그렇지 않을 수도 있으므로 알 수 없다.

17

서영이는 모든 경우에 국어를 가장 좋아한다. 따라서 참이다.

18

서영이는 경우 1의 경우에만 영어를 가장 싫어한다. 따라서 알 수 없다.

대표기출유형 02 | 기출응용문제

01

제시문에 일본인과 관련한 내용은 나타나 있지 않다.

02

제시문에 국제우주정거장 건설에 소요된 비용이 200조 원에 달하였다고 나와 있다.

03

제시문에 미국, 유럽, 러시아, 일본 등 16개국이 참여했다고만 나와 있을 뿐, 한국에 대한 언급은 없으므로 알 수 없다.

04

아인슈타인이 주장한 광량자설은 빛이 파동이면서 동시에 입자인 이중적인 본질을 가지고 있다는 것을 의미하므로 참이다.

05

뉴턴의 가설은 그의 권위에 의해 오랫동안 정설로 여겨졌지만, 토머스 영의 겹실틈 실험에 의해 빛의 파동설이 증명되었다.

06

일자 형태의 띠가 두 개 나타나면 빛은 입자임이 맞으나, 겹실틈 실험 결과 보강 간섭이 일어난 곳은 밝아지고 상쇄 간섭이 일어난 곳은 어두워지는 간섭무늬가 연속적으로 나타났다.

07

정답 ②

제시문에서 새로운 사회의 도래는 베블런의 과시소비이론으로 설명하기 어려운 소비행태인 상류층이 '아래로 내려가는 현상'을 가져왔다고 언급하고 있다.

08

정답 ①

제시문에 따르면 현대 사회에서는 서민들이 사치품을 쓸 수 있게 되었기 때문에 더 이상 사치품의 사용이 상류층을 표시하는 상징이 될 수 없으므로, 상류층은 서민들과 구별되기 위해 오히려 아래로 내려가는 소비행태를 보인다. 따라서 서민들의 사치품 소비로 인해 오히려 상류층은 사치품 소비를 지양한다.

09

정답 ③

서민들이 사치스러운 생활을 한다고 해서 물질만능주의가 가속화되는지 아닌지는 제시문의 내용만으로 알 수 없다.

10

정답 ①

A와 B는 하루 안에 거래를 마쳐야 할 정도로 빨리 시드는 청과물을 생산한다. 따라서 도매시장에 도착해서 거래가 끝날 때까지도 최소 하루가 걸리는 '경매' 방식을 가장 기피한다. 또한 A는 안정된 가격에 팔기 원하기 때문에 가격변동이 발생하지 않는 '밭떼기' 방식을 가장 선호하고, B는 가격의 변동을 이용하여 평균가격보다 높게 팔려고 하기 때문에 '수의계약' 방식을 가장 선호한다.

11

정답 ②

A, B와 다르게 C, D는 거래에 일주일 이상의 여유가 있으므로 '경매' 방식도 가능하다. 이때 두 명 모두 가격의 변동을 이용하여 평균가격보다 높게 팔려고 하는 성향이 있으므로, '밭떼기' 방식을 가장 기피한다. 또한 이러한 성향의 정도가 동일하다고 했으므로, 두 명이 가장 선호하는 거래 방식은 같다.

12

정답 ②

농장이 가장 먼 곳이라도 도매시장까지 6시간이면 도착한다. 또한 C와 D가 생산하는 청과물은 빨리 시들지 않아 거래에 일주일 이상의 여유가 있다. 따라서 청과물의 품질 하락으로 인한 손실 가능성이 가장 적은 농가는 C와 D이다.

13

정답 ③

제시문에서 현대인들의 돌연사 원인에 대해 언급하고 있지만, 과거 전통적 사회에서 돌연사가 존재하지 않았는지는 알 수 없다.

14

정답 ②

제시문에서 돌연사의 특징으로 외부의 타격이 없다는 점을 꼽고 있다.

15

정답 ③

제시문에 따르면 돌연사의 원인이 분명하지는 않지만, 규칙적이고 건강한 삶을 통해 발생 비율을 낮출 수 있다고 하였다. 그러나 완벽한 예방이 가능한지는 알 수 없다.

16 정답 ②

제시문에서 적립식을 중심으로 중장기 수요 기반이 확충되면서 나타난 현상은 기관 투자자의 주식 보유 비중 확대와 매매회전율 하락이라고 하였다.

17 정답 ③

제시문을 통해 개인 투자자의 매수 여부를 알 수 없다.

18 정답 ②

기관 투자자 매수가 지속되면서 나타난 현상은 일평균 거래량이 현저하게 줄어들기 시작했음을 알 수 있다.

대표기출유형 01 기출응용문제

01

7월과 9월에는 COD가 DO보다 많았다.

오답분석

①·② 자료를 통해 확인할 수 있다.

④ 7월 대비 12월 소양강댐의 BOD 감소율은 $\dfrac{2.2-1.4}{2.2} \times 100 ≒ 36.36\%$이다. 따라서 7월 대비 12월 소양강댐의 BOD 감소율은

30% 이상이다.

⑤ DO는 4월에 가장 많았고, 9월에 가장 적었다. 이때의 차는 $12.1-6.4=5.7$mg/L이다.

02

서비스 품질 5가지 항목의 점수와 서비스 쇼핑 체험 점수를 비교해보면, 모든 대형마트에서 서비스 쇼핑 체험 점수가 가장 낮으므로 서비스 쇼핑 체험 부문의 만족도는 서비스 품질 부문들보다 낮다는 것을 알 수 있다. 한편, 서비스 쇼핑 체험 점수의 평균은 $\dfrac{3.48+3.37+3.45+3.33}{4} ≒ 3.41$이다.

오답분석

① 대형마트 인터넷 / 모바일쇼핑 소비자 만족도 자료에서 마트별 각 만족도의 차를 구해보면 A마트 0.07점, B마트·C마트 0.03 점, D마트 0.05점으로 A마트가 가장 크다.

② 주어진 자료에서 단위를 살펴보면 5점 만점으로 조사되었음을 알 수 있으며, 종합만족도의 평균은 $\dfrac{3.72+3.53+3.64+3.56}{4}$

≒3.61이다. 업체별로는 A마트 → C마트 → D마트 → B마트 순으로 종합만족도가 낮아짐을 알 수 있다.

③ 모바일쇼핑 만족도는 평균 3.845점이며, 인터넷쇼핑은 평균 3.8점이다. 따라서 모바일쇼핑이 평균 0.045점 높게 평가되었다.

⑤ 평균적으로 고객접점직원 서비스보다는 고객관리 서비스가 더 낮게 평가되었다.

03

ㄱ. 제시된 자료를 통해 아파트단지, 놀이터, 공원의 경우 지속적으로 감소하지 않는다는 것을 알 수 있다.

ㄷ. • 2022년 대비 2023년의 학교 안전지킴이집의 증감률 : $\dfrac{7,270-7,700}{7,700} \times 100 ≒ -5.58\%$

• 2022년 대비 2023년의 유치원 안전지킴이집의 증감률 : $\dfrac{1,373-1,381}{1,381} \times 100 ≒ -0.58\%$

따라서 $0.58 \times 10 = 5.8\%$이므로 2022년 대비 2023년 학교 안전지킴이집의 감소율은 2022년 대비 2023년 유치원 안전지킴이집 감소율의 10배 미만이다.

ㄹ. • 2022년 전체 어린이 안전지킴이집에서 24시 편의점이 차지하는 비중 : $\frac{2,528}{20,512}\times100\fallingdotseq12.32\%$

• 2023년 전체 어린이 안전지킴이집에서 24시 편의점이 차지하는 비중 : $\frac{2,542}{20,205}\times100\fallingdotseq12.58\%$

따라서 2022년보다 2023년에 24시 편의점이 차지하는 비중이 증가하였다.

[오답분석]

ㄴ. 2019년 대비 2023년 선정업소 형태별로 감소한 어린이 안전지킴이집의 감소량을 구하면 다음과 같다.

• 24시 편의점 : 2,542−3,013=−471개   • 약국 : 1,546−1,898=−352개
• 문구점 : 3,012−4,311=−1,299개   • 상가 : 6,770−9,173=−2,403개

따라서 2019년에 비해 2023년에 가장 많이 감소한 선정업소 형태는 상가이다.

04

김포공항을 사용하는 A300 항공기 정류료의 경우, 국제선은 809천 원, 국내선은 135천 원을 납부하여야 한다. $\frac{809}{135}\fallingdotseq5.99$이므로 옳지 않은 설명이다.

[오답분석]

① 제시된 자료를 통해 알 수 있다.
② 김해공항을 사용하는 항공기들은 국제선과 국내선 모두 기종과 상관없이 모두 동일하게 52천 원의 조명료를 납부한다.
③ 광주공항을 이용하는 시드니행 B747 항공기는 광주공항에 대하여 공항사용료로 착륙료 2,510천 원, 조명료 43천 원, 정류료 364천 원을 납부하여야 한다. 총 291만 7천 원이기 때문에 옳은 설명이다.
⑤ 가장 많은 공항사용료를 납부하는 국내선 항공기는 김포·김해·제주공항을 사용하는 국내선 B747항공기이며, 이때의 공항사용료는 1,094+52+291=1,437천 원이다. 가장 적은 공항사용료를 납부하는 국내선 항공기는 기타 국내공항을 사용하는 B737항공기이고, 이때의 공항사용료는 110+43+51=204천 원이다. 이의 5배는 204×5=1,020천 원으로, B747항공기 국내선 김포·김해·제주공항사용료(1,437천 원)가 더 높다. 따라서 옳은 설명이다.

05

정답 ④

ㄴ. 2022년과 2023년은 농·임업 생산액과 화훼 생산액 비중이 전년 대비 모두 증가했으므로 화훼 생산액 또한 증가했음을 알 수 있다. 나머지 2018 ~ 2021년의 화훼 생산액을 구하면 다음과 같다.

• 2018년 : 39,663×0.28=11,105.64십억 원
• 2019년 : 42,995×0.277≒11,909.62십억 원
• 2020년 : 43,523×0.294=12,795.76십억 원
• 2021년 : 43,214×0.301≒13,007.41십억 원

따라서 화훼 생산액은 매년 증가한다.

ㄹ. 2018년의 GDP를 a억 원, 농업과 임업의 부가가치를 각각 x억 원, y억 원이라고 하자.

• 2018년 농업 부가가치의 GDP 대비 비중 : $\frac{x}{a}\times100=2.1\%$ → $x=2.1\times\frac{a}{100}$

• 2018년 임업 부가가치의 GDP 대비 비중 : $\frac{y}{a}\times100=0.1\%$ → $y=0.1\times\frac{a}{100}$

따라서 2018년 농업 부가가치와 임업 부가가치의 비는 $x:y=2.1\times\frac{a}{100}:0.1\times\frac{a}{100}=2.1:0.1$이다.

즉, 매년 농업 부가가치와 임업 부가가치의 비는 GDP 대비 비중의 비로 나타낼 수 있다.

농·임업 부가가치 현황 자료를 살펴보면 2018년, 2019년, 2021년과 2020년, 2022년, 2023년 GDP 대비 비중이 같음을 확인할 수 있다. 비례배분을 이용해 매년 농·임업 부가가치에서 농업 부가가치가 차지하는 비중을 구하면 다음과 같다.

• 2018년, 2019년, 2021년 : $\frac{2.1}{2.1+0.1}\times100\fallingdotseq95.45\%$

• 2020년, 2022년, 2023년 : $\frac{2.0}{2.0+0.2}\times100\fallingdotseq90.91\%$

그러므로 옳은 설명이다.

ㄱ. 농·임업 생산액이 전년보다 적은 해는 2021년이다. 그러나 2021년 농·임업 부가가치는 전년보다 크다.

ㄷ. 같은 해의 곡물 생산액과 과수 생산액은 비중을 이용해 비교할 수 있다. 2020년의 곡물 생산액 비중은 15.6%, 과수 생산액 비중은 40.2%이다. 40.2×0.5=20.1>15.6이므로 옳지 않은 설명이다.

06

ㄱ. 전체헌혈 중 단체헌혈이 차지하는 비율은 다음과 같다.

- 2017년 : $\dfrac{962}{962+1,951} \times 100 ≒ 33.0\%$
- 2018년 : $\dfrac{965}{965+2,088} \times 100 ≒ 31.6\%$
- 2019년 : $\dfrac{940}{940+2,143} \times 100 ≒ 30.5\%$
- 2020년 : $\dfrac{953}{953+1,913} \times 100 ≒ 33.3\%$
- 2021년 : $\dfrac{954}{954+1,975} \times 100 ≒ 32.6\%$
- 2022년 : $\dfrac{900}{900+1,983} \times 100 ≒ 31.2\%$

따라서 조사기간 동안 매년 20%를 초과한다.

ㄴ. 전년 대비 단체헌혈의 증감률은 다음과 같다.

- 2018년 : $\dfrac{965-962}{962} \times 100 ≒ 0.3\%$
- 2019년 : $\dfrac{940-965}{965} \times 100 ≒ -2.6\%$
- 2020년 : $\dfrac{953-940}{940} \times 100 ≒ 1.4\%$
- 2021년 : $\dfrac{954-953}{953} \times 100 ≒ 0.1\%$

따라서 단체헌혈 증감률의 절댓값이 가장 큰 해는 2019년임을 알 수 있다.

ㄷ. 2019년 대비 2020년 개인헌혈의 감소율은 $\dfrac{2,143-1,913}{2,143} \times 100 ≒ 10.7\%$이다.

ㄹ. 2020년부터 2022년까지 헌혈률의 전년 대비 증감 추이는 감소 - 증가 - 감소이고, 개인헌혈은 감소 - 증가 - 증가이다.

07

ㄴ. 교육서비스는 업종별 종사자 수 현황에서만 증감률이 가장 낮다.

ㄹ. 도·소매를 제외하고 매출액 현황에서 가장 증감률이 낮은 업종은 교육서비스이다.

08

경기의 아파트 수 대비 주택 이외의 거처 수의 비율은 2022년에 $\dfrac{4.0}{44.3} \times 100 ≒ 9.0\%$이며, 2023년은 $\dfrac{4.4}{55.4} \times 100 ≒ 7.9\%$로 2022년이 더 높다.

① 충북의 주택유형 구성비 순위는 2022년에 '단독주택 - 아파트 - 비거주용 건물 내 주택 - 연립주택 - 주택 이외의 거처 - 다세대주택' 순서이며, 2023년에는 '아파트 - 단독주택 - 주택 이외의 거처 - 다세대주택 - 연립주택 - 비거주용 건물 내 주택' 순서이다.

② 해당 표는 구성비를 나타내는 자료이므로, 아파트 수를 알 수 없다. 따라서 지역별 아파트 수의 전년 대비 증가율은 비교할 수 없다.

③ 인천의 2023년 단독주택의 수는 비거주용 건물 내 주택의 수의 $\dfrac{19.0}{1.2} ≒ 15.8$배이다.

④ 2022년 다세대주택 비율이 단독주택 비율의 50% 이상인 행정구역은 서울과 인천 2곳뿐이다.

01

규제의 연도별 수치를 보면 +10, +20, +30 …이 반복되는 규칙을 보이고 있다. 따라서 2018년 규제에 들어갈 수는 170이다.

02

개선 전 부품 1단위 생산 시 비용은 총 40,000원이었다. 설정하고자 하는 생산 비용 감소율이 30%이므로 개선 후 총비용은 40,000 $\times(1-0.3)=28,000$원이어야 한다. 따라서 (가)+(나)의 값은 10,000원이다.

03

(종합청렴도)={(외부청렴도)×0.6+(내부청렴도)×0.3+(정책고객평가)×0.1}−(감점요인)이므로, 내부청렴도에 관한 식은 다음과 같다.

(내부청렴도)=$\{$(종합청렴도)−(외부청렴도)×0.6−(정책고객평가)×0.1+(감점요인)$\}\times\dfrac{10}{3}$

이에 연도별 수치를 대입하여 내부청렴도를 구하면 다음과 같다.

- 2020년 : $\{6.23-8.0\times0.6-6.9\times0.1+(0.7+0.7+0.2)\}\times\dfrac{10}{3}=2.34\times\dfrac{10}{3}≒7.8$
- 2021년 : $\{6.21-8.0\times0.6-7.1\times0.1+(0.7+0.8+0.2)\}\times\dfrac{10}{3}=2.4\times\dfrac{10}{3}≒8.0$
- 2022년 : $\{6.16-8.0\times0.6-7.2\times0.1+(0.7+0.8+0.2)\}\times\dfrac{10}{3}=2.34\times\dfrac{10}{3}≒7.8$
- 2023년 : $\{6.8-8.1\times0.6-7.3\times0.1+(0.5+0.4+0.2)\}\times\dfrac{10}{3}=2.31\times\dfrac{10}{3}≒7.7$

따라서 내부청렴도가 가장 높은 해는 2021년, 가장 낮은 해는 2023년이다.

04

두 번째 조건에 따라 전문 인력 양성을 뽑은 비율이 각각 12.5%, 11.8%로 가장 높은 A와 C는 20대와 30대 중 각각 하나에 해당한다. 세 번째 조건에 따라 D가 60대이므로 나머지 B는 50대임을 알 수 있다. 네 번째 조건에 따라 A와 C 중 동호회 육성 및 지원 비율이 낮은 A가 20대이고, C는 30대가 된다. 다섯 번째 조건에 따르면 휴가의 법적보장을 선택한 비율이 16.2%인 50대가 15.4%인 20대보다 높다. 이를 정리하면 다음과 같다.

구분	연령대
A	20대
B	50대
C	30대
D	60대

따라서 A에 해당하는 연령대는 20대이고, C는 30대이다.

05

정답 ②

A금붕어와 B금붕어가 팔리는 일을 n일이라고 하고, 남은 금붕어의 수를 각각 a_n, b_n이라고 하자.

A금붕어는 하루에 121마리씩 감소하고 있으므로 $a_n = 1,675 - 121(n-1) = 1,796 - 121n$을 적용하면 다음과 같다.

$1,796 - 121 \times 10 = 1,796 - 1,210 = 586$

따라서 10일 차에 남은 A금붕어는 586마리이다.

B금붕어는 매일 3, 5, 9, 15, …씩 감소하고 있고, 계차의 차는 2, 4, 6, …이다.

1,000		997		992		983		968		945		912		867		808		733
	-3		-5		-9		-15		-23		-33		-45		-59		-75	
		-2		-4		-6		-8		-10		-12		-14		-16		

따라서 10일 차에 남은 B금붕어는 733마리이다.

06

정답 ②

모바일워크의 공공 부분은 (재작년 취업인구수) + (작년 취업인구수) = (올해 취업인구수)의 규칙을 보인다.
따라서 15+24=39이다.

07

정답 ③

연도별로 발굴 작업 비용을 계산하면 다음과 같다.
• 2021년 : $(21 \times 120,000) + (10 \times 30,000) + (13 \times 200,000) = 5,420,000$원
• 2022년 : $(23 \times 120,000) + (4 \times 30,000) + (18 \times 200,000) = 6,480,000$원
• 2023년 : $(19 \times 120,000) + (12 \times 30,000) + (7 \times 200,000) = 4,040,000$원
따라서 발굴 작업 비용이 가장 많이 든 해는 2022년이며, 비용은 648만 원이다.

08

정답 ②

A세트는 매월 B세트보다 30개 더 많이 팔렸으며, G세트는 매월 F세트보다 40개 더 많이 팔렸다.
따라서 8월의 A세트 판매 개수는 184+30=214개이고, 11월 G세트 판매 개수는 211+40=251개이다.

03 도식적 추론(인문계)

대표기출유형 01 | 기출응용문제

[1~3]
△ : 첫 번째와 세 번째 문자 자리 바꾸기
▲ : 첫 번째 문자 맨 뒤로 보내기
▽ : 맨 앞에 'Y' 붙이기
▼ : 맨 마지막 문자 삭제
＝ : 세 번째 문자 +1

01 〔정답〕②

ㅍㅗㄷ3 → ㄷㅗㅍ3 → ㄷㅗㅍ → ㅗㅍㄷ
　　　　△　　　　　▼　　　　　▲

02 〔정답〕③

x⊥ㅅso → x⊥Oso → x⊥Os → Yx⊥Os
　　　　＝　　　　　▼　　　　　▽

03 〔정답〕②

ㄱㅂㅛㅣㅈ → ㄱㅂㅛㅣ → ㅂㅛㅣㄱ → ㅣㅛㅂㄱ
　　　　　▼　　　　　▲　　　　　△

[4~6]
∞ : 각 문자에서 모음 대칭
▦ : 첫 번째 문자 맨 끝에 추가
◑ : 두 번째 문자와 세 번째 문자의 초성 바꾸기
■ : 첫 번째 문자 맨 뒤로 보내기

04 〔정답〕②

소문자 → 소문자소 → 소준마소
　　　▦　　　　◑

05

정답 ④

논란 → 눈런 → 런눈
    ∞   ■

06

정답 ①

기초과학 → 기고촤학 → 기고촤학기 → 기구췪헉기
     ◐   ▦   ∞

[7~10]

■ : 첫 번째 문자 맨 끝에 추가
○ : 첫 번째 문자 삭제
Σ : 오른쪽으로 한 칸씩 이동(맨 뒤는 맨 앞으로 이동)
▼ : 역순으로 재배열

07

정답 ④

87CHO → OHC78 → HC78
      ▼   ○

08

정답 ②

9LEE3 → 39LEE → 39LEE3
     Σ   ■

09

정답 ①

KU01 → U01 → U01U → UU01
    ○   ■   Σ

10

정답 ②

LIGHT → TLIGH → HGILT → GILT
    Σ   ▼   ○

[11~14]

◐ : 각 자릿수 +4, −3, +2, −1
◆ : 1234 → 4123
▤ : 1234 → 4321
♣ : 각 자릿수 −1

11

정답 ②

E73ㅎ → ㅎE73 → ㅍD62
        ◆   ♣

12

정답 ①

5ㅅㄱ9 → 9ㄱㅅ5 → 59ㄱㅅ
        ▤   ◆

13

정답 ④

2ㅇ7M → 1ㅅ6L → 5ㄹ8K → K8ㄹ5
        ♣   ◐   ▤

14

정답 ⑤

4JR5 → 54JR → 91LQ → 80KP
        ◆   ◐   ♣

14 • 삼양그룹 온라인 인적성검사

04 연역적 판단(이공계)

대표기출유형 01   기출응용문제

01

정답 ④

A : 시계 반대 방향으로 두 칸 이동
B : 시계 방향으로 한 칸 이동
C : 시계 반대 방향으로 한 칸 이동

외부도형	①	②	③	④
내부도형	1	2	3	4

$\xrightarrow{A}$

2	1	4	3
②	①	④	③

$\xrightarrow[C]{No}$

1	①	3	③
2	②	4	④

$\xrightarrow[B]{No}$

2	1	4	3
②	①	④	③

이다.

02

정답 ③

A : 시계 반대 방향으로 두 칸 이동
B : 시계 방향으로 한 칸 이동
C : 시계 반대 방향으로 한 칸 이동

외부도형	①	②	③	④
내부도형	1	2	3	4

$\xrightarrow{B}$

1	①	3	③
2	②	4	④

$\xrightarrow{A}$

②	2	④	4
①	1	③	3

$\xrightarrow[B]{No}$

①	②	③	④
1	2	3	4

$\xrightarrow[A]{Yes}$

2	1	4	3
②	①	④	③

이다.

03

04

05

규칙을 차례대로 적용하여 추적하면 다음과 같다.

06

규칙을 차례대로 적용하여 추적하면 다음과 같다.

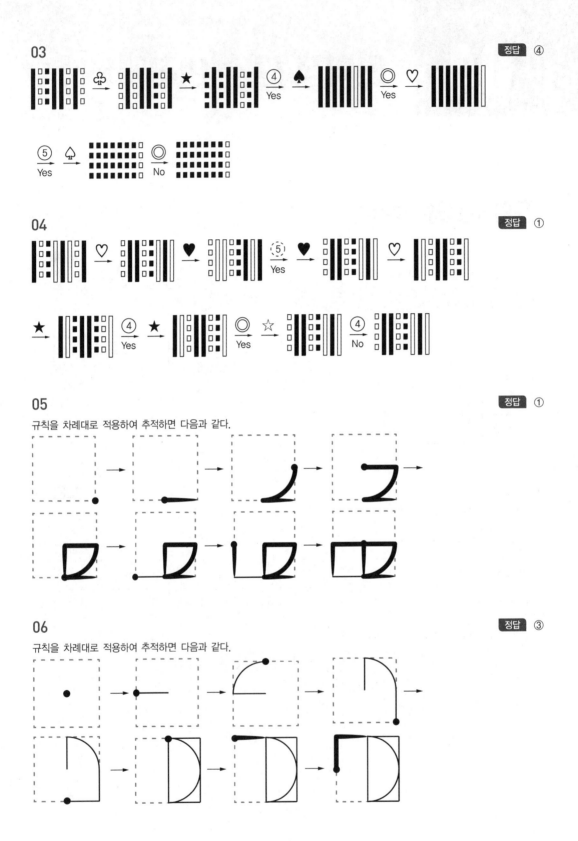

정답 ③

규칙을 거꾸로 적용하여 역추적하면 다음과 같다.

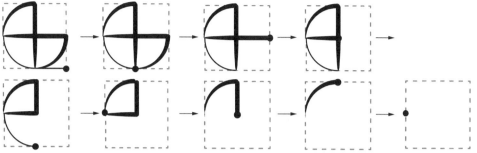

PART 1

교육은 우리 자신의 무지를 점차 발견해 가는 과정이다.

- 윌 듀란트 -

PART 2
최종점검 모의고사

최종점검 모의고사

01	02	03	04	05	06	07	08	09	10	11	12	13	14	15	16	17	18	19	20
①	②	①	②	①	③	①	③	③	②	①	③	③	③	②	①	①	②	①	①
21	22	23	24	25	26	27	28	29	30										
③	①	②	①	①	③	①	①	①	②										

01
정답 ①

D가 A와 C가 이용한 두 길 모두 가도 된다면 D는 일대로나 삼대로로 갈 수 있는 아웃렛이 목적지일 것이다. 그러면 D는 아웃렛을 가므로 아웃렛과 편의점에 갈 수 있는 일대로를 이용한 A는 편의점이 목적지이다. 이와 같이 C도 학교가 목적지가 된다. 따라서 B는 마지막 남은 도서관이 목적지가 되므로 참이다.

구분	A	B	C	D
학교	×	×	○	×
도서관	×	○	×	×
편의점	○	×	×	×
아웃렛	×	×	×	○

02
정답 ②

B가 일대로를 이용하면 B는 편의점과 아웃렛을 갈 수 있다. 이렇게 되면 도서관을 갈 수 있는 사람은 D밖에 없다.

구분	A	B	C	D
학교	×	×	○	×
도서관	×	×	×	○
편의점	?	?	×	×
아웃렛	?	?	×	×

03
정답 ①

A는 편의점 또는 아웃렛에 가므로, A가 편의점에 갈 가능성은 50%이다.

구분	A	B	C	D
학교	×	×	○	×
도서관	×	○	×	×
편의점	?	×	×	?
아웃렛	?	×	×	?

04

정답 ②

주어진 조건에 따라 공을 무거운 것부터 순서대로 나열하면 '파란색 공 – 빨간색 공 – 검은색 공 – 노란색 공 – 하얀색 공' 순서이다. 따라서 다섯 개의 공 중 파란색 공이 가장 무거운 것을 알 수 있다.

05

정답 ①

04번 해설에 따라 다섯 개의 공 중 하얀색 공이 가장 가벼운 것을 알 수 있으므로 참이다.

06

정답 ③

04번 해설에 따라 검은색 공의 무게가 노란색 공과 하얀색 공의 무게보다 무거운 것은 알 수 있지만, 세 공의 정확한 무게는 알 수 없으므로 검은색 공의 무게가 노란색 공과 하얀색 공의 무게를 합한 것과 같은지는 알 수 없다.

07

정답 ①

제시문의 조건에 따라 가능한 모든 경우를 정리하면 다음 3가지이다.

구분	A	B	C
경우 1	1개	2개	4개
경우 2	1개	3개	5개
경우 3	2개	3개	5개

따라서 경우 1 ~ 3 모두 남은 과자의 수는 3개 이하이므로 참이다.

08

정답 ③

C가 과자를 5개 먹은 경우는 경우 2와 경우 3이다. 경우 2에서는 A가 과자를 1개 먹었으나, 경우 3에서는 그렇지 않다. 따라서 C가 과자를 5개 먹었을 때 A가 과자를 1개 먹었는지의 여부는 주어진 조건만으로 알 수 없다.

09

정답 ③

경우 3에서는 두 명이 홀수 개의 과자를 먹었으나, 경우 1과 경우 2는 그렇지 않다. 따라서 두 명이 홀수 개의 과자를 먹었는지의 여부는 주어진 조건만으로 알 수 없다.

10

정답 ②

D의 윗몸일으키기 횟수를 a회라고 하면 제시된 조건을 다음과 같이 정리할 수 있다.

구분	A	B	C	D
횟수	$2a$	$2a-20$	$a+10$	a

만약 D가 윗몸일으키기를 30회 했다면 B와 C의 윗몸일으키기 횟수는 40회로 서로 같아진다. 이는 네 사람이 윗몸일으키기를 한 횟수가 서로 다르다는 제시문의 조건에 위배되므로 거짓이다.

11

정답 ①

'B의 횟수>C의 횟수'이기 위해서는 D의 횟수인 a가 30보다 커야 한다. a는 최소 31이므로 윗몸일으키기를 $2a$회 한 A는 62회 이상 한 것이 되므로 참이다.

12
정답 ③

B는 윗몸일으키기를 $2(a-10)$회, 즉 2의 배수인 횟수만큼 했으므로 항상 짝수 회를 한 것이 된다. 하지만 C는 a의 값에 따라 홀수 회의 윗몸일으키기를 했을 수도 있다. 따라서 B와 C가 모두 윗몸일으키기를 짝수 회 했는지는 주어진 조건만으로 알 수 없다.

13
정답 ③

제시된 조건을 정리하면 다음과 같다.

구분	귤	사과	수박	딸기	토마토
A	×	×	×	○	×
B	×	−	−	×	−
C	×	×	−	×	−
D	−	−	−	×	−

B가 수박과 토마토 중 하나를 먹었다면 D에게 남은 선택지는 귤과 사과 두 개이므로, 둘 중 어느 것을 먹었을지는 알 수 없다.

14
정답 ③

D가 귤이나 토마토를 먹었을 가능성도 있으므로 D가 먹은 과일을 알 수 없다.

15
정답 ②

C가 토마토를 먹었다면 B가 선택할 수 있는 것은 사과와 수박 2개이고, D가 선택할 수 있는 것은 귤, 사과, 수박 3개이므로 B가 사과를 먹었을 확률이 더 크다고 할 수 있다.

16
정답 ①

을이 검은색 운동화를 받는 경우를 정리하면 다음과 같다.

갑	을	병	정
검은색	파란색	흰색×	검은색×
흰색	검은색	파란색	흰색

따라서 을이 검은색 운동화를 받는다면 정은 흰색 운동화를 받을 것이다.

17
정답 ①

을과 정 중 1명만 검은색 운동화를 받았으므로, 정이 검은색 운동화를 받는 경우를 정리하면 다음과 같다.

i)

갑	을	병	정
검은색	파란색	흰색×	검은색
흰색	흰색	파란색	−

ii)

갑	을	병	정
검은색	파란색	흰색×	검은색
	흰색	파란색	흰색

iii)

갑	을	병	정
검은색	파란색	흰색×	검은색
흰색	−	파란색	흰색

16번 해설을 참고할 때, 을이 검은색 운동화를 받는 경우나 정이 검은색 운동화를 받는 경우 모두 병은 파란색 운동화를 받는다.

18

정답 ②

16번 해설을 참고할 때, 을이 검은색 운동화를 받는 경우 갑은 흰색 운동화를 받는다.

19

정답 ①

p=가야금을 연주할 수 있는 사람, q=거문고를 연주할 수 있는 사람, r=해금을 연주할 수 있는 사람, s=아쟁을 연주할 수 있는 사람, t=장구를 연주할 수 있는 사람이라고 하자.
세 번째 조건에 따르면 $\sim q \rightarrow \sim s$이다. 따라서 이의 대우 명제인 $s \rightarrow q$, 즉 '아쟁을 연주할 수 있는 사람은 거문고를 연주할 수 있다.'는 참이다.

20

정답 ①

두 번째 조건과 세 번째 조건의 대우에 따라 $r \rightarrow s \rightarrow q$가 성립하고, 첫 번째 조건에 따라 $p \rightarrow q$가 참이다. 따라서 가야금이나 해금을 연주할 수 있는 사람은 거문고를 연주할 수 있으므로, 참이다.

21

정답 ③

첫 번째 조건 $p \rightarrow q$와 네 번째 조건 $\sim p \rightarrow \sim t$의 대우인 $t \rightarrow p$에 따라 $t \rightarrow p \rightarrow q$가 성립하므로 장구를 연주할 수 있는 사람은 가야금과 거문고를 연주할 수 있음을 알 수 있다. 그러나 가야금과 거문고를 연주할 수 있다고 해서 그 사람이 장구를 연주할 수 있는지는 알 수 없다.

22

정답 ①

제시문은 예술 작품을 감상할 때 나타나는 장애물이 개인적인 습관과 편견이라고 말하고 있다. 따라서 예술 작품을 잘 감상하려면 개인적인 습관과 편견에 구애받지 않는 열린 마음이 필요하다는 점을 추론할 수 있으므로 참이다.

23

정답 ②

성경의 어느 부분에도 신의 형상에 대한 설명이 없음에도 불구하고 신에 대한 전통적인 형상이 있다면, 그것은 전통적인 형상조차도 절대적인 것이 아니라 인간이 만들어낸 상대적인 것에 불과하다는 뜻이다. 따라서 다른 형상을 그려냈다는 이유로 이단이라고 부를 수는 없으므로 거짓이다.

24

정답 ①

'작품에 표현된 이야기를 많이 알면 알수록 그 이야기는 언제나 그랬듯이 예전과 비슷하게 표현되어야 한다는 확신에 집착하게 되는 것도 일반적인 반응이다.'라는 설명에서 알 수 있듯이 작품에 대한 지식은 오히려 작품을 바라보는 사람에게 편견을 심어준다. 따라서 참이다.

25

정답 ①

제시문은 '지문 인식이란 이용자가 지문 인식 센서를 이용해 지문을 입력하면 그것을 시스템에 등록되어 있는 지문 영상과 비교하여 본인 여부를 확인하는 기술이다.'라고 설명하고 있으므로 참이다.

26

정답 ③

두 과정에서 모두 지문의 특징을 이용하여 유사도를 측정한다. 그러나 지문의 특징이 '지문선이 끊어지거나 갈라지는 것'인지는 알 수 없다.

27

정답 ①

'정합 판정' 과정은 시스템에 등록되어 있는 영상과 새로운 영상을 비교하는 것이다. 따라서 시스템에 영상을 등록하는 지문 등록 과정이 선행되어야 하므로 참이다.

28

정답 ①

악취(顎醉) 증상은 갑과 을에게 나타나고, 병에게는 나타나지 않았다. 병만 술을 먹지 않았으므로 참이다.

29

정답 ①

미각 상실은 세 명 모두에게 발생했으므로 알코올과의 상관관계는 없으며, 물에 끓여 먹은 을도 미각 상실이 발생했으므로 참이다.

30

정답 ②

만성 골수성 백혈병은 백혈구를 필요 이상으로 증식시키는 티로신 키나아제 효소가 만들어짐으로써 나타난다. 따라서 백혈구 감소 원인 물질 C를 적정량 사용하면 만성 골수성 백혈병 치료제의 가능성이 있다. 그러나 갑, 을, 병 모두 같은 비율로 백혈구가 감소한 것으로 보아 물에 끓이면 효과가 약화되는 것은 거짓이다.

02 수리비평

01	02	03	04	05	06	07	08	09	10	11	12	13	14	15	16	17	18	19	20
③	③	①	③	③	④	⑤	②	①	②	⑤	②	①	⑤	④	②	②	②	④	③

01

정답 ③

대치동의 증권자산은 $23.0-17.7-3.1=2.2$조 원, 서초동의 증권자산은 $22.6-16.8-4.3=1.5$조 원이므로 옳은 설명이다.

오답분석

① 이촌동의 가구 수가 2만 이상이려면 총자산이 $7.4×20,000=14.8$조 원 이상이어야 한다. 그러나 이촌동은 총자산이 14.4조 원인 압구정동보다도 순위가 낮으므로 이촌의 가구 수는 2만 가구 미만이다.

② 여의도동의 부동산자산은 12.3조 원 미만이다. 따라서 여의도동의 증권자산은 최소 3조 원 이상이다.

④ 압구정동의 가구 수는 $\frac{14.4조}{12.8억}=11,250$가구, 여의도동의 가구 수는 $\frac{24.9조}{26.7억}≒9,300$가구이므로 압구정동의 가구 수가 더 많다.

⑤ 도곡동의 총자산 대비 부동산자산의 비율은 $\frac{12.3}{15.0}×100=82\%$이고, 목동의 총자산 대비 부동산자산의 비율은 $\frac{13.7}{15.5}×100≒$ 88.39%이므로 옳지 않은 설명이다.

02

정답 ③

제시된 자료에 의하면 수도권은 서울과 인천·경기를 합한 지역이다. 따라서 전체 마약류 단속 건수 중 수도권의 마약류 단속 건수의 비중은 22.1+35.8=57.9%이므로 ③은 옳은 설명이다.

오답분석

① 코카인 단속 건수가 없는 지역은 강원, 충북, 제주로 3곳이다.
② • 대마 단속 전체 건수 : 167건
   • 코카인 단속 전체 건수 : 65건
   65×3=195>167이므로 옳지 않은 설명이다.
④ • 강원 지역의 향정신성의약품 단속 건수 : 35건
   • 강원 지역의 대마 단속 건수 : 13건
   13×3=39>35이므로 옳지 않은 설명이다.
⑤ • 대구·경북 지역의 향정신성의약품 단속 건수 : 138건
   • 광주·전남 지역의 향정신성의약품 단속 건수 : 38건
   38×4=152>138이므로 옳지 않은 설명이다.

03

정답 ①

2024년 9월 온라인쇼핑 거래액은 모든 상품군이 전년 동월보다 같거나 높으므로 ①은 옳지 않다.

오답분석

② 2024년 9월 모바일쇼핑 거래액은 온라인쇼핑 거래액의 $\frac{42,000}{70,000} \times 100 = 60\%$를 차지한다.

③ 2024년 9월 온라인쇼핑 거래액은 7조 원으로 전년 동월 대비 $\frac{70,000-50,000}{50,000} \times 100 = 40\%$ 증가했다.

④ 2024년 9월 온라인쇼핑 거래액 중 모바일쇼핑 거래액은 4조 2,000억 원으로 전년 동월 대비 $\frac{42,000-30,000}{30,000} \times 100 = 40\%$ 증가했다.

⑤ 2024년 9월 온라인쇼핑 대비 모바일쇼핑 거래액의 비중이 가장 작은 상품군은 $\frac{10}{50} \times 100 = 20\%$로 소프트웨어이다.

04

정답 ③

• 1인 1일 사용량에서 영업용 사용량이 차지하는 비중 : $\frac{80}{180+80+10+12} \times 100 = 28.37\%$

• 1인 1일 가정용 사용량 중 하위 두 항목이 차지하는 비중 : $\frac{20+13}{45+38+36+28+20+13} \times 100 = 18.33\%$

05

정답 ③

자료를 통해 2012년 대비 2022년에 발생률이 증가한 암은 폐암, 대장암, 유방암인 것을 확인할 수 있으므로 ③은 옳은 설명이다.

오답분석

① 위암의 발생률은 점차 감소하다가 2021년부터 다시 증가하는 것을 확인할 수 있다.
② 자궁암 발생 비율은 지속적으로 감소하다가 2020 ~ 2022년에는 감소하지 않고 유지되고 있다.
④ 2022년에 위암으로 죽은 사망자 수를 알 수 없으므로 옳지 않다.
⑤ 전년 대비 2022년 암 발생률 증가폭은 다음과 같다.
   • 위암 : 24.3-24.0=0.3%p   • 간암 : 21.3-20.7=0.6%p
   • 폐암 : 24.4-22.1=2.3%p   • 대장암 : 8.9-7.9=1.0%p
   • 유방암 : 4.9-2.4=2.5%p   • 자궁암 : 5.6-5.6=0%p
   폐암의 발생률은 지속적으로 증가하고 있지만, 전년 대비 2022년 암 발생률 증가폭은 유방암이 더 크므로 옳지 않다.

06

ㄴ. 건설 부문의 도시가스 소비량은 2022년에 1,808TOE, 2023년에 2,796TOE로, 전년 대비 $\dfrac{2,796-1,808}{1,808}\times100 \fallingdotseq 54.6\%$ 증가하였다.

ㄷ. 2023년 온실가스 배출량 중 간접 배출이 차지하는 비중은 $\dfrac{28,443}{35,638}\times100 \fallingdotseq 79.8\%$이고, 2022년 온실가스 배출량 중 고정 연소가 차지하는 비중은 $\dfrac{4,052}{30,823}\times100 \fallingdotseq 13.1\%$이다. 이의 5배는 $13.1\times5=65.5\%$로 2023년 온실가스 배출량 중 간접 배출이 차지하는 비중인 79.8%보다 작으므로 옳은 설명이다.

오답분석

ㄱ. 에너지 소비량 중 이동 부문에서 경유가 차지하는 비중은 2022년에 $\dfrac{196}{424}\times100 \fallingdotseq 46.2\%$이고, 2023년에 $\dfrac{179}{413}\times100 \fallingdotseq 43.3\%$로, 전년 대비 2.9%p 감소하였으므로 틀린 설명이다.

07

경기남부의 가구 수가 경기북부의 가구 수의 2배라면, 가구 수 비율은 남부가 $\dfrac{2}{3}$, 북부가 $\dfrac{1}{3}$이다.

경기지역에서 개별난방을 사용하는 가구 수의 비율은 가중평균으로 구할 수 있으므로 다음 식이 성립한다.

$\left(26.2\times\dfrac{2}{3}\right)+\left(60.8\times\dfrac{1}{3}\right)\fallingdotseq37.7\%$

오답분석

① 제시된 표에서 지역별 가구 수의 차이는 알 수 없다. 또한 지역난방 사용비율의 차이가 가구 수의 차이와 같다고 볼 수 없다.
② 지역난방의 비율은 경기남부가 67.5%, 경기북부가 27.4%로 경기남부가 더 높다.
③ 서울과 인천에서 LPG 사용비율이 가장 낮다.
④ 경기북부에서 도시가스를 사용하는 가구 비율은 66.1%, 등유를 사용하는 가구 비율은 3.0%이다. 따라서 약 $66.1\div3\fallingdotseq22$배이다.

08

ㄱ. 서울과 경기의 인구수 차이는 2016년에 $10,463-10,173=290$명, 2022년에 $11,787-10,312=1,475$명으로 2022년에 차이가 더 커졌다.
ㄷ. 광주는 2022년에 22명이 증가하여 가장 많이 증가했다.

오답분석

ㄴ. 인구가 감소한 지역은 부산, 대구이다.
ㄹ. 대구는 2017년부터 전년 대비 인구가 감소하다가 2022년에 다시 증가했다.

09

합격생 중 남자의 비율은 $\dfrac{1,699}{1,699+624}\times100=\dfrac{1,699}{2,323}\times100 \fallingdotseq 73.1\%$이다. 따라서 80% 미만이므로 옳지 않다.

오답분석

② 총입사지원자 중 여자는 $\dfrac{3,984}{10,891+3,984}\times100 \fallingdotseq 26.8\%$이므로 30% 미만이다.

③ 총입사지원자 중 합격률은 $\dfrac{1,699+624}{10,891+3,984}\times100=\dfrac{2,323}{14,875}\times100 \fallingdotseq 15.6\%$이므로 15% 이상이다.

④ 여자의 입사지원자 대비 여자의 합격률은 $\dfrac{624}{3,984}\times100 \fallingdotseq 15.7\%$이므로 20% 미만이다.

⑤ 남자의 합격률은 $\frac{1,699}{10,891} \times 100 ≒ 15.6\%$이고, 여자의 합격률은 $\frac{624}{3,984} \times 100 ≒ 15.7\%$이다.

10

2014년 강북의 주택전세가격을 100이라고 한다면 그래프는 전년 대비 증감률을 나타내므로 2015년에는 약 5% 증가해 $100 \times 1.05 = 105$이고, 2016년에는 전년 대비 약 10% 증가해 $105 \times 1.1 = 115.5$라고 할 수 있다. 따라서 2016년 강북의 주택전세가격은 2014년 대비 약 $\frac{115.5-100}{100} \times 100 = 15.5\%$ 증가했다고 볼 수 있으므로 ②는 옳지 않다.

오답분석

① 전국 주택전세가격의 증감률은 2013년부터 2022년까지 모두 양(+)의 부호 값을 가지고 있으므로 매년 증가하고 있다고 볼 수 있다.
③ 그래프를 보면 2019년 이후 서울의 주택전세가격 증가율이 전국 평균 증가율보다 높은 것을 알 수 있다.
④ 그래프를 보면 강남 지역의 주택전세가격 증가율이 가장 높은 시기는 2016년임을 알 수 있다.
⑤ 전년 대비 주택전세가격이 감소했다는 것은 전년 대비 증감률이 음(−)의 부호 값을 가지고 있다는 것이다. 그래프에서 증감률이 음(−)의 부호 값을 가지고 있는 지역은 2013년 강남뿐이다.

11

남성 인구 10만 명당 사망자 수가 가장 많은 해는 2013년이다.
전년 대비 2013년 남성 사망자 수 증가율은 $\frac{4,674-4,400}{4,400} \times 100 ≒ 6.23\%$이므로 ⑤는 옳은 설명이다.

오답분석

① 제시된 자료를 보면 2015년과 2021년 여성 사망자 수는 전년보다 감소했다.
② • 2019년 전체 사망자 수 : $4,111+424=4,535$명
 • 2021년 전체 사망자 수 : $4,075+474=4,549$명
 따라서 2019년과 2021년의 전체 사망자 수는 다르다.
③ • 전년 대비 2010년 전체 사망자 수의 증가율 : $\frac{3,069-2,698}{2,698} \times 100 ≒ 13.75\%$
 • 전년 대비 2012년 전체 사망자 수의 증가율 : $\frac{4,740-4,106}{4,106} \times 100 ≒ 15.44\%$
 따라서 전체 사망자 수의 전년 대비 증가율은 2012년이 더 높다.
④ 2020년, 2022년 남성 인구 10만 명당 사망자 수는 각각 15.9명, 15.6명이고 여성 인구 10만 명당 사망자 수는 각각 2.0명, 2.1명이다. $15.9<2 \times 8=16$, $15.6<2.1 \times 8=16.8$이므로 옳지 않은 설명이다.

12

견과류 첨가 제품의 시리얼은 단백질 함량이 1.8g, 2.7g, 2.5g이며, 당 함량을 낮춘 제품의 시리얼은 단백질 함량이 1.4g, 1.6g이므로 옳은 설명이다.

오답분석

① 당류가 가장 많은 시리얼은 초코볼 시리얼(12.9g)이며, 초코맛 제품이다.
③ 콘프레이크의 단백질 함량은 3g으로 약 2배 이상 많다.
④ 탄수화물 함량이 가장 낮은 시리얼은 프레이크이며, 당류 함량이 가장 낮은 시리얼은 콘프레이크이다.
⑤ 일반 제품의 시리얼 열량은 체중조절용 제품의 시리얼 열량보다 더 낮은 수치를 보이고 있다.

13

2021년 전체 인구수를 100명으로 가정했을 때, 같은 해 문화예술을 관람한 비율은 60.8%로 $100 \times 0.608 = 61$명이다. 61명 중 그해 미술관 관람률은 10.2%이므로 $61 \times 0.102 = 6$명이다. 따라서 ①은 옳지 않은 설명이다.

오답분석

② 문화예술 관람률이 접근성과 관련이 있다면 조사기간 동안 가장 접근성이 떨어지는 것은 관람률이 가장 낮은 무용이다.
③ 문화예술 관람률에서 남자보다는 여자가 관람률이 높으며, 고연령층에서 저연령층으로 갈수록 관람률이 높아진다.
④ 60세 이상 문화예술 관람률의 2017년 대비 2023년 증가율은 $\frac{28.9 - 13.4}{13.4} \times 100 = 115.7\%$이므로 100% 이상 증가했다.
⑤ 문화예술 관람률은 52.4% → 54.5% → 60.8% → 64.5%로 계속해서 증가하고 있다.

14

ㄴ. 2022년 중국의 이산화탄소 배출량은 6,877.2백만 TC로 가장 많고, $6,877.2 \times 5 = 34,386 > 28,999.4$이므로 20% 이상이다.
ㄷ. 러시아는 $2,178.8 - 1,532.6 = 646.2$백만 TC, 이란은 $533.2 - 179.6 = 353.6$백만 TC로 러시아가 더 크다.
ㄹ. $229.3 \times 2 = 458.6 < 515.5$이므로 2배 이상, 즉 100% 이상 증가했다.

오답분석

ㄱ. 2022년에는 전년 대비 감소했다.

15

환경오염 사고는 2022년에 전년 대비 $\frac{246 - 116}{246} \times 100 = 52.8\%$의 감소율을 보였으므로 ④는 옳지 않은 설명이다.

오답분석

① 전기(감전) 사고는 2019년 이후 2022년까지 매년 569건, 558건, 546건으로 감소하는 모습을 보이고 있다.
② 전체 사고 건수에서 화재 사고는 2016년부터 2022년까지 약 14.9%, 15.3%, 14.2%, 13.9%, 14.2%, 14.1%, 14.3%로 매년 13% 이상 차지하고 있다.
③ 2016년 대비 2022년 해양 사고 증가율 : $\frac{2,839 - 1,627}{1,627} \times 100 = 74.5\%$
⑤ 전체 사고 건수에서 도로교통 사고의 비율은 2016년에 약 80.9%로 가장 높았다.

16

2022년 화재건수 대비 사망자 수는 경기도의 경우 $\frac{70}{10,147} = 0.007$명/건으로 $\frac{20}{2,315} = 0.009$명/건인 강원도보다 작으므로 ②는 옳지 않은 설명이다.

오답분석

① 대구광역시의 2023년 화재건수는 1,612건으로 경상북도의 50%인 $2,817 \times 0.5 = 1,408.5$건 이상이다. 따라서 옳은 설명이다.
③ 화재건수가 가장 많은 시·도는 2022년과 2023년에 모두 경기도이므로 옳은 설명이다.
④ 2023년 화재로 인한 부상자 수는 충청남도가 30명으로 107명인 충청북도의 $\frac{30}{107} \times 100 = 28\%$, 즉 30% 미만이므로 옳은 설명이다.
⑤ 부산광역시의 경우, 화재로 인한 부상자 수가 2023년에 102명, 2022년에 128명으로, 2023년 전년 대비 감소율은 $\frac{128 - 102}{128} \times 100 = 20.3\%$이므로 옳은 설명이다.

17

정답 ②

저항기 부문의 공공외부자금 조달비중 대비 민간외부자금 조달비중은 $\dfrac{9.1}{11} \times 100 \fallingdotseq 82.7\%$이므로 옳은 설명이다.

오답분석

① 모든 투자재원이 기업내부에서 조달되는 세부부문은 비산화물, 분말원료 기타, 도자기, 광학, 전기 전자부품 기타로 5개이다.

③ 탄산염 및 기타염의 기업내부 조달비중 대비 공공외부자금 조달비중은 $\dfrac{64.4}{35.6} \times 100 \fallingdotseq 180.9\%$이므로 옳지 않은 설명이다.

④ 세라믹 1차 제품 중 기업내부 조달비중이 가장 작은 세부부문은 세라믹 코팅제인데, 공공외부자금 조달비중은 31.1%로 가장 크다. 따라서 옳지 않은 설명이다.

⑤ 민간외부자금 조달비중이 전체에서 차지하는 비중보다 각 세부부문 항목에서 비중이 높은 것은 수산화물, 산화물, 세라믹 섬유, 유리, 생체소재 및 제품, 회로기판 및 세라믹 패키지, 저항기, 세라믹 센서 및 액추에이터, 전지용 부품으로 총 9개이다.

18

정답 ②

ㄱ. 2022년 전체 업종 대비 상위 2개 업종이 차지하는 비율은 $\dfrac{40,223+5,949}{51,019} \times 100 \fallingdotseq 90.5\%$이고, 2021년 전체 업종 대비 상위 2개 업종이 차지하는 비율은 $\dfrac{40,874+6,047}{51,556} \times 100 \fallingdotseq 91.0\%$이다. 따라서 2021년에 비해 낮아졌다.

ㄷ. 외국인근로자의 수는 2020년까지 증가했다가 이후 감소하는 것을 확인할 수 있다.

ㄹ. 2017년 농축산업에 종사하는 외국인근로자 수는 전체 외국인근로자의 $\dfrac{3,079}{38,481} \times 100 \fallingdotseq 8.0\%$이므로 6% 이상이다.

오답분석

ㄴ. 2022년 서비스업에 종사하는 외국인근로자 수는 2021년 대비 증감폭보다 2017년 대비 증감폭이 더 크므로 2017년 대비 증감률이 더 높다.

ㅁ. 제시된 자료만으로는 소득을 알 수 없다.

19

정답 ④

각 연령대를 기준으로 남성과 여성의 인구비율을 계산하면 다음과 같다.

구분	남성	여성
0 ~ 14세	$\dfrac{323}{627} \times 100 \fallingdotseq 51.5\%$	$\dfrac{304}{627} \times 100 \fallingdotseq 48.5\%$
15 ~ 29세	$\dfrac{453}{905} \times 100 \fallingdotseq 50.1\%$	$\dfrac{452}{905} \times 100 \fallingdotseq 49.9\%$
30 ~ 44세	$\dfrac{565}{1,110} \times 100 \fallingdotseq 50.9\%$	$\dfrac{545}{1,110} \times 100 \fallingdotseq 49.1\%$
45 ~ 59세	$\dfrac{630}{1,257} \times 100 \fallingdotseq 50.1\%$	$\dfrac{627}{1,257} \times 100 \fallingdotseq 49.9\%$
60 ~ 74세	$\dfrac{345}{720} \times 100 \fallingdotseq 47.9\%$	$\dfrac{375}{720} \times 100 \fallingdotseq 52.1\%$
75세 이상	$\dfrac{113}{309} \times 100 \fallingdotseq 36.6\%$	$\dfrac{196}{309} \times 100 \fallingdotseq 63.4\%$

남성 인구가 40% 이하인 연령대는 75세 이상(36.6%)이며, 여성 인구가 50% 초과 60% 이하인 연령대는 60 ~ 74세(52.1%)이다. 따라서 바르게 짝지어진 것은 ④이다.

20

ㄴ. 국가채권 중 조세채권의 전년 대비 증가율은 다음과 같다.

- 2020년 : $\frac{30-26}{26} \times 100 = 15.4\%$
- 2022년 : $\frac{38-34}{34} \times 100 = 11.8\%$

따라서 조세채권의 전년 대비 증가율은 2022년에 비해 2020년이 높다.

ㄷ. 융자회수금의 국가채권과 연체채권의 총합이 가장 높은 해는 142조 원으로 2022년이다. 연도별 경상 이전수입의 국가채권과 연체채권의 총합을 구하면 각각 15, 15, 17, 18조 원이므로 2022년이 가장 높다.

오답분석

ㄱ. 2019년 총연체채권은 27조 원으로 2021년 총 연체채권의 80%인 36×0.8=28.8조 원보다 작다.

ㄹ. 2019년 대비 2022년 경상 이전수입 중 국가채권의 증가율은 $\frac{10-8}{8} \times 100 = 25\%$이며, 경상 이전수입 중 연체채권의 증가율은 $\frac{8-7}{7} \times 100 = 14.3\%$로 국가채권 증가율이 더 높다.

03 　도식적 추론(인문계)

01	02	03	04	05	06	07	08	09	10	11	12	13	14	15	16	17	18	19	20
⑤	②	②	④	④	②	②	④	①	②	②	③	①	③	④	②	⑤	④	③	②
21	22	23	24	25	26	27	28	29	30	31	32	33	34	35	36	37	38	39	40
③	②	⑤	④	①	①	④	②	⑤	①	①	②	③	②	②	②	⑤	③	②	②

[1~3]

☢ : 마지막 문자 초성에 −1
☺ : 역순으로 재배열
♠ : 각 문자에서 모음 대칭
♧ : 두 번째 문자 맨 끝에 추가

01

공부머리 　→　 궁보마리 　→　 궁보마리보
　　　　　♠　　　　　　　♧

02

말머리성운 → 운성리머말 → 운성리머랄 → 온상리마럴
　　　　☺　　　　　☢　　　　　♠

03

굴절망원경 → 굴절망원형 → 굴절망원형절 → 절형원망절굴
　　　　☢　　　　　♧　　　　　☺

[4~6]

◎ : 역순으로 재배열
◤ : 마지막 문자 맨 앞에 추가
◣ : 두 번째 문자 맨 뒤에 추가
⏱ : 맨 뒤 문자 삭제

04

정답 ④

ᅪᅨᅢᅰ → ᅪᅨᅢᅰᅨ → ᅨᅰᅢᅨᅪ
        ◣   ◎

05

정답 ④

778900 → 0778900 → 077890
      ◤   ⏱

06

정답 ②

HappY → HappYa → aHappYa → aHappY
     ◣   ◤   ⏱

[7~9]

∞ : 각 문자에서 모음 대칭
▦ : 첫 번째 문자 맨 끝에 추가
◐ : 두 번째 문자와 세 번째 문자의 초성 바꾸기
■ : 첫 번째 문자 맨 뒤로 보내기

07

정답 ②

독서법 → 독서법독 → 독버섭독
     ▦   ◐

08

정답 ④

부동산 → 보둥선 → 둥선보
     ∞   ■

09

정답 ①

하이라이트 → 하리아이트 → 하리아이트하 → 허리어이트허
        ◐   ▦   ∞

[10~12]

♪ : 첫 번째 문자를 맨 앞에 추가
♧ : 첫 번째 문자를 맨 뒤에 추가
◎ : 첫 번째 문자 삭제
☆ : 첫 번째 문자와 마지막 문자 자리 바꾸기

10
정답 ②

MD4R → MMD4R
      ♪

11
정답 ②

HKLU → UKLH → KLH
     ☆   ◎

12
정답 ③

SWQX → SWQXS → SSWQXS
     ♧   ♪

[13~15]

◨ : 각 자릿수에서 차례대로 +1, −1, −2, +2
◧ : 첫 번째와 두 번째 문자 자리 바꾸기
▲ : 첫 번째 문자와 마지막 문자 자리 바꾸기

13
정답 ①

652P → 562P → P625
    ◧   ▲

14
정답 ③

AT3C → CT3A → DS1C
    ▲   ◨

15
정답 ④

S4F3 → 34FS → 43DU → 34DU
    ▲   ◨   ◧

[16~18]

☎ : 각 자릿수에서 차례대로 +2, +3, +1, −1
🖥 : 역순으로 재배열
🗁 : 각 자릿수마다 −2
📖 : 두 번째와 세 번째 문자 자리 바꾸기

16

정답 ②

ㅁ2D4 → ㅁD24 → 42Dㅁ
     📖   🖥

17

정답 ⑤

Ghㅈㅊ → Efㅅㅇ → Giㅇㅅ
     🗁   ☎

18

정답 ④

5ㅎㅎN → 3ㅌㅌL → 3ㅌㅌL
     🗁   📖

[19~21]

▼ : 첫 번째와 세 번째 문자 자리 바꾸기
◁ : 두 번째 문자를 맨 뒤에 추가
♥ : 각 자릿수마다 +1
◀ : 알파벳 대문자를 소문자로 바꾸기

19

정답 ③

ㄱKㄷㅣ → ㄱKㄷㅣK → ㄷKㄱㅣK
    ◁   ▼

20

정답 ②

ㅏHㄹㅌ → ㅑIㅁㅍ → ㅓJㅂㅎ
    ♥   ♥

21

정답 ③

JㅋㅎE → JㅋㅎEㅋ → jㅋㅎeㅋ
   ◁   ◀

[22~24]

♪ : 두 번째와 마지막 문자 자리 바꾸기
♫ : 각 자릿수에서 −2, −2, +2, +0
♩ : 두 번째 문자를 첫 번째와 같은 문자로 바꾸기

22

정답 ②

ㅂㄹㅈㄱ → ㄹㄴㅋㄱ → ㄹㄹㅋㄱ
　　　　ㄱ ♫ 　　　　　　♩

23

정답 ⑤

ㅍㅌㅇㅅ → ㅍㅅㅇㅌ → ㅋㅁㅊㅌ
　　　　♪ 　　　　　　♫

24

정답 ④

ㄱㄴㅎㅍ → ㄱㄱㅎㅍ → ㄱㅍㅎㄱ
　　　　♩ 　　　　　　♪

[25~27]

Σ : 세 번째 문자를 맨 뒤에 추가
Δ : 역순으로 재배열
Φ : 각 자릿수마다 −1
Ω : 마지막 문자를 맨 앞으로 보내기

25

정답 ①

ㅏㅑㅓㅕ → ㅕㅏㅑㅓ → ㅓㅣㅑㅕ
　　　　Ω 　　　　　Φ

26

정답 ①

073g → 962f → 962f2
　　Φ 　　Σ

27

정답 ④

rIN9 → 9NIr → 9NIrI
　　Δ 　　Σ

[28~30]

▲ : 문자 마지막에 ! 추가
▼ : 각 자리에서 모음 대칭
□ : 자음 +1
♡ : 역순으로 나열
☆ : 자음 쌍자음으로(쌍자음이 되는 것만)

28

정답 ②

실력 → 력실 → 략실
　　　♡　　　▼

29

정답 ⑤

돌려차기 → 똘려차끼 → 끼차려똘 → 끼차려똘!
　　　☆　　　　　♡　　　　　▲

30

정답 ①

디자인 → 리차짙 → 리처짙 → 미커칠
　　　□　　　　▼　　　　□

[31~33]

∈ : 각 자릿수 +1
∋ : 각 자리에서 모음 대칭
⊞ : 두 번째 문자와 네 번째 문자 자리 바꾸기
⊠ : 두 번째 문자 맨 뒤로 보내기

31

정답 ①

마리오 → 마오리 → 머우리
　　　⊠　　　　∋

32

정답 ②

포트폴리오 → 호프홀미조 → 호미홀프조
　　　　∈　　　　　⊞

33

정답 ③

아이작뉴턴 → 아뉴작이턴 → 어뇨적이탄 → 어적이탄뇨
　　　　⊞　　　　　∋　　　　　⊠

[34~36]

- ☯ : 역순으로 나열
- ♫ : 홀수 자리는 그대로, 짝수 자리만 +1
- ☼ : 각 자릿수마다 +1
- ▶ : 첫 번째 문자와 마지막 문자 자리 바꾸기

34
정답 ②

1Aㅏ3ㅁ → ㅁ3ㅏA1 → 13ㅏAㅁ
    ☯   ▶

35
정답 ②

1GRㄱ → 1HRㄴ → ㄴHR1
    ♫   ▶

36
정답 ②

GJ2HSD → GK2ISE → ESI2KG → ETI3KH
    ♫   ☯   ♫

[37~40]

- ◨ : 각 자릿수에서 차례대로 +1, -1, -2, +2
- ◨ : 두 번째 문자와 세 번째 문자 자리 바꾸기
- ▲ : 첫 번째 문자와 마지막 문자 자리 바꾸기

37
정답 ⑤

ㅇPㄱㅎ → ㅇㄱPㅎ → ㅎㄱPㅇ
    ◨   ▲

38
정답 ③

2ㅂㅌㄷ → ㄷㅂㅌ2 → ㄹㅁㅊ4
    ▲   ◨

39
정답 ②

ㅁㄹbㅍ → ㅍㄹbㅁ → ㅎㄷzㅅ → ㅎzㄷㅅ
    ▲   ◨   ◨

40
정답 ②

ㅈㅊㄴㅎ → ㅈㄴㅊㅎ → ㅊㄱㅇㄴ → ㅊㅇㄱㄴ
    ◨   ◨   ◨

04 연역적 판단(이공계)

01	02	03	04	05	06	07	08	09	10	11	12	13	14	15	16	17	18	19	20
⑤	④	④	③	⑤	④	②	①	③	④	①	①	①	①	②	⑤	①	④	④	④
21	22	23	24	25	26	27	28	29	30	31	32	33	34	35	36	37	38	39	40
③	④	①	⑤	③	②	③	②	③	④	①	⑤	⑤	①	⑤	④	④	④	②	⑤

01 정답 ⑤

02 정답 ④

03 정답 ④

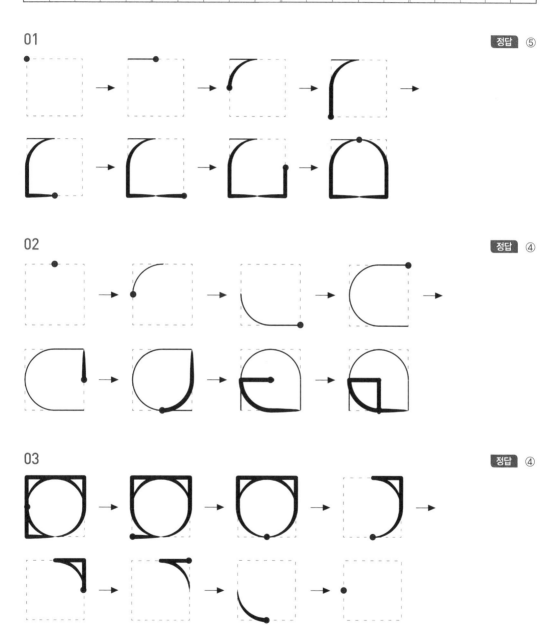

04

A : 왼쪽 내부도형과 왼쪽 외부도형 위치 변경
B : 시계 반대 방향으로 한 칸 이동
C : 왼쪽 내부도형과 오른쪽 내부도형 위치 변경

외부도형	①	②	③	④
내부도형	1	2	3	4

→ A →

1	②	3	④
①	2	③	4

Yes → B →

②	2	④	4
1	①	3	③

No → A →

1	2	3	4
②	①	④	③

이다.

05

A : 왼쪽 내부도형과 왼쪽 외부도형 위치 변경
B : 시계 반대 방향으로 한 칸 이동
C : 왼쪽 내부도형과 오른쪽 내부도형 위치 변경

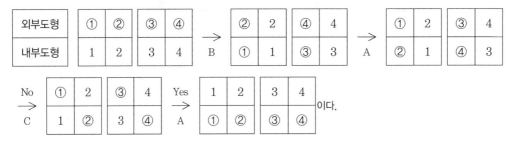

외부도형	①	②	③	④
내부도형	1	2	3	4

→ B →

②	2	④	4
①	1	③	3

→ A →

①	2	③	4
②	1	④	3

No → C →

①	2	③	4
1	②	3	④

Yes → A →

1	2	3	4
①	②	③	④

이다.

06

A : 왼쪽 내부도형과 오른쪽 외부도형 위치 변경
B : 오른쪽 외부도형과 오른쪽 내부도형 위치 변경
C : 시계 방향으로 한 칸 이동

외부도형	①	②	③	④
내부도형	1	2	3	4

→ B →

①	2	③	4
1	②	3	④

Yes → A →

①	1	③	3
2	②	4	④

No → C →

2	①	4	③
②	1	④	3

이다.

07

정답 ②

A : 왼쪽 내부도형과 오른쪽 외부도형 위치 변경
B : 오른쪽 외부도형과 오른쪽 내부도형 위치 변경
C : 시계 방향으로 한 칸 이동

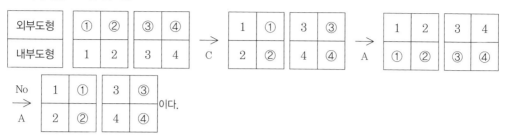

08

정답 ①

열을 기준으로 규칙이 적용되었음을 알 수 있고, 적용된 공통 규칙과 개별 규칙은 다음과 같다.
• 공통 규칙 : 제자리에서 180° 회전
• 개별 규칙
  – 1열 : 시계 방향으로 두 칸 이동
  – 2열 : 색 반전
  – 3열 : 1행1열과 2행2열 교환

09

정답 ③

행을 기준으로 규칙이 적용되었음을 알 수 있고, 적용된 공통 규칙과 개별 규칙은 다음과 같다.
• 공통 규칙 : 시계 방향으로 한 칸 이동
• 개별 규칙
  – 1행 : 색 반전
  – 2행 : 각 도형 제자리에서 시계 방향으로 90° 회전
  – 3행 : 1행과 2행 교환

10

정답 ④

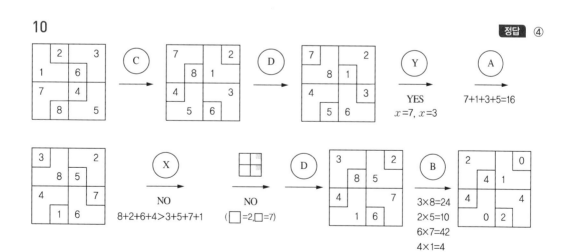

11

정답 ①

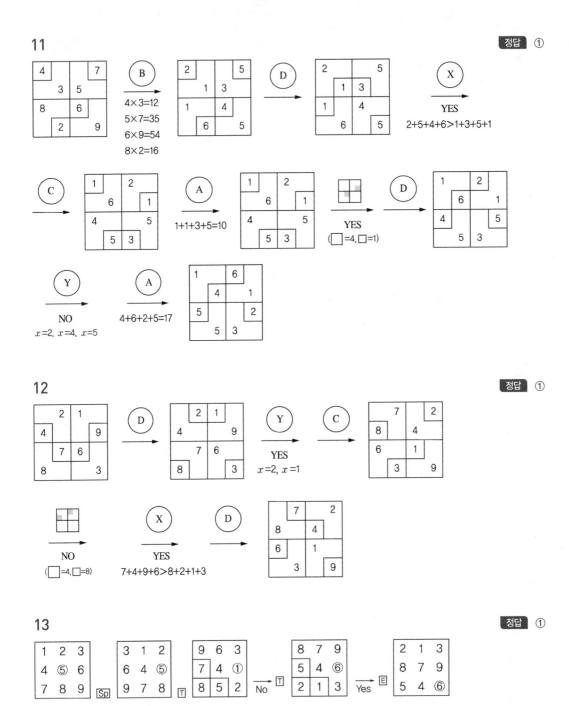

12

정답 ①

13

정답 ①

14

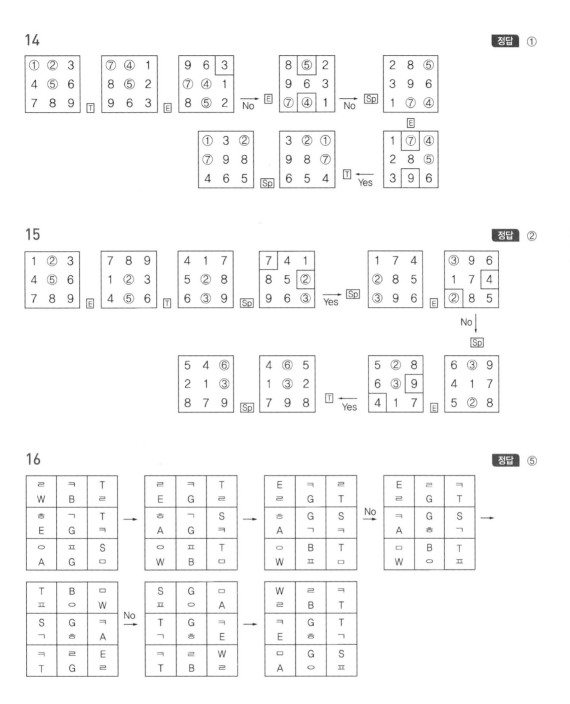

15

16

PART 2

17

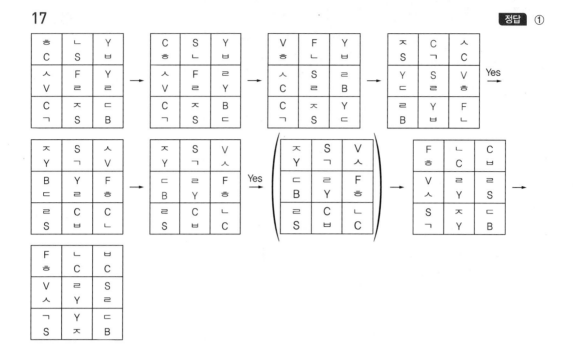

18

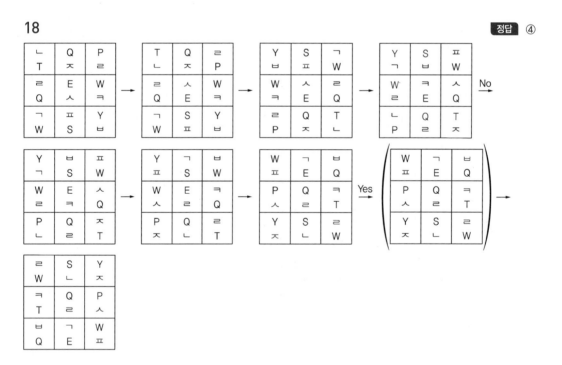

19

20

21

22

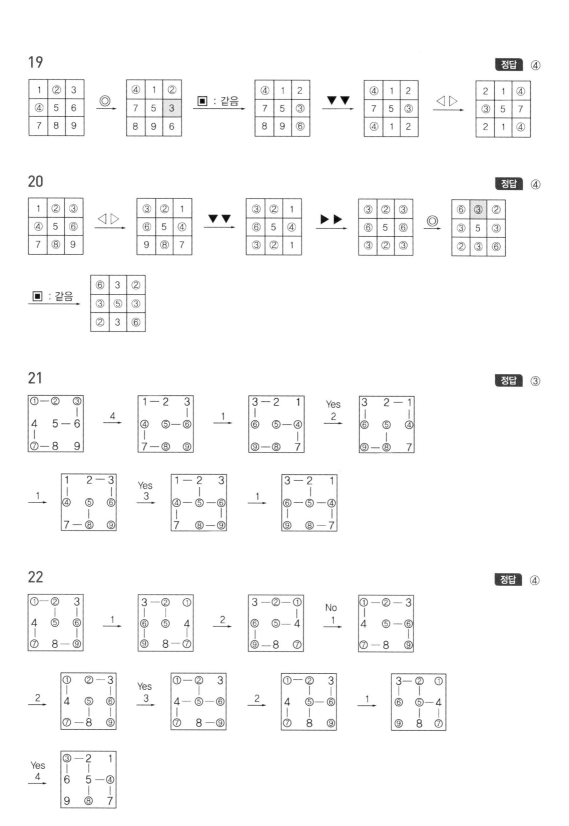

23

24

25

26

27

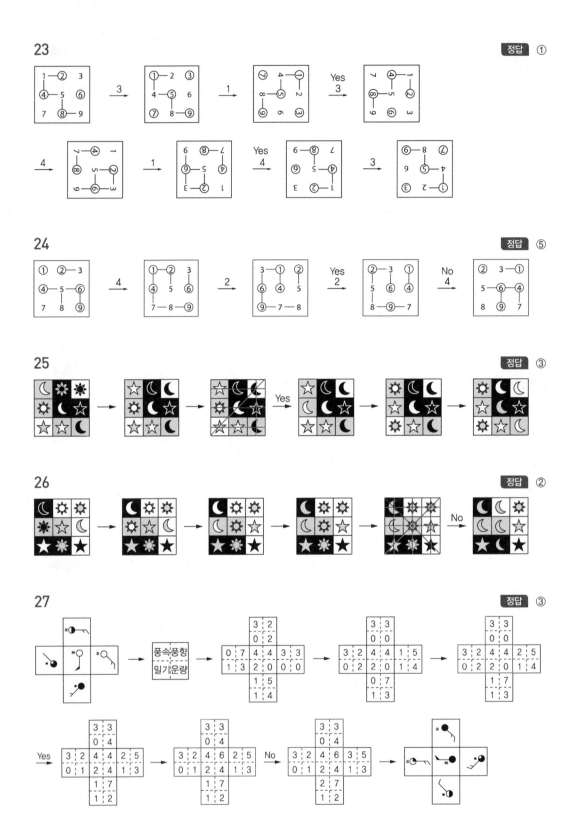

28

정답 ②

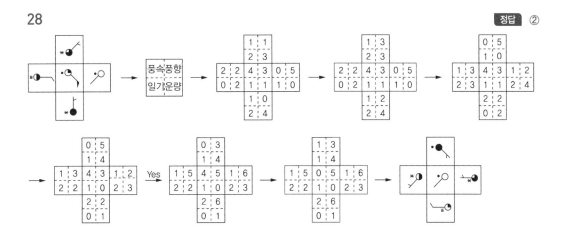

29

정답 ③

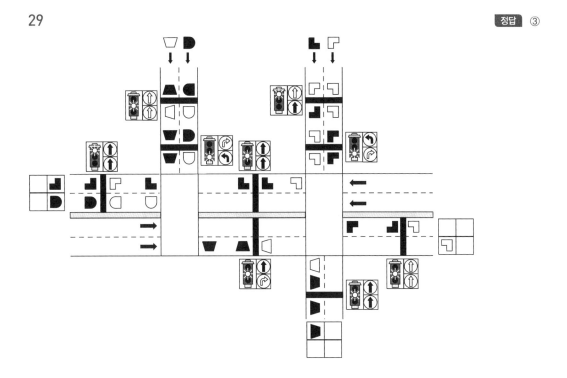

정답 ④

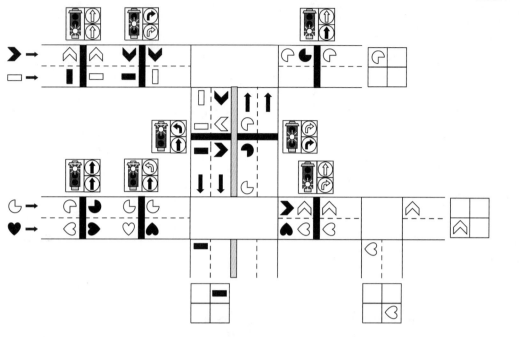

31

정답 ①

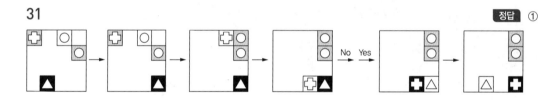

32

정답 ⑤

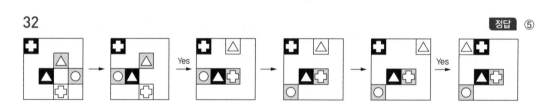

33

정답 ⑤

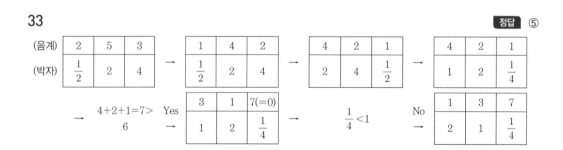

(음계)	2	5	3
(박자)	$\frac{1}{2}$	2	4

$\rightarrow$

1	4	2
$\frac{1}{2}$	2	4

$\rightarrow$

4	2	1
2	4	$\frac{1}{2}$

4	2	1
1	2	$\frac{1}{4}$

$\rightarrow$ $4+2+1=7>$ Yes
$ 6$ $\rightarrow$

3	1	7(=0)
1	2	$\frac{1}{4}$

$\rightarrow$ $\frac{1}{4}<1$ No $\rightarrow$

1	3	7
2	1	$\frac{1}{4}$

34

(음계)	2	6	7	4
(박자)	4	1	$\frac{1}{4}$	$\frac{1}{2}$

$\rightarrow$

2	4	6	7
4	$\frac{1}{2}$	1	$\frac{1}{4}$

$\rightarrow$

3	5	7	1(=8)
4	$\frac{1}{2}$	1	$\frac{1}{4}$

$\rightarrow$ $4 \times \frac{1}{2} \times 1 \times \frac{1}{4} = \frac{1}{2} < 1$ $\xrightarrow{\text{No}}$

3	5	7	1
4	1	2	$\frac{1}{2}$

$\rightarrow$

1	5	7	3
$\frac{1}{2}$	1	2	4

$\rightarrow$ $1 < 2$ $\xrightarrow{\text{No}}$

3	7	5	1
4	2	1	$\frac{1}{2}$

35

36

37

38

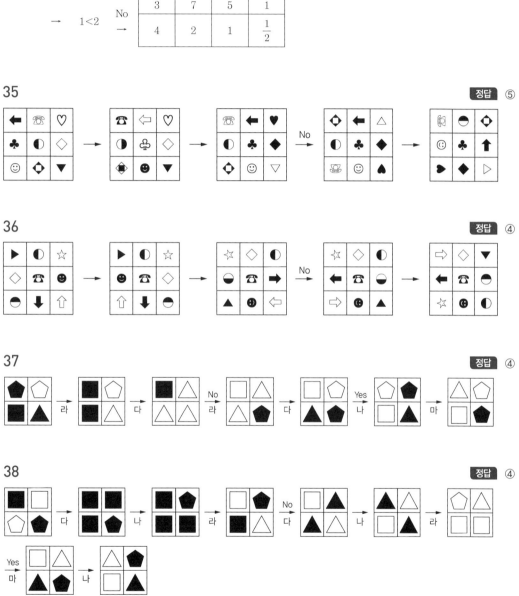

PART 2

39

정답 ②

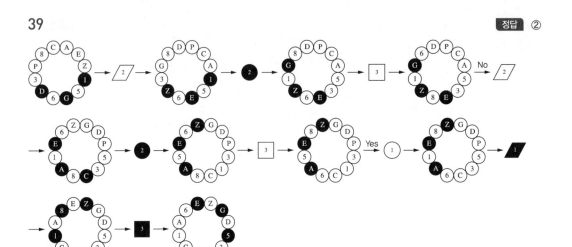

40

정답 ⑤

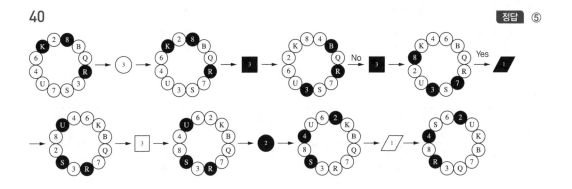

상양그룹 온라인 인적성검사(인문계) OMR 답안카드

언어비평

문번	1	2	3		문번	1	2	3
1	①	②	③		21	①	②	③
2	①	②	③		22	①	②	③
3	①	②	③		23	①	②	③
4	①	②	③		24	①	②	③
5	①	②	③		25	①	②	③
6	①	②	③		26	①	②	③
7	①	②	③		27	①	②	③
8	①	②	③		28	①	②	③
9	①	②	③		29	①	②	③
10	①	②	③		30	①	②	③
11	①	②	③					
12	①	②	③					
13	①	②	③					
14	①	②	③					
15	①	②	③					
16	①	②	③					
17	①	②	③					
18	①	②	③					
19	①	②	③					
20	①	②	③					

수리비평

문번	1	2	3	4	5
1	①	②	③	④	⑤
2	①	②	③	④	⑤
3	①	②	③	④	⑤
4	①	②	③	④	⑤
5	①	②	③	④	⑤
6	①	②	③	④	⑤
7	①	②	③	④	⑤
8	①	②	③	④	⑤
9	①	②	③	④	⑤
10	①	②	③	④	⑤
11	①	②	③	④	⑤
12	①	②	③	④	⑤
13	①	②	③	④	⑤
14	①	②	③	④	⑤
15	①	②	③	④	⑤
16	①	②	③	④	⑤
17	①	②	③	④	⑤
18	①	②	③	④	⑤
19	①	②	③	④	⑤
20	①	②	③	④	⑤

도식적 추론

문번	1	2	3	4	5
21	①	②	③	④	⑤
22	①	②	③	④	⑤
23	①	②	③	④	⑤
24	①	②	③	④	⑤
25	①	②	③	④	⑤
26	①	②	③	④	⑤
27	①	②	③	④	⑤
28	①	②	③	④	⑤
29	①	②	③	④	⑤
30	①	②	③	④	⑤
31	①	②	③	④	⑤
32	①	②	③	④	⑤
33	①	②	③	④	⑤
34	①	②	③	④	⑤
35	①	②	③	④	⑤
36	①	②	③	④	⑤
37	①	②	③	④	⑤
38	①	②	③	④	⑤
39	①	②	③	④	⑤
40	①	②	③	④	⑤

※ 본 답안카드는 마킹연습용 입니다.

고사장	
성 명	

수 험 번 호

⓪	⓪	⓪	⓪	⓪	⓪	⓪
①	①	①	①	①	①	①
②	②	②	②	②	②	②
③	③	③	③	③	③	③
④	④	④	④	④	④	④
⑤	⑤	⑤	⑤	⑤	⑤	⑤
⑥	⑥	⑥	⑥	⑥	⑥	⑥
⑦	⑦	⑦	⑦	⑦	⑦	⑦
⑧	⑧	⑧	⑧	⑧	⑧	⑧
⑨	⑨	⑨	⑨	⑨	⑨	⑨

감독위원 확인
(인)

삼양그룹 온라인 인적성검사(이공계) OMR 답안카드

고사장

성 명

수험번호

0	0	0	0	0	0	0
1	1	1	1	1	1	1
2	2	2	2	2	2	2
3	3	3	3	3	3	3
4	4	4	4	4	4	4
5	5	5	5	5	5	5
6	6	6	6	6	6	6
7	7	7	7	7	7	7
8	8	8	8	8	8	8
9	9	9	9	9	9	9

감독위원 확인

(인)

언어비평

문번	1	2	3		문번	1	2	3
1	①	②	③		21	①	②	③
2	①	②	③		22	①	②	③
3	①	②	③		23	①	②	③
4	①	②	③		24	①	②	③
5	①	②	③		25	①	②	③
6	①	②	③		26	①	②	③
7	①	②	③		27	①	②	③
8	①	②	③		28	①	②	③
9	①	②	③		29	①	②	③
10	①	②	③		30	①	②	③
11	①	②	③					
12	①	②	③					
13	①	②	③					
14	①	②	③					
15	①	②	③					
16	①	②	③					
17	①	②	③					
18	①	②	③					
19	①	②	③					
20	①	②	③					

수리비평

문번	1	2	3	4	5		문번	1	2	3	4	5
1	①	②	③	④	⑤		11	①	②	③	④	⑤
2	①	②	③	④	⑤		12	①	②	③	④	⑤
3	①	②	③	④	⑤		13	①	②	③	④	⑤
4	①	②	③	④	⑤		14	①	②	③	④	⑤
5	①	②	③	④	⑤		15	①	②	③	④	⑤
6	①	②	③	④	⑤		16	①	②	③	④	⑤
7	①	②	③	④	⑤		17	①	②	③	④	⑤
8	①	②	③	④	⑤		18	①	②	③	④	⑤
9	①	②	③	④	⑤		19	①	②	③	④	⑤
10	①	②	③	④	⑤		20	①	②	③	④	⑤

역량적 판단

문번	1	2	3	4	5		문번	1	2	3	4	5
1	①	②	③	④	⑤		21	①	②	③	④	⑤
2	①	②	③	④	⑤		22	①	②	③	④	⑤
3	①	②	③	④	⑤		23	①	②	③	④	⑤
4	①	②	③	④	⑤		24	①	②	③	④	⑤
5	①	②	③	④	⑤		25	①	②	③	④	⑤
6	①	②	③	④	⑤		26	①	②	③	④	⑤
7	①	②	③	④	⑤		27	①	②	③	④	⑤
8	①	②	③	④	⑤		28	①	②	③	④	⑤
9	①	②	③	④	⑤		29	①	②	③	④	⑤
10	①	②	③	④	⑤		30	①	②	③	④	⑤
11	①	②	③	④	⑤		31	①	②	③	④	⑤
12	①	②	③	④	⑤		32	①	②	③	④	⑤
13	①	②	③	④	⑤		33	①	②	③	④	⑤
14	①	②	③	④	⑤		34	①	②	③	④	⑤
15	①	②	③	④	⑤		35	①	②	③	④	⑤
16	①	②	③	④	⑤		36	①	②	③	④	⑤
17	①	②	③	④	⑤		37	①	②	③	④	⑤
18	①	②	③	④	⑤		38	①	②	③	④	⑤
19	①	②	③	④	⑤		39	①	②	③	④	⑤
20	①	②	③	④	⑤		40	①	②	③	④	⑤

2025 최신판 시대에듀 삼양그룹 온라인 인적성검사 최신기출유형 + 모의고사 3회

개정4판1쇄 발행	2025년 02월 20일 (인쇄 2024년 11월 05일)
초 판 발 행	2020년 10월 15일 (인쇄 2020년 10월 08일)
발 행 인	박영일
책 임 편 집	이해욱
편 저	SDC(Sidae Data Center)
편 집 진 행	안희선 · 윤지원
표지디자인	박수영
편집디자인	김경원 · 장성복
발 행 처	(주)시대고시기획
출 판 등 록	제10-1521호
주 소	서울시 마포구 큰우물로 75 [도화동 538 성지 B/D] 9F
전 화	1600-3600
팩 스	02-701-8823
홈 페 이 지	www.sdedu.co.kr
I S B N	979-11-383-8223-6 (13320)
정 가	23,000원

삼양그룹

온라인 인적성검사

최신기출유형＋모의고사 3회

최신 출제경향 전면 반영

대기업 인적성 "기출이 답이다" 시리즈

역대 기출문제와 주요기업 기출문제를 한 권에! 합격을 위한
Only Way!

대기업 인적성 "봉투모의고사" 시리즈

실제 시험과 동일하게 마무리! 합격으로 가는
Last Spurt!

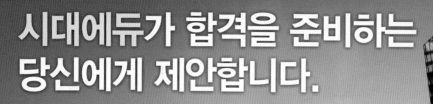